中公新書 2150

成田龍一著

近現代日本史と歴史学

書き替えられてきた過去

中央公論新社刊

――歴史を認識し記述するとはいかなる精神の営みか。それを考えるにあたって、まずもって強調しておきたいことは、その原点に歴史家の問いがあるということである。

（二宮宏之「歴史の作法《さくほう》」）

はじめに

近現代日本史は、「わかりにくい」「むつかしい」という話をよく聞きます。近現代日本史の対象は、一九世紀後半から二〇世紀末葉くらいまでの日本の歴史――明治・大正・昭和の元号を持つ時期です。この時代の歴史について、「とっつきにくい」という印象があるようです。

現在の日本では、小学校から歴史の授業がはじまり、中学校や高校で本格的に歴史という科目を学びます。先生はさまざまに工夫をして授業を行います。それでも歴史は、年号、地名、人名があふれかえるという印象があるようです。とりわけ近現代日本史は、一五〇年もの間にさまざまなことが起こり、このイメージが強く、とっつきにくいと感じるのでしょう。

歴史ではたくさんの出来事が起こり、それに関わる人物が登場し、さまざまな物がつくり出されます。教科書には、年号、地名、人名が合わせて記されます。これらが歴史を考えていくうえで根本になります。

しかし授業では、数多くの事象のなかで、なぜこの出来事を重要とし、この出来事が選択されたかは説明されません。出来事は無数にあります。本来は、どのように出来事が取捨選択されたかが問われなければなりません。選択された理由が説明されれば、歴史はずいぶんわかりやすくなると思います。

このように歴史は、出来事を選択して論ずる方法を採っています。言い換えれば、「解釈」を施《ほどこ》し提供したうえで叙述をしています。歴史とは、ある解釈に基づいて出来事を選択し、さらにその出来事を意味づけて説明し、さらに叙述するものということになります。本書ではこれを「歴史像」と呼んでいきます。

ここでの前提は、歴史と歴史学は別ということです。歴史は無数の出来事の束から成っています。そのなかから重要な出来事を選び出し、関連づけ、意味づけて叙述し歴史像にしていくのが歴史学です。教科書はこうした歴史学によって解釈され叙述された歴史——実際には歴史像になりますが——を提示しているのです。

歴史学ではしばしば問題意識ということが強調されます。問題意識とは、歴史の無数の出来事のなかから、何を重要なものとするか、歴史のなかに何を求めるかということです。その意味では、歴史は、歴史学の問題意識によって解釈され、提示されていると言えます。

近年では、歴史像は、歴史学にとどまらず、社会学、文化人類学、あるいは文学研究、社会思想といった分野からも提供されてきています。その場合には、歴史学以上に解釈を施して、歴史像を提供していると言えるでしょう。

したがって、歴史像は永遠不変とは言い切れません。新しい考え方によって、あるいは新しい史料の発見によって、新しい解釈、つまり新しい歴史像が生まれるからです。

一つ例を出しましょう。

近代日本のはじまりは、現在の通説では、一九世紀後半の一八五三年にアメリカ東インド艦隊司令長官マッシュ・ペリーが、四隻の軍艦を率いて相模国浦賀（神奈川県）にやってきたことになっています。しかし一九五〇年代までは、近代日本のはじまりは、一八四〇年代の天保の改革とされていました。

ここでの近代日本のはじまりとは、明治維新の起点は何であったかです。一九五〇年代までは、天保の改革の失政が江戸幕府を弱体化させ、明治維新につながったと解釈されていました。しかし歴史学研究のなかで、史料の発見や解釈の積み重ねの結果、一九六〇年には、ペリーの来航こそが明治維新の起点であるという解釈、つまりは歴史像が、多くの人たちに理解・支持されるようになり、通説が変更されたのです。

注意したいのは、新たな史料の発見だけではなく、新たな解釈が重要だということです。出来事を新たな目で解釈したときに、いままで気がつかなかった事実に意味が与えられることが少なくありません。もちろん、出来事それ自体が変化するわけではありません。「史実」と言ったり、出来事の「硬い芯」という言い方がされますが、出来事それ自体は存在しています。そうではなく、出来事の解釈が変わるのです。どのような出来事を選び、どのような意味を与えるのかが、状況によって異なってくるのです。どの出来事と、どの出来事を結びつけるかも、変わってくるでしょう。

また、通説に変更を迫るのは、研究だけにとどまりません。世の中の変化が歴史の見方を変え、通説を支えていた解釈を変えます。歴史とは「現在と過去との対話である」とよく言われます。歴史像は、状況の変化によっても変わるのです。とくに近現代史は、時々の政治状況や国際関係が、解釈に影響を与えることが少なくありません。

さて、通説が描き出す歴史像を支える枠組みを、科学史の用語を借りて「パラダイム」と呼びますが、戦後になってから近現代日本史は、大きく二つのパラダイム・シフト（変化）を経験します。

敗戦後に再出発した歴史学研究は、「社会経済史」をベースにしていました。それが、一九六〇年頃からは「民衆」の観点を強調するようになりました。これが第一の変化です。さらに一九八〇年頃に「社会史」が強く提唱されるようになります。これが第二の変化です。

大胆に言えば、この二つのパラダイム・シフトを受けた近現代日本史は、時代によって三つの見方――第一期の社会経済史をベースにした見方、第二期の民衆の観点を入れた見方、第三期の社会史研究を取り入れた見方があると言えます。

ただし、歴史学研究では完全に前のパラダイムが消え去るわけではありません。詳細は序章に譲りますが、先に挙げた近代日本のはじまりのように、劇的に変わるのは非常に珍しいことです。パラダイムは重なり合い、完全に変わることはほとんどありません。歴史学研究には、第一から第三のパラダイムがちょうど地層のように堆積されているのです。このことは、歴史学の思考の重厚さであり、同時に小回りやフットワークを重くしていると言えるでしょう。

では、教科書はどういった状況にあるのでしょうか。教科書は、第一期をベースに、第二期の成果がいくらか描き込まれているというところでしょう。

歴史小説やテレビの歴史番組（クイズ番組も含めて）は、教科書の歴史像を前提にして作成されています。教科書の歴史像は、大きな影響力を持っていますが、その歴史像といま現在、歴史学で議論されている歴史像との間には隔たりがあるのです。

本書では、近現代日本史を九つの大きなテーマに分け、第一期の教科書の記述を歴史の流れの導入として、次に、第二期、第三期は、どのように新たな見方・解釈と叙述、すなわち歴史像を提供したのか紹介し、近現代日本史を再構成してみたいと思います。それぞれのパラダイムのなかで歴史学者たちが、どのように自らの見方・解釈・叙述—歴史像を提供したのかをたどっていくことにしましょう。

目次

近現代日本史と歴史学

近現代日本史と歴史学

書き替えられてきた過去

序章　近現代日本史の三つのパラダイム

第一期──「戦後歴史学」が問うたもの

ここでは、本書の柱となる三期に分けた歴史学の潮流を概観しておきましょう。

第一期は、戦後直後から一九六〇年頃まで歴史学研究の中心となった社会経済史をベースにした通説を描き出す歴史像です。マルクス主義によった唯物史観を方法として、近代日本の「構造の解明」に力を注ぎます。

近代日本を対象とした歴史学研究は、一九三〇年頃から本格化します。第一期はこの時期の研究に起源を持ち、近代日本に対して批判的な意識が根底にあります。社会経済史を基礎とし、実証と批判意識に基づき、近代を新たに築き上げるという意欲と意識を持ちます。天皇制による近代日本の形成──歪みと問題を解明しようとする歴史学です。

西洋との比較が念頭にあります。「封建制」はどのように崩れたのか、「絶対主義」はいつ確立したのか、「資本主義」はいつ、どのように成立したのかなどが重要視されました。そして、日本は西洋と比較してどのような発展段階をたどったのかを、社会科学の概念に照らし合わせ、実証的な研究と少なからぬ論争が行われます。とくに、明治期を対象とした研究にはこうした特徴が顕著に見られます。比較の結果、日本の特殊性が強く指摘される時期もありました。

同時に、近代日本の内在的発展の可能性を探り、封建制の批判と市民社会の持つ可能性も叙述します。いわゆる進歩主義的な歴史観と言ってもよいでしょう。したがって第一期は、「戦後歴史学」という言い方でよく表されます。歴史学の主流――主たる見解となり、現在も大きな影響力を持っています。第一期の歴史学について付け加えておきたいのは、しばしば日本の現状と直結した認識を有していたことです。社会運動や前衛政党としての日本共産党との関係も、ままみられました。

第一期の代表的な歴史家である遠山茂樹は、一九三〇年代の状況のなかで「戦争を指向する軍国主義」への「抵抗を志す良心的インテリゲンチャ」は、「日本資本主義発展の普遍的法則と特殊的具体の学問的分析」に赴き、歴史学研究が行われていったと述べています（『明治維新』）。その姿勢を戦後第一期の歴史家たちも持っていたのです。第二次世界大戦後の冷戦体制に即応した歴史学と言ってよいでしょう。

通史のシリーズで言えば、中央公論社版『日本の歴史』全二六巻＋別巻五（一九六五～六

歴史研究の３つの潮流

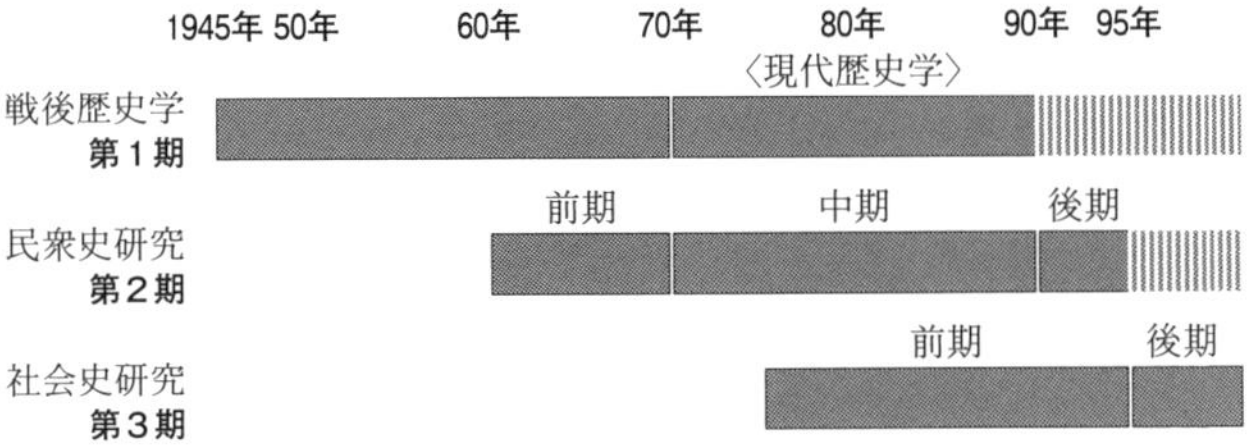

七年）が第一期の歴史学が関与したものです。一人一冊の書き下ろしで通史を構成する新しいスタイルを開拓しました。近現代史の部分は、「開国と攘夷」「明治維新」「近代国家の出発」「大日本帝国の試練」「大正デモクラシー」「ファシズムへの道」「太平洋戦争」「よみがえる日本」と八冊で構成されています。おおづかみに言えば、明治維新期（二冊）―明治前半期―明治後半期―大正期―アジア・太平洋戦争期（二冊）―戦後となっており、明治維新とアジア・太平洋戦争の部分に複数の巻を割いている点が特徴的です。

　このシリーズは、以後の歴史シリーズの一つのかたちをつくったことで知られていますが、多くの読者に読まれました。その後にも、ペーパーバック版、文庫版、文庫新版とかたちを変えて再版されています。戦後における歴史学の蓄積が、一九六〇年代半ばという高度成長のただなかで、日本社会のアイデンティティの探求と結合し、史学史の面からも、出版の面からも、大きな意味を持つシリーズとなりました。

　歴史像としては、近代の光の部分に目を向けるとともに、近代日本の形成のされ方の複雑さに分け入っていきます。近代の価値が日本にはなかなか根づきにくかったことが記されます。近現代の日本が惹き起こした戦争に対する批判も書き込まれました。ただ、植民地に関しての言及は多くありません。

新書版では、岩波新書から井上清『日本の歴史』上中下（一九六三〜六六年）と、遠山茂樹、今井清一、藤原彰『昭和史』（一九五五年、新版五九年）が刊行されました。井上の『日本の歴史』は、近現代史に大きな比重を置いている点に特徴があります。上巻は「原始の日本」から「鎖国と封建制」、中巻は「百姓・町人の勢力の上昇」から「明治維新」を経て「天皇制の完成」、そして下巻では「初期議会と政党」から「第二次大戦後の日本と世界」を記述します。全三八章のうち、第二一章「開国」、第二二章「倒幕」以降が近現代の歴史に当てられました。約半分が近現代史の通史です。

ここでの関心は、主に明治維新期を対象とし、近代日本がいかに形成されたか、という点にあります。また主としてアジア・太平洋戦争を対象とし、現代日本にいかなる試練があり、どのような蹉跌《さてつ》があったのかということでした。

第二期――主体と構造への着目

第二期は、一九六〇年頃から強くなった「民衆」の観点が入った歴史像です。ここでは歴史の「主体」としての民衆を強調します。

一九六〇年の日米新安保条約改定をめぐる、多くの民衆を巻き込んだ反対運動は大きなものとなりました。この時期から、民衆のエネルギーに着目した歴史認識と歴史叙述が動き出します。一九六〇年代末から七〇年代初頭にかけて、市民運動、住民運動、学生運動が高揚し、民衆を主体とする歴史認識が再確認され、その観点からの歴史学研究が充実していきます。

この第二期の「民衆史研究」は、第一期の研究に対して当初は批判ないし修正の意識がありましたが、現在から見ると補完関係にあるようです。その意味では主体と構造に着目し、自発―内在の可能性をより徹底して追究したと言えるでしょう。

民衆史研究の特筆すべき点は、近代化の歪みを告発し、民衆の主体的な営為を運動として地域の歴史に接近しようとしたところでした。民衆の生活のなかで生み出される社会問題――第一期には「矛盾」という言い方をしましたが――を、それを解決しようとする民衆自身の社会運動とセットで把握しようとするのです。

また、民衆史研究は、国家の運営に携わる中央の政治家ではなく、地域に生活する生活者としての民衆に目を向け、問題―運動、中央―地域という関心を強く打ち出しました。さらに、差別を受け虐げられた人びとに着目し、女性史や地域史の研究を本格化させます。また、ここでは深く立ち入りませんが、アメリカとの関係にもあらためて目を向けます。高度経済成長のもとでの日本社会の変化を見すえた歴史学でした。

民衆史研究の唱導者の一人である鹿野《かの》政直は、歴史の「される側」と、出来事の「にとって」の視点として、民衆史研究の立場を整理しています（『「鳥島」は入っているか』一九八八年）。つまり、国家を主人公とするこれまでの歴史研究から切り捨てられてきた対象に目を向け（「される側」を対象とし）、そこに立脚して歴史を捉え直そう（「にとって」の視点）とし、それを民衆の視点から歴史を問う民衆史研究としました。

また、第二期には国家史を書き直そうという考察も見られます。第一期の考察を、あらためて一九六〇年代以降の社会状況のなかで検証し直そうという関心でした。『大系 日本国家史』全五巻（一九七五～七六年）は、その集成です。「古代」「中世」「近世」と合わせ、「近代」は二巻が割り振られています。民衆の対極における国家を権力論として論じようとし、日本の近代国家（「近代天皇制国家」と捉え）の成立―確立―動揺―再編のプロセスを具体的に追究します。第一期の「構造の解明」の延長上の問題意識です。

興味深いのは、この大系の四人の編者のうち二人が、同時に『日本民衆の歴史』全一一巻（一九七四～七六年）という民衆をタイトルに持つシリーズの編集委員に名前を連ねていることです。『日本民衆の歴史』には、各巻に共通の「『日本民衆の歴史』編集にあたって」が付されていますが、そこでは「科学的歴史学の立場から、歴史における民衆そのものに対象をしぼり、その成長と闘争を正面にすえて系統的に叙述し、あくまでも民衆の実態と運動にそくして日本の歴史をえがこうとする通史のこころみ」をめざすとしています。

同じ民衆という言葉を用いても、先の民衆史研究とこの『日本民衆の歴史』とでは、指し示す人びとも、考察する事象も、さらには分析の方法も異なります。『日本民衆の歴史』は、マルクス主義の影響を強く受けた歴史家たちが多く参加しており、実際上は民衆運動の歴史を扱い、国家史と対をなす民衆史を描きます。先述した歴史学におけるパラダイム転換の慎重さ——動きの鈍さがうかがわれる局面です。

こうしたなかで刊行された小学館版『日本の歴史』全三二巻（一九七三〜七六年）は、史学史に大きな意味を持ちました。

一つは近現代史の充実です。近現代は、「開国」「明治維新」「自由民権」「日清・日露」「大正デモクラシー」「十五年戦争」「戦後改革」「現代の日本」と構成されました。第一期の戦後歴史学の研究成果を存分に生かし、近代日本像・現代日本像のまとまった歴史像と、それを区分するとき、明治維新―自由民権―日清・日露―大正デモクラシー―十五年戦争―戦後民主主義という節目と流れを設定します。

二つ目は、このように政治史による区分を行いながら、狭義の政治にとどまらない社会や文化の面にも広く目を配ったことです。国家、民衆、社会を対象とし、中央の政局にとどまらず、地域の出来事を多く取り上げていきます。

そして、三つ目には、「ブルジョワジーの群像」「労働者と農民」として、「社会集団」の巻が設けられたことです。近現代日本を貫く社会集団を扱うことによって、歴史を構造的に描くという意味合いもあります。これまで歴史過程に注目してきた歴史学ですが、政治、経済の観点から構造に着目し、明示はしていませんが階級という集団から近現代日本を捉える試みです。実際、中村政則が執筆した第二九巻「労働者と農民」は、坑夫と女工、小作人の労働の様相と彼らの運動を扱い、近現代日本の構造的特徴を生き生きと描き出しています。

第三期――進歩史観と「近代」の再検討

こうした豊かな成果を持つ歴史学の流れのなかで、第三期を設定したのは、第一期、第二期とは異なる関心を持つ潮流が、一九七〇年代半ば以降から明らかになってきたからです。学問自体の検討が行われる時期と重なっていますが、この頃から歴史学における二つの境界として「国境」と「学問の境界」を自覚し、それを越境する試みが行われます。近現代日本史研究が、「日本」近現代史の考察となり、世界の歴史学研究との対話を欠いているのではないかという自己省察がはじまります。

たとえば、アメリカでの日本研究と日本での日本研究との関係です。アメリカでの日本研究は、駐日大使も務めたエドウィン・ライシャワーから本格的にはじまります。彼を中心に近代日本を非西洋社会の成功例として捉える、いわゆる「日本近代化論」と、その議論に対する批判的紹介が行われてきました（金原左門『「日本近代化」論の歴史像』初版一九六八年、増補第二版一九七四年）。

しかし、その後、キャロル・グラック、ハリー・ハルトゥーニアン、ナオキ・サカイ（酒井直樹）、タカシ・フジタニ、ヴィクター・コシュマン、アンドルー・ゴードンらが登場し、次々にこれまでの近現代日本史像を書き替えていきます。それぞれが日本近代化論批判を行い、さらに歩を進め、近代批判の文脈も打ち出しはじめます。

他方、「学問の境界」の越境の試みは、この議論と重なっています。歴史学は近代の学問として、文学と文学研究をはじめ、地理学、哲学、神話学などとの間に線引きをし、科学として自立していった歩みがあります。それを再検討していくことが、歴史学が抱える問題点を明らかにする一つの方策であるという認識です。

雑誌『思想』（一九九四年一一月号）の特集「近代の文法」が、第三期の指標の一つとなっています。この特集は、近現代日本を対象として一一本の論文が寄せられるなか、日本以外の居住者が三人おり、専門分野でいえば歴史家は三人にとどまっています。キャロル・グラックは巻頭の「思想の言葉」で次のように書き出しています。

私たちは近代を再考することに、改めて真剣に取り組むことになった。「普遍的」近代という観念は、まさに「ヨーロッパ」近代そのものであることが明らかとなり、より広範で、断定的ではない概念形成の基盤が求められている。

「日本」近現代史の探求という枠組みからの離脱とは、「近代」を西洋と同等視することからの脱却でもなければならないとグラックは言うのです。革命や資本主義を対象としていた歴史学研究が、いまや「国民国家」に立ち戻っていると言います。かつて国家が分析の対象となったけれど、それとは異なる問題意識で、あらためて「国民国家」が議論されようとしていると言うのがグラックの指摘です。近代批判と国民国家批判とが重ね合わされ、「国民―国家化のプロジェクト」が俎上《そじょう》に載せられます。「近代」が自然で必須、所与のものとみなすよう教えてきたものを吟味するように言うのです。

グローバリゼーションが進行するなかで、あらためて歴史そのもの、歴史学それ自体を考え直そうとする歴史学と言い換えることができるでしょうか。折しも、ベネディクト・アンダーソン『想像の共同体』や、エドワード・サイード『オリエンタリズム』が翻訳・刊行された時期でもありました。これまで自明のものとされてきた概念が問い直されようとしていました。

第三期の考察には、酒井直樹の強い影響力があります。酒井は、『思想』の特集に「死産される日本語・日本人」という論文を寄稿しています。そこで酒井は、「近代」を自然で所与のものとみなすように考えるのは、日本語や日本人によってだが、この前提こそ、批判的に検討される必要があると論じました。これらは「生まれると同時に死んでいた、あるいはすでに喪失されたものとしてしか生まれることができなかった」と言います。

射程は、「日本」に向けられています。「日本」という共同性も、また「死産」されるとして、日本―日本語―日本人という自明性が批判されていきます。酒井の考察は、恣意的なものであるはずの「日本」がどのように線引きされ、領土＝空間を確定したのか、また人種を定めることによって、いかなるメカニズムで、言語的、政治的な範囲をつくり上げていったかを明らかにします。同時に、領土、人種、言語といった概念そのものが歴史的に生成されたものにほかならないと指摘します。

また酒井は、普遍主義と呼ばれるものは、自己を普遍性の具体的な現れと考える「特殊主義」にすぎないと言います。この立場からは、西洋近代を価値軸とし、一つの理想型とする思考への批判へと通じていきます（「日本」への批判は、したがって「西洋」に対する徹底した批判でもある）。

酒井のこうした議論を、近現代日本史研究の文脈で考えれば、第一期や第二期の議論が前提としていた日本の範囲―日本人の存在そのものが、「近代」の誕生と軌を一にして創出されたものであること、分析視点として考えていた国家、民族、あるいは自由、平等、権利といった価値軸もすべて「近代」の歴史性の産物になります。さらに、時間を経るにしたがって、制度や仕組みが進歩していったという認識も問われます。「近代」を再考し、時間と空間、国家と民族などの概念の恣《し》意《い》性を指摘し、さらに歴史分析の観点として、進歩史観を酒井は問いかけました。

ここでは、あらためて歴史学と政治という問題が浮上してきます。第一期の歴史学が日本共産党をはじめとする政治勢力を意識しその関係のもとで政治を実践していたのに対し、第三期は近代がつくり出した政治の概念と制度や理念を歴史化する論点が出されています。また、歴史学を支えている制度―枠組みの設定をはじめ、研究資金の流れや人事の決定に至るまでのことも問題化されます。

これまでの歴史学とは近代歴史学であること――したがって近現代日本史の具体的考察を行うなか、歴史学の歴史的位相を合わせて問題化しなければならないというのが、酒井が述べていることでしょう。こうした立場からは、当然、通史という概念も再検討されます。酒井の問題提起は、近現代日本の歴史的な考察を行うときに、その前提自体を問題化する必要性を指摘しており、きわめて重要で、かつ深刻な議論となっています。

世紀を超えて通史で語ること

二〇世紀終わりから二一世紀初めにかけて、いくつかの日本史のシリーズが出されました。講談社版『日本の歴史』全二六巻（二〇〇〇〜〇三年）、小学館版『全集 日本の歴史』全一六巻＋別巻（二〇〇七〜〇九年）、そして、近現代を対象とした、中央公論新社版『日本の近代』全一六巻（一九九八〜二〇〇一年）、岩波新書版『シリーズ日本近現代史』全一〇巻（二〇〇六〜一〇年）が、なかでも巻数が多いものとなっています。

講談社版は、最初の巻を「「日本」とは何か」、最終巻を「日本はどこへ行くのか」とし、日本を自明の前提とはしていません。この点に第三期に刊行したシリーズとしての工夫が見られます。ただ近現代史を扱った各巻で、そのことがどれだけ共有されているかは難しいところです。近現代史の部分は、「開国と幕末変革」「維新の構想と展開」「明治人の力量」「政党政治と天皇」「帝国の昭和」「戦後と高度成長の終焉」とされています。幕末・維新にいくらか比重が置かれていますが、明治期から大正期、昭和戦前期と戦後に巻が割り振られています。

他方、小学館版は、「開国への道」「文明国をめざして」「「いのち」と帝国日本」「戦争と戦後を生きる」「豊かさへの渇望」と五巻が近現代史に当てられています。一九世紀に一巻を当て、一九世紀後半、一九世紀末から一九二〇年代まで、さらに一九三〇年代から五五年、および それ以降という時期区分に基づく構成です。一九四五年で戦前・戦後を分けてきた考え方を斥《しりぞ》け、戦時と占領期を一緒に扱った点に新たな認識が見られます。ちなみにこのシリーズでは、古代から中世、近世には「新視点」を謳った巻が置かれていますが、近現代史にはそうした巻は見られません。

中央公論新社版は、通史とテーマ別の巻とで構成されています。テーマ編では、軍隊、都市、経済、教育、官僚、メディア、技術、集団の思想が扱われ、その観点から近現代日本を描きます。他方、通史編では、「開国・維新」から、「明治国家」の建設・完成を経て、帝国日本の行動を追い、さらにアジア・太平洋戦争の後、経済成長を成し遂げた「大国日本の揺らぎ」までを包括しようとする試みです。この通史は、新しい政治史をめざし、その観点から従来の歴史叙述を書き直そうと試みています。

岩波新書版は、「日本近現代史」を新書の通史として提供したものです。日本や日本人を主体とする通史への再考が促されるなか、ここで「通」として設定されているのは、軍隊、家族、植民地です。第三期に用いられるようになった概念を使えば、暴力と植民地主義と近代家父長制を対象とし、ジェンダーとエスニシティ分析の観点を入れ込もうとしたシリーズということができるでしょう。

それでは、こうしたことを出発点として、実際に、近現代日本史および、近現代日本史の考察の系譜に分け入ってみることにしましょう。なお、取り上げた文献は、二〇一一年までに刊行されたものとしています。

註　本書では太陽暦が採用される明治五年一二月三日（この日が一八七三年一月一日となる）までは、「年」は西暦を基準とし、「月日」は太陰暦を使用する。

第1章　明治維新 I　開国

1840
アヘン戦争（〜42）
1841
5　天保の改革（〜43）
1846
5　米使ビッドル、浦賀に来航し通商求
むが、幕府は拒否
1851
1　米船、中浜万次郎ら琉球に送還
1　太平天国の乱（〜64）
1852
6　蘭商館長、米船来航計画を告げる
1853
6　ペリー、浦賀に来航、開国を求め
7　幕府、開国可否を諸大名に諮問
7　露艦隊長崎に来航、開国を求める
1854
3　日米和親条約
6　ペリー、琉球と修好条約締結
1855
10　堀田正睦、老中首座に
1856
アロー戦争（〜60）
8　ハリス、下田着任
1857
インド大反乱（〜59）
1858
3　朝廷、条約勅許拒否
4　井伊直弼大老に
6　日米修好通商条約調印
6　将軍継嗣、紀州藩主徳川慶福に決
9　仏と修好通商条約調印（米蘭露英と
の条約と合わせ安政の5ヵ国条約）

明治維新期を三つに分ける意味

近現代日本史といったとき、その出発点は明治維新になります。大方の年表は、明治維新は一八六八年と年を限って記しますが、これはそれまでの「慶応」という元号が「明治」と改元されたことに拠《よ》った考え方です。

本書では、明治維新を（1）江戸幕府から明治政府への政権の交代、（2）封建制を軸とする近世社会から、資本制に基づく近代社会への移行、そして（3）日本という国民国家の形成の三つから把握していきます。

この三つはそれぞれ重なり合いながら、次元を異にしていますが、政治—社会—国家の転換です。巨大な転換が一九世紀後半に行われたのです。人びとは日々の生活を営みながら、この巨大な転換に直面していたのです。

明治維新の時期をいつからいつまでにするかは、多くの考え方があります。その推移を見ていくことが、課題の一つとなります。まずは高校の日本史教科書に準拠しながら、始期をペリー来航の一八五三年、終期を西南戦争があり西郷隆盛、大久保利通、木戸孝允（桂小五郎）の維新三傑が死去する一八七七年前後に設定しましょう。つまり、ある限定された年ではなく、幅を持った期間を明治維新とします。この二五年間にわたる期間を明治維新の時期とし、ここから考察をはじめます。

明治維新期の３区分

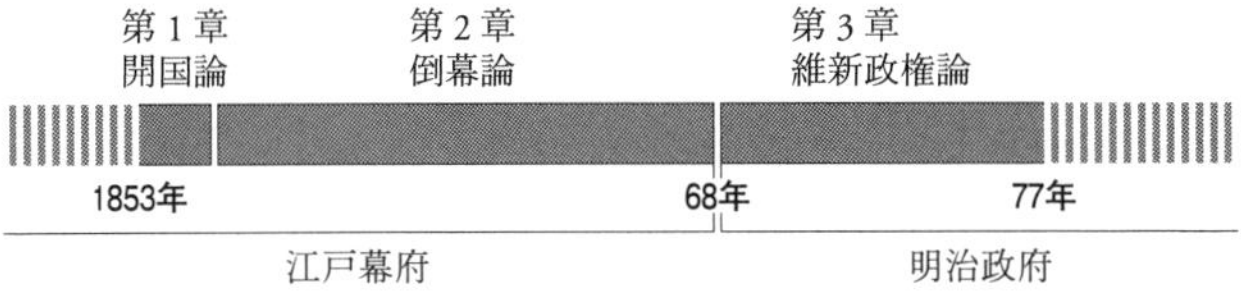

　ここでは明治維新の過程を三局面に分けます。ペリー来航の一八五三年前後、江戸幕府が倒れ政権交代する一八六八年くらいまで、一八七七年前後までの三つです。一八五三年前後は江戸幕府の外交政策である「鎖国」の根幹が問われる局面です。本書ではこの第1章「開国論」で検討します。次は幕府の権威が揺らぎ、尊王攘夷派が台頭し倒幕運動が展開される局面で第2章「倒幕論」で、最後は江戸幕府に代わる明治政府（新政府）が新たな政策を展開する局面で、第3章「維新政権論」で考察します。

　明治維新については、膨大な研究があります。明治維新研究は、第一期の「戦後歴史学」の最も重要な研究領域であり、史料の収集と整理、理論的な省察、歴史叙述など、全般にわたって非常に分厚い蓄積があります。明治維新研究の研究史的な整理を行った大部の講座（歴史学研究会編『明治維新史研究講座』全六巻、一九五八～五九年）まで刊行されています。

　明治維新への関心は、時期的には本書で言う第一期が圧倒的に多く、次第に減少していきます。明治維新と〈いま〉とが結びついているという歴史感覚、あるいは歴史認識は、第一期ほど強くみられます。それでは、まずは開国論から見ていくことにしましょう。

教科書が記述する「開国」

現行の高校の日本史の教科書では、開国を明治維新の出発点としています。山川出版社『詳説日本史』（二〇〇六年検定本を使用）では、「近代・現代」の最初の章「近代国家の成立」は、「開国と幕末の動乱」から書き起こします。一八五三年（嘉永六年）六月三日、ペリーが率いるアメリカ東インド艦隊の四隻の蒸気船、いわゆる黒船が、江戸湾の浦賀水道に現れたときを、「近代」への画期とします。ペリーは江戸幕府にアメリカ大統領フィルモアの書簡を手渡します。

こうした開国を近代のはじまりとするという認識は、二一世紀になって最初に出された通史、岩波新書版『シリーズ日本近現代史』でも同様です。しかし、同じ開国という出来事を出発点にしてもその意味づけと、歴史の展開の把握が異なります。こうした差異が生じるまでの過程を、第一期、第二期、第三期と段階ごとに追ってみましょう。

はじめに、ペリー来航後の歴史過程を教科書はどのように記しているか見てみましょう。教科書では、以下に記す四つの柱を中心に描いています。

第一の柱は、ペリーとの交渉―条約の締結―幕府の対外政策の転換です。江戸幕府に国書を手渡し、いったんは日本を去ったペリーが、翌一八五四年一月に七隻の艦隊を率いて再来します。ペリーは交渉を重ね、日米和親条約を結び、「鎖国」体制を崩壊させ「開国」を実現させました。

日米和親条約は①アメリカに必要な水、燃料、食料を供給すること、②難破船や乗組員を救助すること、③下田と箱館（函館）の二港を開き、領事を駐在させること、④他国との間に、有利な条件が結ばれた場合、アメリカにそれを与えること（最恵国待遇）などを内容としていたことが細かく記されます（近年では、さらにアメリカの中国市場への進出や、アメリカの捕鯨業の保護という点も指摘されている）。また、江戸幕府は、イギリス、ロシア、オランダ、フランスとも条約を結びます。

しかし、この条約は通商については取り決めをしていませんでした。そのため、初代アメリカ総領事として下田に赴任したハリスが通商条約の締結を求めたことを、教科書は強調します。ハリスは、老中堀田正睦と交渉します。このとき堀田は、条約調印の勅許を朝廷に求めますが、時の孝明天皇は応じません。しかし、一八五八年に大老井伊直弼は勅許を得ないまま、日米修好通商条約を調印します。

日米修好通商条約も、教科書では詳しく説明されます。①神奈川、長崎、新潟、兵庫の開港と江戸と大坂の開市、②自由貿易の開始と居留地の設定の取り決めと一般外国人の国内旅行の禁止、③領事裁判権を認め、日本にいる外国人はその国の領事がその国の法律によって裁くという治外法権の容認、④日本に関税についての税率決定権がないこと――相互で話し合う協定関税であり、日本側から言えば関税自主権の喪失と記します。この通商条約も、和親条約と同様、オランダ、ロシア、イギリス、フランスと結びます。

第二の柱は、開国にともなう外国貿易の開始と、その国内への影響です。対外貿易は、横浜、長崎、箱館で開始されますが、貿易総額の七割以上は横浜が占めました。生糸、茶、海産物などが輸出品の要で、毛織物・綿製品、鉄砲などを輸入しますが、大幅な輸出超過であり、そのことによって物価が上昇し、地域の産業構造にその影響が及び、日本社会が大きく変化することが記されます。

幕府は貿易の統制を図りますが、その効果があがらなかったこと、また日本が銀本位制を採用しており、外国との間で金銀の交換比率が異なるため、多量の金貨が海外に流出したことも述べられます。

第三の柱は、開国が政治に大きな影響力を与え、政局に転換が見られたことです。これは第2章の倒幕論で触れましょう。

「世界史のなかの明治維新」の新しさ

そして第四の柱は、江戸幕府の倒壊―新政府の誕生という過程を、日本という一国内の出来事としてではなく、「世界史のなかの明治維新」として把握しようとすることです。一八世紀後半のイギリスで生まれた産業革命の波が、ヨーロッパ各国やアメリカに及び、それらの諸国が国外市場や原料の供給地を求めて対外進出を図ります。西洋の植民地獲得の動きが、アフリカ、南アジア、東南アジアへといたり、ついに東アジアにやってきたと記します。イギリスと清国とのアヘン戦争（一八四〇～四二年）は、こうした一つの指標とされます。明示はしませんが、明治維新は西洋による世界分割のなかでの日本の対応ということになります。

教科書は、通常、第一期の研究をベースにしていると序章で記しましたが、この第四の柱だけは別です。開国を近代の出発点に置き、世界史のなかで明治維新を把握する考え方は、第二期の一九六〇年代の研究で確立しました。

では、一九五〇年代の高校の日本史教科書では、明治維新のはじまりはどのように書かれていたのでしょうか。一九五〇年代半ばに、東京教育大学教授だった家永三郎（一九一三～二〇〇二）が執筆した教科書をみてみましょう（一九五六年執筆。のち『検定不合格　日本史』〈一九七四年〉として刊行）。

家永教科書では、明治維新については「第4編　近代社会の発展」の最初の章「近代化へのスタート」の最初の節「封建制度の廃止」のはじめの小項目です。他方、開国については、それに先立って「第3編　封建社会の成立と崩壊」の最後の章「封建社会の解体」の最終節「鎖国政策と武家政治の終末」に記されます。関連する小項目は、「世界情勢の変化」「列強の開国要求」「欧米貿易の開始とその影響」です。

ここでの家永の認識は、「(ペリー来航によって)国内においてもその基礎のゆるぎだしていた幕府は、外交問題が発生してから、ますます窮地に陥った」というものです。まず国内に江戸幕府倒壊の要因があり、外交問題がそれに拍車をかけたという説明です。

あえて単純化すれば、家永教科書にみられる一九五〇年代の教科書は、国内における基礎の変容→拍車をかけた対外問題という説明を行うのです。現行の教科書がペリー来航とそれにともなう幕府の権威の失墜を重視する見方と違いがみられます。

第一期――外圧以前からの内部崩壊

一九五〇年代の第一期の研究の動向を合わせてみてみましょう。

第一期の研究を代表する遠山茂樹『明治維新』(一九五一年。次章「倒幕論」で詳述)は、明治維新の始点を天保期(一八三〇年代〜四〇年代前半)に置き、天保の改革を江戸幕府の「絶対主義への傾斜」として説明します。この時期に、封建制が抱える矛盾が激化し、そのなかで国内市場の形成・統一がなされ、近代へと向かうというのが遠山の理解でした。ヨーロッパにおける近代の誕生―封建制の解体から近代的な諸関係と制度の生成という動きを、明治維新に重ね合わせ、ここに近代日本の出発を見出そうとするのです。江戸幕府=近世の封建制に対し、明治政府=近代の中央集権制と資本制という認識が前提になっています。この認識は遠山にとどまらず、第一期の歴史家を通じての共通の認識となっています。

このとき、遠山は、江戸幕府の基本的な矛盾の拡大・深化の現れとして、多発する百姓一揆・打ちこわしがみられ、そこにペリー来航と開国の要求という外圧が加わると把握をしました。ただ他方で遠山は、藩政改革に成功した薩摩藩、長州藩をはじめとする大藩（雄藩）の自立化・台頭にも着目します。幕藩体制が分裂をはじめ、政争が開始されるという見解です。

言い換えれば、マルクス主義者として遠山は、下部構造（経済）が歴史を決定するという立場から、まず幕末期を経済的にはマニュファクチュア（工場制手工業）の経済段階であるとします。そのうえで雄藩に「絶対主義への傾斜」がみられ、天保期における改革推進の主体が、明治維新の政治主体となったとします。つまり、封建制の新段階に対応し行われた政治―経済改革が失敗した幕府の天保の改革と、成功した雄藩の改革との対比で捉えて、明治維新を説明するのです。

ちなみに、家永の教科書原稿では、各編の最後に「参考書目」が付されていて「研究書」のなかに遠山茂樹『明治維新』が挙げられています。家永が教科書を執筆するに当たり、『明治維新』を参照したことが明らかです。一九五〇年代の教科書の水準の高度なこと、とくに高校生に対する要求の高さを思わされます。

しかし、当時の遠山の見解は、現行の教科書では採用されていません。そして遠山自身、一九七二年に『明治維新』の改訂版を記し、明治維新の始期について見解を変えます。改訂版では、国際的条件を加味し、「天保期の意義」と「外圧の性格」の箇所が大幅に書き替えられます。さらに遠山は、「時代区分論」(『岩波講座　日本歴史』別巻、一九六三年)で、明治維新の画期を開国に変更(遠山・新説)します。こうしたなかで教科書も、第二期の新しい学説がとられていくのです。

第二期――世界資本主義の日本への到達

では、現行の教科書が依拠する第二期の開国論をみてみましょう。

第二期は、ペリーの来航によって惹き起こされた「開国」を、欧米＝世界資本主義による世界の分割のひとコマとし、日本にとっては外圧＝国際的契機として考察します。世界資本主義に押されて日本の封建制が崩壊し、近代社会へと移行するという考え方です。

すでに一九三二年、歴史家・羽仁五郎(一九〇一～八三)が「東洋における資本主義の形成」で唱えていた議論ですが、これまたマルクス主義の世界認識に基づく枠組みです。羽仁の議論が、一九六〇年前後のキューバ革命やアフリカ諸国の民族運動の活性化など、国際情勢の激動の現実のなかで再評価されていったのです。

第二期の一九六〇年前後は、日本のアメリカによる植民地化の危機が強調され、あらためて羽仁が問題としていたこと――インドが植民地とされ、中国が半植民地とされたときに、日本が独立できたことへの解明が課題とされました。アジアの資本主義化をそれに先立つ

「アジア的なもの」に着目し論ずる羽仁でしたが、第二期の研究でもインドの傭兵の反乱（一八五七〜五九年。古い教科書ではセポイの乱と記されていた。近年ではインド大反乱というようになってきている）、中国の太平天国の乱（一八五一〜六四年）とならべ、西洋がアジアに到達したときの反応の一つとして明治維新を見るのです。

近年、第三期では、アジア経済圏と西洋経済圏との遭遇として把握されますが、羽仁やその影響を強く受けた第二期は、欧米主導の出来事として開国が論じられました。

こうした第二期の議論を切り拓いたのは、芝原拓自「明治維新の世界史的位置」（『歴史学研究』別冊、一九六一年）であり、史学史上での共通の認識となっています。のちに大阪大学教授となる若き芝原拓自（一九三五〜）が、歴史学研究会の大会でこの報告を行ったときの反響の大きさは、半世紀を経たいまでも語り草となっています。

芝原の議論は壮大なものでした。これまで藩や地域から論じられていた明治維新を、「世界資本主義」（列強資本主義）によって強制された「不可逆的なアジア社会の〝第一の変革〟」とし、世界史とアジア諸民族との関係を視野に収め、そのなかで明治維新を論じ直したからです。芝原の意図は、アヘン戦争後の国際関係のなかで、東アジアという地域的なまとまりを設定し、一九世紀後半の歴史像を描くことでもありました。

芝原の議論は、世界資本主義が世界各地を産業化し尽くすという世界史的な動きのなかに、日本が巻き込まれたこと、しかしそのときに日本なりの対応——日本的特殊性があったということを前提としています。世界史によって規定される面と、日本の持つ特殊性との統一的把握を図り、そこから明治維新を考察しようとしたのです。

芝原は、世界資本主義により日本は「半植民地化の危機」があり、維新変革の過程は「民族的独立の確保」が課題となっていたと言います。一九世紀半ばのアジアにおける選択の可能性は、世界史的規定性のもとで、「植民地・半植民地的分割」による「属国化」か、「経済的ヨーロッパ化」での独立のどちらかであったとします。後者の道は「ヨーロッパ的強盗戦争」の跡を追うことになるのですが、芝原は日本はこの道を選択したとします。

インドの植民地化、中国の半植民地化のなかでの日本の独立の保持という、羽仁が提出した命題を踏まえての議論です。一八五〇〜六〇年代の東アジアの危機と変革の歴史像と、一九六〇年前後の〈いま〉——日米関係のあり方を問うた安保闘争や第三世界での民族解放運動の高揚とが、芝原のなかで重なり合わされていたようにみえます。

芝原・遠山論争——二〇年の差

芝原の議論を、『世界史のなかの明治維新』(一九七七年)を手がかりに、さらにたどってみましょう。芝原は「外圧」について次のように記します。

蒸気軍艦や大小砲を基軸とした軍事的圧力、その威力にうらうちされた政治・軍事的従属、取引・海運・金融をすべてふくむ列強の商権掌握と植民地型の対外通商——これらが、幕府をみるまに倒壊にみちびいた、そして維新以降もますます日本民族をしめつけていった。

芝原は黒船の来航が江戸幕府を倒壊させたとの認識から、歴史像を組み立てます。そして「外圧」という契機を導入して初めて、天保期以降、つまり一八四〇年代にはじまる「幕藩制の新しい編成原理」を把握できるとします。

繰り返しみてきたように、芝原は「資本主義世界体制」のなかに、日本が従属的に組み込まれていったことを決定的な出来事としますが、さらに、このことが在来の生産様式を再編し、日本の社会経済に決定的な影響を与えたと言います。開国にともなう「社会経済的な基底」の変動を指摘するのです。つまり、外国製品との競争に敗れ、日本の綿業や糖業は、衰退—解体—再編される一方、貨幣制度の混乱により、「国民経済」も混乱し物価が急騰し、「解体期封建日本の経済的・社会的危機」が進行したと言います。

芝原の問題提起は、明治維新をめぐる歴史認識を大きく変えましたが、芝原が論点とした日本の植民地化の危機は、遠山茂樹と論争になりました（遠山茂樹他編『歴史像再構成の課題』一九六六年）。遠山は、日本の植民地化の危機については否定的です。『明治維新』のなかでは、インドを植民地にした一七世紀イギリスの対インド外交と、一九世紀半ばの対日本外交とを同一視することはできないと述べています。

遠山は、一八六〇年代後半から八〇年代前半までは、東アジアへの「外圧」が緩んだ時期とします。言い換えれば、一八八〇年代までは、日本と中国の歩みは同一で、ともに近代国家の創出をめざし、明治維新と中国の同治中興（一八六二〜七四年。内政・外交ともに政権が安定を取り戻した状態）・洋務運動（一八六〇年頃からはじまる西洋軍事技術採用の富国強兵運動）とは、歴史的性格を同じくするとします。

転機になるのは一八八四年で、フランスの安南（ベトナム）占領、八五年のイギリスの巨文島《コムン》占領などの出来事が東アジアの状況を一変させ、日清戦争がその岐路になるとします。そして、以後は朝鮮問題が「矛盾の結節点」となるという認識です。

遠山は東アジアにおける植民地化の危機を一八八〇年代までずらし、当時隆盛を誇った帝国主義の問題として考えようとしたのです。これに対し芝原は、一八五〇〜六〇年代の時点で歴史的な動向は決定されているという立場をとっていました。遠山と芝原は、ともに世界資本主義を「西洋」の帝国主義として批判するのですが、帝国主義に侵入された東アジアにおける近代の把握の差異があり、そこが論争になりました。

遠山は、中間層の活動による近代生成の可能性をみるのに対し、芝原は彼らの可能性は失われ、より下層の階層にしか期待は寄せられないと考えています。帝国主義を批判する「民族」の担い手になる階層をどこに見出すかの相違が、歴史認識の差異を生み出しています。

芝原は、李鴻章《りこうしょう》らの洋務運動は中国資本主義の萌芽を破壊し、「民族ブルジョアジーの育成」を阻害するとします。清国が欧米列強―世界資本主義に屈し、外国資本のいいなりになる「買弁資本」を生み出したとし、洋務運動を「反革命的・買弁的」なものとします。そして、富国強兵・殖産興業をめざす明治維新と対比するのです。芝原は、すでに中間層は体制化していたと考えています。遠山とは異なり、すでに一八五〇～六〇年代で、東アジアの諸国家の差異が決定されたという認識を示しました。

井上清からの批判――半植民地化への「民族的危機」

遠山・芝原論争には、いくつかの局面がありました。一つは、遠山の主張をめぐり、すでに批判が出ていたことです。のちに京都大学教授になる井上清（一九一三～二〇〇一）は、遠山の見解を真正面から批判し、幕末期の日本には民族的危機があり、「欧米列強資本主義の半植民地」となる危険があったことを強調します。開国をめぐる時期のみならず、倒幕の過程で、幕府の背後にフランスがつき、倒幕派をイギリスが支援したときにも危機があり、このときが半植民地化の「危機の絶頂」とします。井上の『日本現代史I』（一九五一年）は、その認識からの明治維新論となっています。

井上の批判は、遠山の議論が一八世紀半ばの世界資本主義の自由貿易を、平和的意図によるものと、西洋人の言葉通りに受け取っていること、また中国の太平天国の運動を排外暴動とし、「中国人民の独立と自由と繁栄のための闘争」という意義をみていないことに向けられています(「幕末における半植民地化の危機との闘争」『歴史評論』三一、三二号、一九五一年)。井上は明治維新により幕府勢力が一掃され、その危機を脱したと言います。井上の歴史像は、「人民」による「反幕的革命的昂揚」を指摘し、民族的危機を「人民」の闘争によって乗り越えたというものです。

遠山と井上の対立には、戦前以来の明治維新論の継承に関わるところがありました。後述しますが、近現代日本の歴史的な考察が本格的に開始されたのは、一九三〇年頃からです。井上も遠山もそのときの議論を踏まえながら、明治維新像を描いています。一九三〇年代のリアリティのなかで考察された明治維新論のどの部分を、五〇年代に継承するかをめぐっての差異があるのです。この意味から、井上の批判は、遠山の明治維新論の総体に関わるものであり、明治維新像全体に及ぶ認識の相違でした。

また、井上と遠山の間には、一九五〇年代の状況把握の差異もみられます。アジア・太平洋戦争の敗戦にともない、アメリカに占領されていた一九五〇年前後の日本の光景が、遠山と井上には、幕末の状況と重なってみえていました。井上は、「外国によって「国体が護持」されることこそが民族の一要素であるという現在の体験をも反省しながら、幕末史を見る」と述べています(同前)。

井上はアメリカの占領が天皇制を温存したことを批判的に認識し、この占領に民族的危機を見出しながら、幕末の情勢を描き出したと述べます。それに対して遠山は、彼なりの一九五〇年代認識から幕末史を描いたと言えるでしょう。そうした当時の状況認識の相違が、明治維新像の差異に投影されたのです。

「基本的矛盾」の共有

話を遠山・芝原論争に戻しましょう。この論争のもう一つの論点は、東アジアという歴史の舞台を設定したことです。第二期は一国の歴史ではなく、国際関係の網の目のなかで明治維新をみます。そのなかで、歴史の法則と歴史の具体性が展開する場所――空間として東アジアに目を向けたのです。

背景には、遠山と芝原にとって、それぞれの一九六〇年前後の国際関係の認識があったことが考えられます。具体的には、アメリカが大きな影響力を持つ東アジア地域とそこでの民衆運動、つまり日本の安保闘争や韓国の四月革命（一九六〇年、学生たちが中心になって抗議し、不正選挙を行った李承晩大統領を下野させた）を念頭に置きながら、明治維新論を展開していると思われます。

歴史学研究では、第一期・第二期には多くの論争がみられ、なかでも明治維新論は論争が活発でした。明治維新という近代日本の出発を、〈いま〉と重ね合わせる思考が、強烈にみられたのです。第一期・第二期には「近代」および「近代日本」のありようが問われたこと、それが当時の状況を考察することと同一であったということでしょう。

「戦後歴史学」はこうした現実性を持ち、それについて大方の支持を得て、自らも自信を持って議論をしていました。歴史的課題と直接の政治的課題とがしばしば結びつけられ、前衛政党としての日本共産党の立場とも隣接していきます。「政治と文学」という議論がなされたことがありますが、「政治と歴史学」ということも史学史としては見逃すことはできないでしょう。歴史家たちが誠実に、そして切実に考察するにつけ、政治と近接していくのです。とくに「戦後歴史学」はそのことを意識していました。

また、第一期・第二期は、論争者のなかでも歴史的思考の大枠は共有されていました。井上、遠山、そして芝原も歴史を「基本的な矛盾」を軸に把握するという態度を共有していたからです。論争者同士が、マルクス主義の認識と方法に拠り、封建制→近代という転換を「人民」の立場からみるという枠組みを前提に議論していました。大筋の論理を同じくしたうえで、具体的な認識を異にしており、ここに「戦後歴史学」の特徴の一つがあります。「基本的矛盾」が、幕末の日本と世界にどのように現れているかという考察と認識が提示されるため、相違は互いに理解することができ、論争が成立したのです。

「鎖国」論から「日本型華夷秩序」へ

次に一九七〇年代以降、第二期の中期に登場した重要な開国論です。この時期は、鎖国体制の見直し、東アジア世界の強調といった研究がみられます。両者は重なる点が多いのですが、まずはこうした研究の開拓者となった立教大学教授の荒野泰典（一九四六〜）の『近世日本と東アジア』（一九八八年）や『「鎖国」を見直す』（二〇〇三年）の議論です。

荒野の議論は、極端に単純化して言えば江戸期に「鎖国」はなかったという説です。近年では、教科書にも採用されるようになってきますが、荒野は丹念に史料に当たったうえで、長崎とともに、対馬、薩摩（琉球）、松前（蝦夷）と四つの対外関係の窓口が開いており、近世日本の対外関係のあり方は「鎖国」とは言えないと主張しました。

長崎口は、オランダと中国が来航しています。しかしこの二国に限らず、「唐船」（中国船）の出港地は中国本土にとどまらず、タイ、ベトナム、カンボジアなど華僑ネットワークにより、東南アジアに広がっていました。対馬口では、江戸幕府が朝鮮と正式の国交を維持し、朝鮮通信使が送られ（一二回）、釜山に設けられた倭館で外交案件を扱い、貿易を行っていました。琉球口である琉球王国は、一六〇九年に島津氏によって軍事征服されますが、明・清とも朝貢関係は継続しました。また琉球王国も江戸幕府と正式の外交を有し、謝恩使、慶賀使を一八回、江戸まで送っています。松前口では、北海道渡島半島に居城を持つ松前氏が蝦夷地で、先住民のアイヌ民族との交渉と交易を行っていました。

荒野は、開国の前提である鎖国体制という理解を塗り替え、近世の対外関係としての「鎖国」像を刷新しました。荒野は、江戸幕府の外交政策をヒトとモノの自由な海外との往来を

禁止し、規制を加える体制とし、外国との関係を「国王＝国家権力」が独占する体制としま
す。さらに、キリスト教の禁止も、江戸幕府だけでなく、中国、朝鮮をはじめ東アジア、東南アジア全般に及んでいることに注意を促します。そして、こうした規制を加える政策は、日本の特殊な外交政策ではなく、中国、朝鮮の政策と共通した面が多く、東アジアによくみられる政策としました。

そもそも「鎖国」という語は、長崎の出島に滞在したドイツ人ケンペルの『日本誌』附録論文を、長崎通詞・志筑忠雄が『鎖国論』として翻訳したことにはじまります。「鎖国」の語は、ペリー来航後に多く用いられるようになったことは教科書にも記されています。ちなみに、荒野はヨーロッパとの関係が「近代化」とされたため、明治期一八九〇年代以降の歴史教育のなかで、長崎口のみが記憶され、日本の近代化の遅延は「鎖国」がもたらしたという認識が広まったとしています。

こうした議論を踏まえて、荒野は四つの口により交易している日本の外交を「海禁」とし、近世日本の対外関係を、「開かれた」面と「制限された」面との関連により把握するように提起しました。

他方、四つの口と言いつつ、正式な国交を持つ通信国（朝鮮、琉球）、民間レベルの関係の通商国（中国、オランダ）、そして「撫育」をもっぱらとするアイヌ民族との交流のように差異があります。江戸幕府は自らを中心に置きますが、ほぼ一六三〇年代に決定されるこうし

た枠組みを、荒野は「日本型華夷秩序」と呼びました。

自信に満ちた日本像

開国論は、横浜市立大学教授だった加藤祐三（一九三六〜）による『黒船前後の世界』『黒船異変』（一九八五、八八年）や、東京大学教授も務めたロナルド・トビ『近世日本の国家形成と外交』（一九九〇年）などによって厚みを増します。

『黒船異変』で加藤は、黒船の来航を「文明の力」を見せ付けた出来事とする一方、これをきっかけとして日本人の対応が変わると論じます。たとえば加藤は、江戸の人びとが好奇心を持って「黒船見物」に出かけたことを紹介します。人びとにとり、価値の基準が「中華世界」から「欧米世界」へ転移したと言います。また幕府は、ペリーとの交渉をよくやり遂げ、戦争をともなわずに平和裡に開国したと主張します（「交渉条約」）。

加藤は一九世紀の国際政治を、列強―植民地―敗戦条約国の三者からなるとします。そこに、新たに日米和親条約を締結した「交渉条約国」（＝日本）を付け加えます。第二期に当たる一九八〇年代末葉には、大国による政治的・経済的支配と、そのもとでの開発途上国の苦悶がみられました。また日本は経済大国化し、日米関係は貿易摩擦で揺れていました。その状況認識が投影された歴史像のように思えます。

第二期中期は、それ以前の開国論とは異なり、自信に満ちた日本像が打ち出されています。

世界第二位の国民総生産（GNP）という経済力を背景とし、ペリー来航以降の出来事は、西洋による外圧ではなく、東アジアの経済圏に西洋が接触・参入してきたとする認識―解釈がうかがえるのです。

史学史の文脈から言えば、加藤の議論は、外圧に右往左往したとする「幕府無能説」への批判です。加藤は、幕府の奉行クラスの行政官（昌平黌出身者たち）は、よく当時の国際情勢を理解していたとするだけでなく、彼らの語学力や交渉能力を高く評価します。先の「黒船見物」も、日本人の文明への「好奇心」であり、黒船の「恐怖」に打ち勝つものであったという評価です。

他方でこの時期、漂流民の役割を強調する議論があります。ペリー来航を幕府による表の「開国」とするとき、漂流民たちにより、すでに非公式に外国との交流に一役買い、事実上の「開国」が進行していたという歴史認識です。

漂流民をめぐる出来事を単なるエピソードではなく、「開国」の概念に関わる議論とするのですが、国立歴史民俗博物館の近代展示（第五展示室）「文明開化」では、中浜万次郎や浜田彦蔵（ジョセフ・ヒコ）ら漂流民に着目し、彼らの経験や知識が果たした役割の大きさを指摘します（『日本の歴史と文化　国立歴史民俗博物館展示案内』一九八五年）。

漂流中にロシア人に救われ、ロシアの首都サンクトペテルブルクで、エカテリーナ二世に謁見した大黒屋光太夫や、北方でロシア人に捕らえられ、同じくロシアの地を踏んだ高田屋《たかたや》嘉兵衛《かへえ》らへの関心も、こうした認識の延長線上にあるでしょう。

第三期――近代世界と中華世界の確執

第一期、第二期前半の開国論が、外圧を出発点に、西洋の衝撃から議論するのに対し、第三期は、東アジア圏の主体を重視する考察が出るようになります。ここでは、西洋と東アジア双方の対抗のなかで、「開国」を描き出すことに重点が置かれます。第二期中期の西洋への劣等意識解消のため外圧を拒絶し、東アジアの強固さを指摘し、経済大国化した日本を背景とした議論とは異なります。

文献は数多くありますが、茂木《もてぎ》敏夫『変容する近代東アジアの国際秩序』（一九九七年）が、この視点をはっきりと打ち出しています。当時、静岡県立大学助教授だった茂木敏夫（一九五九～）は、一九世紀後半の歴史像を、中国を中心とした東アジアの「伝統的国際秩序」（中華世界）と、近代ヨーロッパに起源を持つ国際秩序（近代世界）との確執とします。ここで着目されるのは「両属」関係であり、国家原理の対抗です。

朝貢と冊封による中華世界は、国境線を確定せず、緩やかに多様な地域の論理を認め、皇帝の権威のもとに整序・管理するネットワークの空間です。一八世紀に入り、この中華世界に、イギリス（近代世界）が登場し、アヘン戦争と南京条約により、中国は条約体制（近代世界）に不平等に編入されます。しかし中国は、その事態を「伝統的な中華世界の論理」で語り、異なる世界秩序に組み込まれた意識を持たないと茂木は言います。

さて、清国と英仏連合軍が争ったアロー戦争（第二次アヘン戦争。一八五六〜六〇年）をきっかけとして、中国では洋務運動が行われますが、条約関係より朝貢関係を正統とみる中国では、各地域の両属の容認か、排他的な支配の樹立かといった問題が浮上します。欧米が、中国の周辺地域であるウイグル、ベトナム、ミャンマー、朝鮮に進出したためです。中国はこれらの地域を排他的に統合し、近代的な領土支配をめざします。中国自身が「「近代」的再編」を行おうとするのです。

このとき茂木は、近代世界の論理と対抗するなかで「宗属関係の独自性」を保守しようとすればするほど、中華世界の原則はかたちだけになり、中国が「近代世界の支配・抑圧の構造」に接近したと指摘します。

一八八〇年代後半における中華世界の「「近代」的再編」、つまり、東アジアの伝統的秩序の再編がこうして行われるのです。茂木はこの動きを、日清戦争、さらには中華世界が崩壊する過程までも視野に入れて描き出します。

こうした茂木の論理では、日本は、近代的外交体制を採用したことになります。たとえば、新政府は一八七一年の廃藩置県を機に、朝鮮外交を対馬藩から接収し、対馬は両属性を奪われます。しかし、旧例を重視する朝鮮はこの措置を認めず、そのため新政府は、まず朝鮮の宗主国・清と条約関係をつくり、朝鮮との関係を不平等条約として結ぶことになったとします。また、両属の琉球を国境・領土の画定から、日本領土としたことにも言及します。

茂木の著作は、ブックレットの体裁をとっていますが、これまでの開国論の蓄積を踏まえ、中華世界の内的な論理と近代世界との対抗と変質を、時間的・空間的に壮大なスケールで描き出すものとなっています。

文化領域からの分析——漢文から訓読文へ

第三期はまた、中華世界―中国文化圏からの日本の自立についても注目されました。このとき言語に着目し、「漢文脈」と近代日本の言文一致、近代日本文学の誕生との関係を考察した齋藤希史《まれし》『漢文脈と近代日本』（二〇〇七年）は、文化の領域からの開国論と言えます。

東京大学准教授だった齋藤希史（一九六三〜）によれば、漢文脈とは漢文による文体であり、人びとの思考や感覚に関わります。漢文は、政治と外交の文であり、東アジア世界の「公式の文体」でした。また、「士人の精神世界」を基盤とし、公／私の区分にのっとっていました。この漢文脈が近世半ば以降の日本に対して持つ大きさの指摘と、日本がそこから離脱して新たな近代の言語と文学を「析出」する過程を論じました。

齋藤は、幕末期のベストセラーだった頼山陽『日本外史』が「わかりやすい」「朗誦しやすい」漢文で書かれているとし、近世から近代へ向かう漢文脈の流れを促進し、漢文脈を「国民化」する契機を与えたとします。

同時に、その漢文に取って代わり、「訓読文」(漢文の読み下し文、文語文)が、明治期の公式文となることを指摘します。漢文の普遍性とそこにあった精神性が過去のものとなったというのです。訓読文は翻訳にも用いられ、啓蒙の文体でもありました。そして、「感傷」の漢文脈の世界から、「恋愛」を論ずる近代文学への流れを指摘します。齋藤は、訓読文が明治―近代日本の文体となることに、こうした意味を与えます。

齋藤の議論は、のちにみる「文明開化」論の第三期の議論とも重なります。「開国論」を東アジアの国際関係のなかで把握するとき、そのことは人びとの意識の形態にも密接に関連していることが着目され、追究されたのです。

「環太平洋史」のなかの開国

第三期には、一八世紀半ばの東アジア理解――西洋・日本・中国の関係をどのように把握するか、視点をどのように定めるかについて転換が行われました。これまでの西洋の力量を圧倒的なものとし、西洋との関係で日本を描くのではなく、中国と中華世界を組み込み、日本―西洋―中華世界との三者の関係として「開国」をめぐる歴史が考察されてきています。

それまでは国民国家体制を当然の自明とし、国際関係を考察していました。しかし、国民国家体制が西洋近代に由来するものであり、一八世紀半ばの東アジアには別個の秩序があったこと、そしてさまざまな確執を経て、国民国家が東アジア地域でも広がったという認識です。どのような国民国家がつくられたかという問題意識の前に、国民国家という体制も選択肢の一つだったという捉え方から、歴史過程を考察するのです。西洋の政治文化が、中華世界に接触したという異文化接触の観点も導入されています。

最新の通史の一つである岩波新書版『シリーズ日本近現代史』第一巻、井上勝生『幕末・維新』(二〇〇六年)も、「黒船来航」から書き出します。井上は、江戸の「成熟した伝統社会」を背景とする幕府外交の力量を見て取ります。いままでの研究が「対外的危機の大きさ」を強調しすぎだと批判し、その見直しを迫ります。欧米社会の圧力をむしろ追い風にして、日本政府は隣国に侵略し、人びとは政府に対抗したというのです。

アヘン戦争で清が敗れ、イギリスに香港を割譲したことの衝撃はこれまでも指摘されていましたが、井上はさらに、諸外国との交渉の最中にはじまったクリミア戦争(一八五三〜五六年)の影響にも目を配ります。貿易の開始についても、これまでのものは在来産業が壊滅させられたと一面的な論じ方だったと批判します。開国後の地域ごとの盛衰を見据え、巧みに貿易に「適応し発達」したことをいうのです。

さらに、新しい通史である小学館版『日本の歴史』では、平川新《あらた》『開国への道』(二〇〇八年)が、一九世紀前半を扱っています。東北大学教授である平川新(一九五〇〜)は、鎖国として閉じこもるのではなく「列強に伍して、領土分割競争の戦列に積極的に参入していた」日本像を描き出します。ロシア、イギリス、スペイン、アメリカによる北太平洋の北東部、ロシアと日本による北西部の領土分割競争と「環太平洋交易圏」の形成という「環太平洋史の一環」として、平川は「開国への道」を描いています。一八世紀にはじまる「環太平洋時代」の一つの帰結として「開国」を把握するのです。

また平川は、北方のロシアとの交渉に力点を置いています。『開国への道』では、ペリーの来航は「おわりに」でわずかに触れられるにとどまり、開国をめぐる議論を、日米関係に集約することを拒否しています。第一期・第二期には、開国がそのままペリーの来航問題となり、日米関係を開国問題として直結していたことに対する批判が、平川の叙述には脈打っています。そして、幕府外交以上に漂流民の役割が重視され「漂流の時代」であることが、あらためて強調されています。なお、漂流民については、近年、倉地克直『漂流記録と漂流体験』(二〇〇五年)も出され、関心が継続され、新たな論点が提供されていきます。

いずれにせよ、通史にみられる書き替えは、一九世紀の見直しが進行していることを示しています。これまで一九世紀前半は近世史、後半は近代史の守備範囲とされ、大政奉還—王政復古や版籍奉還、あるいは廃藩置県がその切れ目とされてきました。以上の通史でもその点は変わっていませんが、認識と叙述が大きく変わってきているのです。やがては、一九世紀史としての叙述がなされるかもしれません。

第2章 明治維新 Ⅱ 倒幕

1858	
4	井伊直弼大老に
6	日米修好通商条約調印
6	将軍継嗣、紀州藩主徳川慶福に決定
1859	
10	安政の大獄
1860	
3	桜田門外の変
1862	
1	坂下門外の変
2	和宮降嫁
8	生麦事件
1863	
7	薩英戦争
8	八月一八日の政変
1864	
7	禁門の変
11	第一次長州征討
1865	
10	条約勅許
1866	
1	薩長同盟
6	第二次長州征討
1867	
8	「ええじゃないか」起こる
10	大政奉還
1868	
1	王政復古の大号令
1	戊辰戦争（～69）

教科書が描く幕末の政治過程

幕末の政治過程はとても複雑ですが、まずは開国をめぐり諸大名や幕臣に意見を述べさせたことにより、朝廷の権威が高まり、諸大名の発言力が強まっています。幕府の権威は失墜し、内政・外交とも難問が一挙に現れ、その事態への対応をめぐり複雑な政治過程が見られます。教科書はその過程を第一期の見解に基づき叙述します。教科書での説明を追ってみましょう。

日米修好通商条約交渉のさなかの一八五八年、第一三代将軍徳川家定が死去します。家定には子がなく後継問題が浮上し、一橋家の慶喜と紀伊藩主の徳川慶福を推すグループが対立しますが、彦根藩主井伊直弼が大老に就任して慶福を将軍の後継ぎとします。一四代将軍家茂です。井伊は反対派を弾圧（安政の大獄）しながら、他方では勅許を得ないまま日米修好通商条約に調印をします。しかし強引な手法のため、井伊は暗殺されます（桜田門外の変）。暗殺者たちは、水戸藩を脱藩した志士たち―尊王攘夷を唱える人びとでした。

幕府側は、老中久世《くぜ》広周《ひろちか》と安藤信正を中心に、朝廷（公）と幕府（武）の融和を図る、公武合体運動により尊王攘夷派（尊攘派）に対抗しました。幕末の政争のはじまりです。久世＝安藤政権は、幕閣や藩主を中心とした幕藩体制の再編・強化を狙い、さらに孝明天皇の妹和宮を、将軍・家茂の妻とする政略結婚も画策します。しかし尊攘運動は、安藤信正を坂下門外で襲い失脚させる（坂下門外の変）など大きな力を有します。幕府は京都守護職を置き、参勤交代制を緩和するなど、幕制をあらためました（文久の改革）。

教科書は、こうして幕府側と尊攘派、さらに幕政をめぐる幕府内部の体制を軸に叙述します。薩摩藩、長州藩、土佐藩といった雄藩の動きに焦点を当て、公武合体の背景に雄藩連合の存在を指摘します。

このとき、尊攘派に触れて、山川出版社の教科書では、尊王論と攘夷論とは本来別物であるが、幕末の水戸学（後期水戸学）が両者を結びつけたこと、開国後は反幕府論となり「現実的な政治革新運動」となったと説明します。

一般には、下級武士や彼らが豪農や豪商と結びついた草莽《そうもう》が、尊攘派の具体的な姿とされます。尊攘派の下級武士の場合、脱藩した浪士が少なくないのですが、薩摩藩、土佐藩などは、一方では尊攘派を規制しつつ、他方では利用しています。とくに長州藩は尊攘派を利用し、中央での勢力をのばしました。

複雑化する過程の解明

この後の政治過程も、さらに複雑です。教科書の記述を続けてみましょう。

勢いに乗った尊攘派は、朝廷を動かし、幕府に攘夷の決行を迫ります。そして、一八六三年五月に、長州藩は諸外国船に対し、下関から砲撃を行いました。けれども、八月一八日の政変による事態の転換は、尊攘派の動きを封じてしまいます。薩摩藩と会津藩が、長州藩の勢力と三条実美ら急進派の公家を京都から追放したのです。

長州藩は、禁門の変(蛤御門の変)に敗れたうえ、幕府による長州征討、さらに、攘夷の実行による、諸外国からの報復―四国艦隊下関砲撃も受け大きな打撃を受けます。なお、教科書では、鹿児島がイギリス軍艦によって砲撃を受け、薩摩藩もまた打撃を受けたことを記します。薩摩藩士が、横浜・生麦でイギリス人を殺傷した生麦事件の報復ですが、二つの雄藩が外国の力を見せつけられ、攘夷が不可能なことが明らかになったという文脈です。

しかし、幕府側も決定的な打開策を欠いていました。公武合体派は、いったん参預会議を成立させるものの、分裂・解体してしまいます。公武合体と諸侯会議を軸とする公議政体論が、模索されます。

他方、長州藩は軍事力を背景とした倒幕派が成立し、挙藩の軍事体制ができあがり、薩長同盟(一八六六年)も結ばれます。長州藩の高杉晋作、桂小五郎(木戸孝允)、薩摩藩の西郷隆盛、大久保利通、そして土佐藩の坂本龍馬、中岡慎太郎、後藤象二郎らの名前が、倒幕運動の展開のなかで挙げられます。

薩長同盟を結んだ薩摩藩と長州藩は武力討幕を図りますが、土佐藩は公武合体の立場をとるとし、教科書では幕末政治史の最終局面を、雄藩の動き――倒幕論と公議政体論を軸に記します。一八六七年一〇月一四日に、徳川慶喜は(前土佐藩主・山内豊信〈容堂〉の献策を入れ）大政奉還を行い、政権を朝廷に返上します。これは朝廷のもとで、徳川主導の諸藩連合を図ったと説明されます。実は同日、薩長両藩が急進派公家の岩倉具視と謀り、「討幕の密勅」を入手していましたが、機先を制されたことになります。

武力倒幕派は、一二月九日に「王政復古の大号令」を発し、新政府の樹立を宣言します。江戸幕府の崩壊と新たな政府の誕生です（教科書では「新政府」。本書でもしばらく同様に記す）。新政府は、将軍職を廃し、天皇のもとに新たに総裁、議定、参与を置き、雄藩連合のかたちをとり出発します。同日に開かれた小御所会議では、徳川慶喜の官位と領地を取り上げる処分決定をし、新政府と旧幕府の対決が明らかになりました。

教科書では、この間の幕末の政争の背後に、イギリスとフランスの存在も記します。イギリス公使ハリー・パークスは、天皇を中心とする雄藩連合政権の実現を図り、フランス公使レオン・ロッシュは幕府を支持し、幕府はフランスによる軍制改革を行ったことなどが記されます。

また、新政府と旧幕府の軍事的な衝突である戊辰戦争についても、鳥羽・伏見の戦いによる開始―東征軍（官軍）の誕生―江戸城の無血開城と上野での戦闘―奥羽越列藩同盟の結成と東北地域での戦闘―箱館・五稜郭の戦闘と榎本武揚の降伏といった概略が記されます。

以上は政治過程の大きな流れを追っただけです。この複雑な幕末維新期の政治過程を、どのように整合性を持ちながら説明するか、倒幕の主体をどこにみるかが、倒幕論の課題となりました。教科書では簡略化されますが、各藩の動向の共通性と差異（典型は長州藩）も論点になりますし、この時期の民衆運動の高まりも視野に入れなくてはなりません。

教科書での「明治維新」は、本書ではこの第2章「倒幕論」と第3章「維新政権論」に当たります。では、教科書が依拠した第一期の研究をみていきましょう。

「講座派」の継承

戦後歴史学、つまりは第一期の歴史学は、その研究の拠点として近代日本の出発点である明治維新論を重視します。薩摩藩・長州藩などの勢力が江戸幕府を倒し、政権を天皇に移したという、それまで王政復古の観点から描かれてきた歴史像をどのように書き替えるかが課題でした。

明治維新を単なる政権の移動ではなく、政治から経済、社会、文化に及ぶ構造的な変化とする戦後歴史学は、この間の出来事を倒幕による統一国家の形成の過程であり、封建社会から近代社会への移行の過程として描き出そうとします。

明治維新を構造的な変革とし、総体的に理解しようというとき、手がかりにされたのは、一九三〇年前後に活躍した野呂栄太郎（一九〇〇～三四）、服部之総《しそう》（一九〇一～五六）、羽仁五郎らの研究成果でした。彼らは、唯物史観の理論に立脚しながら日本の歴史を解釈し、明治維新を封建国家から絶対主義への変革と把握しました。その主要な論文が、『日本資本主義発達史講座』全七巻（一九三二～三三年）に公表されたために「講座派」と呼ばれます。

野呂、服部、羽仁らにも見解の相違はあり、講座派も一枚岩ではありませんが、ともに日本資本主義を基底にし明治維新に接近して、日本資本主義が天皇制のもとで「半封建的軍事的性格」（野呂）を持つことを強調します。「半封建的」とはむつかしい概念ですが、とりあえず環境は近代であるけれども、制度や仕組み、あるいは理念などの諸点において、いまだ近代になりきっていないと認定していることと理解しておきましょう。

講座派の面々は、当面する変革をブルジョア民主主義革命を通じての社会主義革命――二段階革命としており、そのため明治維新で成立した権力に「半封建的」という性格づけを行ったのです。もう少し踏み込めば、明治維新を絶対主義の形成として把握しました。

戦後の明治維新論は、基本的には講座派の見解を継承し、明治維新を絶対主義の成立とみるところから出発します。このとき明治維新を遂行した主体が一つの焦点となります。第一期や第二期では、しばしば変革主体という言い方もされますが、この場合、多くの議論が下敷きにしているのは、服部之総による「指導＝同盟論」でした。

服部は、幕末期の日本は「厳密なる意味におけるマニュファクチュア段階」であり、明治維新の変革主体を「地主＝ブルジョアジー」に求めます。そして倒幕運動の実践者として、下級武士、志士、浪士らを挙げ、彼らとマニュファクチュアの経済活動（ブルジョア的要素）の結合が明治維新の主体となったと図式化します。倒幕論と言ったとき、このような射程と見解とが、戦後の出発点に蓄積されていました。

第一期――遠山『明治維新』の画期

明治維新の政治過程に一つの筋道をつくり、第一期の歴史像としてまとまった明治維新像を提出したのが、第1章で少し触れた遠山茂樹『明治維新』(一九五一年)です。

遠山は「戦後歴史学」を牽引した歴史家で、東京大学史料編纂所に勤め、一九五八年からは横浜市立大学で日本近代史を講じ、横浜開港資料館の初代館長も務めました。京都大学人文科学研究所で日本近現代史を研究していた井上清とならび、近現代日本史研究の基礎をつくり上げた歴史家です。その遠山が、近代日本の出発点としての明治維新の政治史を描いたのが、この『明治維新』です。

遠山は政治史について注意を促し、「政治を経済の深みから、イデオロギーの広さから理解する、言葉を換えれば階級闘争の集中表現として把握すること」と説明しています。いかにも第一期の著作として、経済を基底に置き歴史を把握し、また「階級闘争の集中表現」として明治維新の政治史を描こうとしているかがわかります。遠山は、こうした把握こそが「人間=階級の生き生きとした姿」に接近できると考えたのです。一九五〇年代はまだ、階級ということばがリアリティを持っていたときでした。

『明治維新』は、本文で明治維新の政治史の大きな筋道を提示すると同時に、本文より分量の多い註にたくさんの史料が用いられています。史料と史料を突き合わせることによって一つひとつの史実を確定し叙述を進める、きわめて実証性の高い著作となっています。

ここには戦前・戦時の明治維新論への遠山の批判があります。戦前の講座派は、歴史の大筋は描いたものの歴史過程を具体的に描きませんでした。遠山は講座派の問題意識を汲《く》み、講座派の観点からの政治史の提供を図ったのです。

また、『明治維新』には、戦時の皇国史観への批判もみられます。皇国史観は、幕末の尊攘運動を、勤王愛国の志士たちの人物史に染め上げ、史実を無視した明治維新像をつくっていました。それへの批判です。幕末の政治史が、皇国史観の拠点の一つであり、その際に史料を軽視し恣意的な解釈がなされたことへの批判です。

さらに『明治維新』は、註で史料的な事項を説明するとともに、明治維新の政治史の細部、あるいは脇道に入る構造を持っています。『明治維新』は学術書でありつつ、いま読んでも、遠山の問題意識の強烈さ、それを支える実証性、描き出された歴史像の緊密さが伝わってくる著作です。

変革主体としての倒幕派への評価

『明治維新』の具体的な内容は、「序論」に続き、天保の改革（一八四一～四三年）から説き起こし、「天保期の意義」「尊王攘夷運動の展開」「幕府の倒壊」「天皇制統一政権の成立」

「明治維新の終幕」という目次立てとなっています。天保期からの「絶対主義への傾斜」を強調し、国内の封建的な危機への対応を明治維新の出発としました。明治維新を絶対主義形成の変革と把握し、絶対主義へのはじまりを天保期に求めたのです。しかし、天保期の「国内的条件」の重視は、第1章で触れたように、『明治維新』改訂版（一九七二年）で、大きく書き改められました。

他方、幕末の政治過程を明治維新の主体（変革主体）に着目しながら描き出した道筋は、現行の高校の教科書に採用されています。遠山は、明治維新（＝倒幕）の主体と勢力を、尊攘派→倒幕派→開明派として把握し、維新後には絶対主義官僚に連なるとします。明治維新の政治的な主体を「倒幕派」とし、天保期に形成された改革派が、豪農・豪商層を含む尊攘派に成長し（安政・文久期）、さらに発展していく（慶応期）としました。

遠山は、尊攘派と倒幕派との間に「階級的本質の相違」はなく、人的にも連続性があるとします。そのうえで、倒幕派には人間的な成長がみられ、運動目標が攘夷に代わり倒幕へ「集中」したこと、運動形態も豪農や豪商などを広範に組み入れることができたと、倒幕派を評価します。大和天誅組や、長州藩の奇兵隊などの諸隊に「倒幕派の生長《ママ》」を見出し、高く評価したのです。そして、この倒幕派が開明派になり、それが「絶対主義的官僚の形成」を意味していたとしました。こうした「指導者の三段跳び」によって、遠山は複雑な明治維新の政治過程を整理するのです。

これは、戦前の明治維新の政治史が、しばしば江戸幕府と「上士」（=公武合体派）の動向を軸としていたこととは、捉え方が大きく異なります。

民衆運動への評価――なぜ革命でなかったのか

他方で遠山は、百姓一揆と都市の打ちこわしに、倒幕の可能性をみます。ただし、論理的な次元での可能性であり、民衆運動による倒幕が歴史的に実現しなかったことを論点とします。一八六六年（慶応二）下半期を「幕末政治闘争」が「最高潮に達した時期」とし、このときには「農民的農業革命」を志向する「農民戦争的段階の前夜」にまで達したと、「民衆の反封建闘争」の高まりを指摘します。

農民による倒幕は、彼らが封建支配を打ち破ることを意味します。明治維新が民主主義革命の可能性を持っていたということです。遠山は、現実には明治維新は革命ではなかったと把握する一方、なぜ革命たり得なかったかの条件・原因を探るのです。そしてその理由を二つ挙げています。①民衆と外圧に対抗するため、「新しい封建秩序」の早急な樹立が求められていること。②一八六七年の「ええじゃないか」の大衆混乱による「下からの革命力の惨めな瓦解」です。

①は、論理的な歴史への視線が背後にあります。本来、近代的立憲思想は権力の分散下降をめざすはずが、明治維新への過程では、列藩会議という「権力の統一の側面のみ」が打ち

出され、「封建的旧秩序から封建的新秩序への移行」の途への動きとなったと言い切ります。歴史の論理のことばで言い換えれば、「上からの改革の体制（絶対主義）形成の速度」は、「下からの革命（ブルジョア民主主義革命）の成熟の速度」よりはるかに速かったということになります。

②は①と連動しています。伊勢神宮ほかの御札が降ってくることをきっかけに、人びとが乱舞し、あちこちを練り歩いた「ええじゃないか」は、後述するように解釈も評価もさまざまありますが、遠山は否定的な評価を与えています。遠山は、「ええじゃないか」を、「民衆の革命的エネルギー」が混乱させられ「利用歪曲」された出来事とします。「ええじゃないか」は、「小ブルジョアの指導をはっきりつかむことのできなかった農民一揆」が、その弱さを一挙に暴露した出来事にほかならないとします。

したがって遠山にとって、大政奉還、王政復古の政治過程は「人民の動き」から切り離されたものとなります。倒幕論の最後の政治過程は、土佐藩を主とする大政奉還運動と、薩摩藩を中心とする倒幕運動とが併行し、しかも、それぞれが互いに諸藩の指導者と交渉を持つものであったとします。この局面は、もはや封建社会の支配者たちが、互いに探り、謀り合う権謀術数の過程となるとして把握されました。

遠山の『明治維新』により、「明治維新政治史」が描かれ、幕末の政治過程の筋道がつけられました。遠山に代表される第一期の研究は、薩摩、長州、土佐、水戸、福井藩などの動きに着目しながら議論を進めます。薩長史観と言うといいすぎですが、雄藩と幕府の動向を主軸とし、幕末の政局―政治史を総体的に把握しようとする点に、第一期の明治維新像の力点があります。倒幕の主体を下級武士（彼らと結びついた豪農・豪商を含む）とする「下士革命論」と言えますが、農民たちの動向にも目を配っています。

下級武士と豪農豪商層への評価

その一方で、幕末の政治過程を経済の深みから論じようとする研究もみられました。堀江英一《ひでいち》『明治維新の社会構造』（一九五四年）は、社会を階級対立の観点から捉え、農村に基本的な視点を置いたうえで、明治維新を「武士階級とりわけ幕藩領主と農民階級とが基本的に対立する社会」から、「村落支配者層の転化した寄生地主層と一般農民層とが基本的に対立する社会」への政治的変革と規定します。

京都大学教授だった堀江英一（一九一三～八一）は、領主・農民という階級対立が、明治維新により寄生地主・農民の対立に移行したとします。堀江も幕末期の複雑なありように接近しますが、明治維新について、村落支配者層が武士階級―幕藩領主を排除して、新たに「支配階級」となる政治過程として描き出します。

堀江は、明治維新の主体である尊攘派（倒幕派）を「下級武士と豪農豪商層との同盟」とします。ここでの「豪農豪商層」とは、具体的には村役人層を指し、村落支配者としての豪農・豪商を明治維新、さらにのちの自由民権運動の担い手とする見解です。明治維新を、政治過程で把握する遠山および井上清に対し、堀江は基本的な階級関係で把握するのです。

第一期の代表作にはほかにも、幕府の絶対主義化の過程を評価し、天保の改革と天保一揆の主体を「郷士＝中農層」に見出す奈良本辰也『近世封建社会史論』（一九四八年）をはじめとする、多くの考察が出されます。

第一期に当たる戦後初期は、大日本帝国にみられた悪しき近代―歪んだ近代ではなく、よりよい近代―まっとうな近代が希求されました。近代日本の実際にたどった道筋を、その出発点から検証しようという問題意識が、多くの歴史家たちに共通してみられたのです。その問題意識が、明治維新の歴史的考察に向かっていきました。明治維新を明らかにすることが、日本の近代を明らかにし、戦後日本の〈いま〉を照らし出すと考えていたのです。本章の主題で言えば、ブルジョア民主主義革命を希求するという政治姿勢と、明治維新の倒幕論とが重なり合わされながら論じられていました。そのため明治維新の把握は、近代日本の歴史像に直接関わるとともに、〈いま〉に対する姿勢でもあり、その解釈をめぐり、幾多の論争もありました。多くの論争をともなうことが、第一期の特徴とも言うことができます。

第一期の根幹、絶対主義論

たとえば、長州藩で高杉晋作が結成した奇兵隊の性格をめぐり、遠山と井上との間で論争がありました。奇兵隊は、正規の兵（正兵）ではなく、武士が約半分で残りは農民と町人で結成された軍隊であり、「奇兵」とされましたが、この奇兵隊をどのように把握するかは、幕末期の基本的な対抗関係――第一期の研究者は、「基本矛盾」という言い方をします――をどこに求めるかに関わるもので、明治維新論の全体に関わる論争となったのです。

遠山は、奇兵隊を「民衆の力」が分裂させられ、武士たちに「歪曲」「利用」された「敗北の表現」と把握するのに対し（『明治維新』）、井上は民衆の軍事的組織化を奇兵隊にみるとともに、それを組織した高杉晋作の「中間層の民族主義」を評価します（『日本現代史I』）。井上は、「民族的危機」をはねのけた「中間層の民族主義」を主張し、奇兵隊にそれをみるのです。言い換えれば、井上は攘夷という封建排外主義のもとにも近代的民族意識が芽生えつつあったとします。井上は民族的主体の抽出を意図していたのです。

遠山と井上は、「ええじゃないか」の歴史的な評価でも対立します。先に触れたように、遠山は「ええじゃないか」に批判的・消極的ですが、井上は「ええじゃないか」は「幕府の人民支配権力」を麻痺させたと高い評価を与えました（「幕末における半植民地化の危機との闘争」『歴史評論』九号、一九五一年。『日本現代史I』同年）。遠山と井上の違いは、明治維新を考察する際の視点の取り方、解釈の差異です。繰り返し述べることになりますが、ここに存在するのは明治維新論の歴史像の相違でした。

ちなみに、「ええじゃないか」については諸説があります。たとえば、封建的共同体からの解放感を述べたり（津田秀夫）、人びとの民俗的な信仰であった「おかげまいり」との類似性が指摘されたりします（藤谷俊雄『「おかげまいり」と「ええじゃないか」』一九六八年）。近年では、その具体的な姿が、地域に即しながら明らかにされはじめています。伊勢神宮のほかに、諸国の社寺のお札が降りましたが、誰がお札を撒《ま》いたかをめぐって、実証的な次元での考察もなされます（田村貞雄『ええじゃないか始まる』一九八七年）。人びとの世直しへの期待を見出そうとするのです。

話を戻しましょう。第一期の議論の根幹にあるのは絶対主義論でした。絶対主義論については、第3章でも触れますが、第一期の研究が解釈する明治維新の道筋は、以下の三つがポイントとなります。江戸幕府という封建権力がその危機に直面するなかで、①雄藩と幕府との間で絶対主義構想のせめぎ合いがあったこと。したがって②封建権力の危機のなかで実現するはずの農民革命は頓挫し、下級武士や豪農・豪商が江戸幕府を倒したこと。そのためそれは革命ではなく維新であり、③天皇制国家という絶対主義に帰着したという認識です。

第一期の研究の大枠はこのような設定となっています。そして、絶対主義論を共有しながら、農民とその運動をどのように評価するか、つまり明治維新の主体を誰に求め、どのように評価するかを課題として、第一期の研究が行われたのです。

第二期——雄藩研究の深化

第二期は、歴史学における近現代史研究の実証性が飛躍的に高まり、このなかで遠山や井上らの明治維新論への修正と補完が行われます。まず各藩の研究が進み、その藩の具体的な動きを通じて、大局的な動きが見通され、明治維新像が具体化します。幕府と有力藩との限られた政局史ではなく、各藩の具体的な行動に目を配りながら幕末の政治史を描こうとするのです。

もちろん二七〇～三〇〇を数えるすべての藩に目が配られたわけではありません。薩摩、長州、土佐、肥前藩、あるいは芸州、越前、水戸藩など雄藩と呼ばれる幕末に藩政改革に成功した大藩が中心です。一八六五年に薩長両藩が急速に一藩規模で絶対主義へと傾斜するなか、幕末政治の薩摩路線―長州路線―土佐路線を見出そうとするのです。

なかでも長州藩の研究は群を抜いています。薩摩藩の研究は、毛利敏彦（『明治維新政治史研究序説』一九六七年）を除いて多くはありません（のちに二〇〇四年、佐々木克『幕末政治と薩摩藩』が出版された）。理由の一つには、長州藩では倒幕派が典型的に成立したことがあるでしょう。

他方で、田中彰『明治維新政治史研究』（一九六三年）は、明治維新の主体を、藩政改革派から尊攘派、さらに討幕派（田中による表記）とし、ペリー来航以来の外圧をめぐる出来事を政治運動の場で具体的に捉えていきます。外圧と内圧が絡み合い、江戸幕府―幕藩体制が崩れる過程として幕末の政治史を描きます。当時、都留文科大学助教授だった田中彰（一九二八〜二〇一一）は、明治維新の主体としての藩政改革派→尊攘派→討幕派が「変質」するさまと、その「客観的役割」に着目します。さらに彼らは「維新官僚」にいたるとして、倒幕論と維新政権論とをつなげようとしました。

田中は、長州藩を中心に明治維新論を叙述するなかで、とくに奇兵隊に着目します。田中は奇兵隊にとっての明治維新を問うことは、「民衆にとって」の明治維新の意味を問うことになると問題を設定します（『高杉晋作と奇兵隊』一九八五年。田中による奇兵隊論は数多いが、ここでは同書に拠る）。田中は、奇兵隊の背景には「反封建的エネルギーとしての農民層の存在」（＝百姓一揆の高まり）があり、奇兵隊を「明治維新への民衆の直接参加の具体的な態様」としたうえで二つの点を指摘します。

一つは、奇兵隊は外圧から自らの土地を守る「郷土防衛」の要素を持つ身分を超えた「有志」の自主的な参加であること。もう一つは、討幕派が「奇兵」を「正兵」としていったことです。奇兵隊は、第二次長州征討に対抗し、戊辰戦争にも加わります。つまり、奇兵隊は明治維新への「参加」となり、討幕派は人びと（民衆）も巻き込んだ幕末政治史の主体となると言うのです。

ただ、奇兵隊は藩と切れていません。田中は、奇兵隊が半「正兵」・半「奇兵」という性格と、武士道的な名分と同志的な「情交」が共存する要素を併せ持つ「矛盾」に目をすえ、後者の同志的な「情交」に比重があるとします。そして田中は、実戦や外征をくぐり抜けた明治初年の奇兵隊の解体にともなう反乱――「脱隊騒動」に紙数を割き、脱隊兵たちが農民一揆と結びつくことを指摘します。脱隊騒動とは、一八六九年の藩政改革で奇兵隊などの諸隊を解散し常備軍への精選を方針としたとき、彼らが脱隊し反乱した出来事です。田中は、この脱隊騒動を奇兵隊が持つ「民主的側面」の継続的な希求とするのです。

草莽隊――一般民衆の視点

他方で、幕末には草莽《そうもう》隊と呼ばれる諸隊も見出されます。草莽隊とは、下級武士、豪農、豪商ら草莽によって構成された諸隊ですが、高木俊輔『維新史の再発掘』(一九七〇年)は、そのなかでも、相楽総三《さがらそうぞう》が率いた赤報隊に着目しています。赤報隊は、西郷隆盛らの指示により結成され官軍先鋒隊として東山道を進むのですが、「年貢半減」を宣伝したため、「偽官軍」として処刑されます。

高木は、「草莽の志士たち」＝「二流の勤王家」の果たせなかった可能性を見て取ろうとしました。背景にはこれまでの明治維新の政治史への批判があります。高木は従来の維新の政治史について、「政治勢力の系譜論的見方」だとします。明治維新に勝利し支配権を獲得した「エリートの群像」を描き、政治史の焦点も「対外的危機」への認識にのみあてられてきたと批判しました。そのうえで高木は自らの研究について、「維新期において達成されなかったものへの視点である」と言います。そして、「一般農民や小作人」といった「当時の一般民衆」の目から、明治維新を描き直そうと赤報隊に着目し、『維新史の再発掘』を著したのです。

こうした高木のような考察は、薩長史観とともに、藩を単位とする研究動向からの離脱であり、倒幕派と佐幕派の対抗という明治維新の歴史像への異議申し立てでした。高木は自らの研究について「かくされた史実の発掘」であり「明治維新の実像」と言います。この論点は、史実と虚構という問題にとどまらず、歴史叙述とはいかなるものかという課題でもあります。この問題は、第三期に大きな議論となります。

戊辰戦争への道

以上を倒幕論の第二期における第一の潮流とすると、第二の潮流として戊辰戦争の政治過程が論じられたことがあります。

第一期は、一八六八年をはさむ幕末と維新の過程のなかで、やや前者に比重を置きながら議論がなされてきました。倒幕は大政奉還—王政復古の大号令という動きを重視して論じられ、教科書を含めてその後の動きには関心が低いという状況でした。そのため第二期に、戊辰戦争を軸に明治維新像を組み立てようという動きが現れてきます。

原口清『戊辰戦争』（一九六三年）はその代表的な一冊です。当時、静岡法経短期大学部助教授だった原口清（一九二二〜）は、第一期の遠山や井上らの明治維新論を批判的に検討し、としてます。
戊辰戦争を列藩同盟権力（個別領有権の連合方式）と絶対主義権力（天皇への統合）との争いとします。

原口の議論は緻密です。出発点は一八六七年の公議政体論です。幕藩制立て直しのために、公武合体と諸侯会議を核として構想されたものですが、原口は王政復古後の新政府はこの公議政体論の現実化したものとします。しかし同時に、新政府内の武力倒幕派の勢力の存在を強調します。つまり、新政府内に公議政体論者と武力倒幕派の二つの勢力をみるのです。そして、戊辰戦争のなかで新政府の性格が大きく変わり、公議政体論が退き武力倒幕派が主導権を握り、そのとき天皇親政が打ち出されたと主張します。個別領有権を基礎とする列藩同盟論から、天皇を軸とする絶対主義への移行です。原口は戊辰戦争が、その過程で政治、イデオロギー面で持った重要性を、新政府の性格転換の文脈で論じたのです。

しかし、戊辰戦争の評価には論争を含む異論が出されます。たとえば当時、東北大学教授だった石井孝（一九〇九〜九六）は、戊辰戦争を、絶対主義政権をめざす二つの勢力である「天皇政権」と、それに対抗する「徳川政権」との争いとしています（石井孝『維新の内乱』一九六八年）。新政府を一枚岩の権力として把握し、旧幕府側も新政府と同様に絶対主義を構想していたとします。研究の流れからみたときには、石井の議論は第一期の見解を直接に受け継いでいます。原口の場合は、安保闘争を経た一九六〇年代の新たな社会状況のなかで、明治維新論を大胆に組み替えようとしたということができるでしょう。

両者の間で論争がみられましたが、論点は幕府側に絶対主義の構想があったか否かでした。徳川慶喜による幕政改革の評価などのほか、新政府の戊辰戦争の決定的な勝因をどこに置くかも論点となりました。

民衆への着目

第二期における第三の潮流は、「民衆」への着目です。このときの民衆とは農民や町人です。佐藤誠朗『幕末維新の民衆世界』（一九九四年）や南和男『維新前夜の江戸庶民』（一九八〇年）など、彼らの生活世界に接近しようとする試みがあります。

佐藤も南も「庶民」という語を用い、庄屋、町名主らが記した日記をもとに、コレラなどの病いの流行、犯罪の横行、打ちこわしや「ええじゃないか」などを含む、世相・風俗を描きます。物価の高騰に苦しみ、攘夷運動や倒幕運動の戦乱で町が焼け、商いができなくなったり、不安な世相で流言飛語が飛び交う様子などが具体的に記されます。政治史を踏まえながら、幕末―維新の生活世界を描き出しました。

一揆という民衆運動の指導者に着目した歴史家もいます。早稲田大学教授だった深谷克己（一九三九〜）です。深谷は、百姓一揆や世直し一揆の指導者、それに関わった人物が持つ世界観に関心を寄せ、『八右衛門・兵助・伴助』（一九七八年）、『南部百姓命助の生涯』（一九八三年）という評伝を記しました。農民の個人史を重ね合わせ、農民たちの内面に入り込み、

「農民的強か者《したたかもの》」の登場を指摘しました。

慶応年間（一八六五〜六八年）には、幕藩体制下で最高数の百姓一揆が起こります。打ちこわしも件数を増やすほか、一八六六年をピークとする世直し一揆もみられました。こうした百姓一揆の研究は「戦後歴史学」の重要なテーマであり、一九五〇年代前半に研究されていましたが（林基『百姓一揆の伝統』一九五五年など）、七〇年前後に画期を持ち、新たな展開を見せます。深谷はその論客の一人として活躍しています。

深谷は階級的立場を強調し、百姓一揆を反封建闘争とする従来の議論に対して、「御百姓意識」に根差し、領主の仁政を迫る正当性の意識こそが百姓一揆を貫いていたとします。百姓一揆の原理は直訴と制裁であるとし、その認識のうえで深谷は農民を対象とした評伝を著しました。

佐々木潤之介——理論重視による分析

他方で、佐々木潤之介『幕末社会論』（一九六九年）も出されます。当時、一橋大学助教授だった佐々木潤之介（一九二九〜二〇〇四）は、村役人と農民たちとの紛争である村方騒動を重視しながら、幕末期の歴史像を論理的かつ歴史的に把握しようとします。『幕末社会論』は、「「世直し状況」研究序論」という副題を持っており、「世直し状況」論という第二期の一つの潮流をつくり出しました。

佐々木の主張は、幕末維新期を「社会変動の時期」、すなわち変革期とし、その出発点に日本的なブルジョアジーである「豪農」と「真に革命を担う」プロレタリア要素を持ち、諸雑業に従事する「半プロ」(半プロレタリアート)を設定します。豪農は「富農」の日本的な存在であり、富農が村方地主として現れたものとします。半プロは土地を持たないか、ごくわずかの所有であり、賃稼ぎなどで生活しているとします。これは、エンゲルスの規定である「めばえたばかりのプロレタリア的要素」に依拠しながらの設定です。

佐々木は、この豪農と半プロが要因となり、江戸時代の基本的な対抗である領主対農民の基本的階級矛盾を激化させ、豪農商・村落支配層と中下層農民層との対立という世直し状況をつくり出したと言います。豪農と半プロとの対立による世直し騒動が、幕末期の革命情勢をつくり出すという議論です。背後にあるのはマルクス主義の理論で、佐々木はエンゲルス『ドイツ農民戦争』を導きとし、「農民戦争期としての幕末期」を描き出そうと試みました。

一般的に、第一期と第二期の研究者は、西洋・近代を念頭に置きながら日本近代の特殊性を言いますが、佐々木もそうした一人です。「世直し状況」論もその文脈で提供されています。佐々木が強調するのは、「人民」の側の弱さです。豪農(中間層)が、半プロ(変革的人民)との間の「人民的紐帯《ちゅうたい》」とならず、「歴史的に果すべき役割」を行わなかったこと、豪農が(西洋と異なり)土地改革の問題を提起できなかったことを指摘します。

「世直し状況」論は、社会構成史と民衆運動史との統一的な把握、言い換えれば、構造と主体の観点から幕末の歴史像を描く試みでした。第一期の倒幕論の継承と第二期の飛躍とを、佐々木の議論のなかにうかがうことができます。『世直し』（一九七九年）は、その歴史像を描くものです。

佐々木の観点からは、武力倒幕も大政奉還も「反革命」です。このことはあらためて①幕末の歴史をどのように把握するか、そのときに②論理的に枠組みを設定して考察を開始するか、具体的な事柄を出発点に置くかという論点があることを示しています。②については、歴史家は概ねこの中間的なところで考察し叙述をするのですが、一九七〇年前後の歴史学は、理論を強調する歴史家が少なくありませんでした。佐々木はその代表的な一人で、マルクス、エンゲルス、レーニンらの理論に基づく問題提起を行いました。このことは、①の論点と結びついたとき、幕末期の「基本的矛盾」をどこにみるかという問題となります。明治維新の主体をどこに設定するかということです。

第一期の歴史家たちがそれを封建領主と全農民に求めたのに対し、佐々木は、豪農と半プロの存在に目を向け、明治維新の日本的特質を強調しました。ただし、一九七〇年前後から幕末期の研究で、「世直し状況」論は大きな影響力を持っていましたが、現在では関心は薄れてきています。

第三期——高橋敏の試み

第三期は、近世社会と近代社会との関係が考えられるようになります。「移行期」という言い方がありますが、幕末期を近世・封建制社会から、近代・資本主義社会へ推移する時期と位置づけます。また歴史の全体像ではなく、ある事象や視点から書き替えを図る試みも行われます。ここで着目しておきたいのは、尊攘・倒幕の志士や一揆に関わった農民、これまで取り上げられてきた人びととは異なる周縁の人びとからの幕末史への接近です。

この試みを精力的に行っている論者に、国立歴史民俗博物館教授を務めた高橋敏（一九四〇〜）がいます。高橋が関心を寄せるのは、清水次郎長や国定忠治らのような博徒・侠客、つまり幕末社会でのアウトローです。高橋は数多くの著作を出していますが、ここでは『国定忠治の時代』（一九九一年）をみてみましょう。

「上州は山と川の国である」と書き出されるこの作品は、畑作優先という（幕藩制のもとでは）一見不利な農家経営が、石高制の弱点を衝いていることを言います。養蚕による「民富」をもたらし、交通の発展、新たな労働と生産の場をもたらしたことを指摘します。この環境を前提に、高橋は幕末における上州の社会変動の波に迫ります。

このときの主人公が、大衆文化のなかでのヒーローである国定忠治こと、長岡忠次郎です。国定忠治は無宿の博奕打ちですが、上州で博奕が盛んなのは養蚕業からの現金収入があること、つまり商品経済の展開があったためであると高橋は言います。また国定忠治は、長脇差のほかに鉄砲も持ち歩いたとされますが、ここから高橋は上州の村落から江戸にかけて拡がる百姓町人の農民剣術熱に着目します。

養蚕を含む絹糸業がもたらす社会変動に対応するため、村落内では読み書き能力を獲得していることにも高橋は目を向けます。とくに民衆の読み書きは、近世村落における文字文化の普及・定着であるとし村落文化―「小農」家族が見守る子どもの誕生・生育、道中記、あるいは放火の予告（火札）や嘆願書と関連づけて考察されます。国定忠治はこうしたなかから、公儀を「相対的な存在」として捉えたであろうと推測します。

高橋の営みは、共同体のアウトサイダーである国定忠治を媒介に、一九世紀前半の地域社会を描き直す試みです。地域政治や民衆運動といった狭義の政治に関わる人物や出来事を取り上げるのではなく、地域社会の構造・構成を踏まえ、生活文化や人間関係、あるいは社会史的な局面から歴史を叙述します。

また高橋は、「稗史《はいし》」（民間の物語）から歴史を語り直すと言います。高橋は「フィクションのなかにわずかに史実が見え隠れする」という認識を持ちます。人びとが語り伝えてきた伝承や、それを素材とした講談、浪曲、芝居などの大衆文化で語られる歴史を、歴史学で扱う歴史と対立させずに、そこから「史実」を探り出そうという姿勢です。高橋自身の作法は、実証主義のお手本のように、地方文書を丹念に発掘し、厳しい史料批判を行う地道で正統的なものです。そこから新たな問題を発見し、新しい歴史像を紡ぎ出しながら、こうした課題を述べています。

さらに高橋は、文字文化は、伝承など無文字文化との「共存、抵抗」の緊張関係のなかで営まれ、そのゆえに「緊張とインパクト」を持つと言います。このインパクトを失ったとき「近代文明の病い」がはじまるとするのです。高橋は、「史実」という硬い芯があり、それを探ることを歴史家の営みとしますが、その「史実」を無文字文化を含めた人びとの生活文化のなかに探ろうとしています。

この高橋の姿勢は、近年における新選組の本格的な探求とも連動しています（松浦令、大石学、野口武彦、宮地正人らの試み）。こうした営みは、単純な「稗史」の復権ではなく、歴史学による営みがどのようなものであり、広く歴史の探求にとってどのような位相を持っているかへの自省を持っていると言えるでしょう。歴史とは何かという歴史の見直しそのものに通じる姿勢です。

周縁からの書き替え

周縁からの歴史の書き替えと言ったとき、女性の観点は見逃せません。なかではアン・ウォルソール『たをやめと明治維新』（二〇〇五年）が方法論を踏まえながら、松尾多勢子《たせこ》を論じています。松尾は幕末・維新期の勤王家の女性として知られていますが、ウォルソールはまったく新しい観点を導入してこの著作をなしました。まずは、これまでの政治史を「公的生活の公的物語」の「強要」であり、「男性中心の歴史叙述」であるとして斥けます。そしてジェンダー史の方法と問題意識によりながら、松尾の生涯を明らかにします。松尾の「私生活」に比重を置き、公／私の境界を崩しました。そして、和歌を通じての松尾の政治への参画が語られます。登場人物はすべて「多勢子」のように名前で記され、このことは研究者や男性たちにも適用されます。松尾多勢子についての知見ではなく、「出来事そのものの見方」を変えることを図り、そのことがあちこちにみられる刺激的な著作となっています。

第3章　明治維新Ⅲ　維新政権

1868
1　戊辰戦争（～69）
3　五ヵ条の誓文
1869
2　東京遷都
6　版籍奉還
1871
7　廃藩置県
7　日清修好条規
11　岩倉遣欧米使節団（～73.9）
1872
8　学制頒布
12　太陽暦採用
1873
1　徴兵令
7　地租改正条例
10　征韓論台頭
1874
1　民撰議員設立建白書
2　佐賀の乱
5　台湾出兵
1875
4　漸次立憲政体樹立の詔
5　樺太・千島交換条約
9　江華島事件
1876
2　日朝修好条規
3　廃刀令
8　秩禄処分
10　小笠原諸島領有を宣言
10　神風連の乱
10　秋月の乱
10　萩の乱
1877
2　西南戦争（～同.9）
5　木戸孝允死去
9　西郷隆盛自刃
1878
5　大久保利通暗殺
1879
4　琉球処分

教科書での一八六八年以降の記述

戊辰戦争のさなかの一八六八年一月、維新政府（新政府）は、新たな政治を展開しはじめます。対外関係を整えながら、三月に「五ヵ条の誓文」を公布して政治姿勢を示し、閏四月には政体書を出し政府の組織を整えます。太政官制です。そしてこの七月に江戸を東京とし、九月に「明治」と改元しました。

高校の教科書では、新政府の官制制度、政策とこの間の政治過程が詳しく記されています。戊辰戦争は続いていますが、新政府が封建的な支配体制を崩し、中央集権的な国家体制を創出する過程として、一八六八年以降の出来事が説明されます。では、教科書の記述をたどってみましょう。

新政府は、木戸孝允、大久保利通らが中心となり、中央集権的な体制をつくり出すため、まずは一八六九年、藩主に領地・領民を天皇に返還させる版籍奉還を行います。続いて、一八七一年に、軍事力を背景に藩を廃止し府県を置く廃藩置県を断行します。版籍奉還によっても家禄が与えられ知藩事に任命されていた旧大名でしたが、このとき罷免されました。新政府は、新たに府知事、県令を任命します。

また、官制改革を行い、正院、左院、右院の三院制による統治とします。新たな政治体制のもとで、新政府は殖産興業政策や文明開化に乗り出し、多くの政策が出されますが、中軸は一八七二〜七三年にかけての学制、徴兵令、地租改正です。それぞれ国民教育、国民皆兵制、近代的税制を図った近代国家形成のための政策でした。しばしば「三大政策」と呼ばれます。さらに、富国強兵を方針とし、西洋からの近代的制度や技術の導入、警察制度の整備、内務省による殖産興業や地方行政、警察組織の統轄なども記されます。

しかし、教科書はこれらの政策を詳細に説明しながら、新政府が江戸幕府の政策を継承した側面も論じます。近代的な国家―政策としてのみの位置づけはしていません。

たとえば、新政府は旧藩による閥が色濃く残り、旧薩摩藩、長州藩、そして土佐藩、肥前藩出身の実力者たちが実権を握る藩閥政府であったと指摘します。政策も同様です。地租改正（一八七三〜八〇年頃）について、いくらか立ち入ってみてみましょう。

新政府の二面性――地租改正の場合

教科書では、地租改正は地券発行と地租改正条例の二段階で説明されます。土地制度と租税制度の改革であり、まずは江戸幕府による田畑永代売買の禁令を解いたうえで、耕作者である農民の土地所有権を認めて地券を発行した近代的な土地所有制度のはじまりとします。そして、条例で地券所有者に地価の三％を現金で地租として納入させる近代的租税政策であったと意味づけます。新政府はこの税制により、全国同一の規準で年貢にとって代わる安定した収入を貨幣で得ることができるとします。農民も土地の所有権を認められ、ここに封建的領主制が解体したとします。

しかし教科書は続けて、地券は従来の年貢負担者に交付し、小作料は現物のままで地主と小作人の関係には手を触れなかったこと、新政府は歳入を減らさない方針のため、農民の負担は変わらず、地租は大きな負担であったと指摘します。また、入会地が取り上げられてしまったこと、地価の算定に農民の労賃が含まれず、農民の過重な負担があったことなどを述べ、各地で農民による地租改正反対一揆が起こったことを紹介します。負担の軽減を求めての行動ですが、その結果、地租は一八七七年に、二・五％に引き下げられました。

教科書は、地租改正のほか学制や徴兵令も含め、四民平等、秩禄処分など新政府のすべての政策は、近代的な側面とともに、従来の封建的要素が残っていると説明します。「開明的」な五ヵ条の誓文が必ず、徒党や強訴、キリスト教の禁止という江戸幕府以来の民衆政策を引き継ぐ「五榜の掲示」とセットで把握されるのも、新政府のこうした二側面を表すためです。

第一期――新政権の歴史的性格

教科書が基本的に依拠する第一期の研究は、新政府をどのように論じていたかみてみましょう。

第一期の維新政権論における代表的な著作は、すでに触れてきた遠山茂樹『明治維新』と井上清『日本現代史Ⅰ』です。遠山・井上が引いたラインをもとに、第一期の見解を、個々の政策の次元、政治過程とに分けて概観しておきましょう。

まずは個々の政策についてですが、その前提として統一政権の成立が論じられます。版籍奉還・廃藩置県により封建制度に基づくバラバラの状況から、新たに統一的な政権に移行し、分散した領主権力ではなく、権力の集中が図られたとします。版籍奉還は、天皇が唯一の封建領主となり、旧藩主が独立した領主ではなくなったということです。他方、領主の権力が村方（豪農・地主）に移り、戊辰戦争がそれを促進し、藩が解体したとします。ちなみに廃藩置県の過程は、第一期には具体的に分析されなかったという指摘がありますが（石井孝『学説批判 明治維新論』）、廃藩置県の主要な研究は、一九八〇年代後半以降に出されます。

教科書に記述がないことでは、諸隊の反乱と農民一揆が廃藩を推進したという指摘があります（井上清『日本現代史Ⅰ』）。廃藩置県を推進したのは「反封建闘争の激化」であり、第2章で触れた一八六九年の奇兵隊の「脱隊騒動」はそのきっかけとされます。

またすでに触れましたが、地租改正は領主的土地所有の否定であり、地租が寄生地主制の確立の出発点であること、封建制のもとでの年貢の継承であることが述べられます。堀江英一は、地租は封建地代、すなわち年貢の形態が変化したものであり、地租改正は「国家的土地所有の成立」とします（『明治維新の社会構造』）。これは新政府がどのような性格を持つかに関わる論点です。

徴兵令に対する認識

秩禄処分、徴兵令も領主制の否定と解体に関わる政策です。前者は、新政府が受け継いだ近世領主とその家臣たちへの給禄（＝家禄）の廃止であり、後者は、武士に替わり国民を兵役の義務につける政策です。ともに近代社会への転換の政策ですが、第一期の研究では、これらの政策に対する新政府の不徹底さが論じられます。

たとえば徴兵令は、満二〇歳に達した男子を対象とした国民皆兵政策で、近代的理念に基づく政策のようにみえますが、実情は違うという指摘です。第一期の歴史家は、西洋近代をモデルに日本近代との差異を指摘し、さらにそれを落差と把握します。彼らにとって本来の徴兵制は、土地革命のうえに誕生した「分割地農民」が主体となって構成された国民皆兵です。しかし日本の徴兵令は、それに適《かな》ってはいないとするのです。遠山は徴兵令について近代の軍隊制度ではなく、労働によって払う税としての性格が強く、封建制度の延長にある「賦役」として規定しました。また、徴兵令の免除条項に着目し、とくに戸主とその後継ぎを徴兵から除外したことを、「家父長制擁護の政策」とみます（『明治維新』）。

遠山は、地租改正は「経済外強制」により実現し、学制は教育の「国家統制の確立」と説明します。近代の経済原則が貫徹せず、また自由・自立の姿勢も微弱だという認識です。

このように三大政策は近代的な改革を目論みながら、封建的な要素を持つ政策と解釈され、それぞれ血税一揆、学制反対一揆、地租改正反対一揆という反対運動と関連づけて説明します。新政府の政策は、農民に負担が重く、合わせて近代的な要素を欠くとします。

第一期の研究では、しばしば「半封建」的ということばが出てきます。先に触れたように第一期の研究の祖である講座派の研究者たちが用いた概念ですが、近代的な諸関係が展開するなかで、まだまだ封建的な性格が強い社会として近代日本を把握し、そのことを説明する際に用いました。

「半封建」という捉え方は、明治維新は領主的土地所有を完全に解体せず、不十分・不徹底な改革だったという認識がもとにあります。経済的要因を根底に置き、その不十分な改革を「半封建」的と言い、明治維新の不徹底さが近代日本の総体を特徴づけているという考え方です。

こうした認識は、第一期の研究が新政府の権力的性格に関心を集中させることと対をなしています。第一期の歴史学界の見解では（明示はしませんが、教科書でも）、新政権を絶対主義権力として把握するのが、大方の認識となっています。

この性格規定をめぐっては、長い論争がありました。一方では、地租の評価などといった個々の論点に入り込み、他方では、講座派とそれに対抗する労農派との厳しい対立を生み出します。しかし、近代日本の歴史叙述は、第一期には絶対主義権力の観点からなされていると言ってよいでしょう。

「絶対主義形成の過程」

他方で、政治過程についてみてみましょう。これも遠山『明治維新』が軸となり、その歴史像に修正を加え、膨らませていっています。

『明治維新』では、まず新政府による政体書によって、絶対主義への過渡的な形態がはじまったとします。新政府が抱える当面の課題として、①くすぶっている「下級武士階級のエネルギー」の統制、②新政府の政策に反対する農民一揆への対応の二つを指摘します。このとき、新政府は「ひたすらに権力の統一」（＝「朝権の確立」）をすることにより、下級武士と農民の不満を抑えることを図ったとします。新政府は、発足当初の「諸藩連合政権」の外装を脱ぎ捨て、旧薩摩藩や長州藩などの主導で、版籍奉還、藩政改革、中央政府の官制改革を強行したと指摘します。

遠山はとくに廃藩置県を重視し、「第二の王政復古クーデター」として位置づけました。新政府は「開明的意図」を有し、「朝政の権威」を新たに「国民的基礎」に求める「啓蒙専制政治」を展開し、「開明的諸政策」を遂行したとし、江戸幕府とは異なると言います。

遠山が念頭に置いたのは、新政府を「封建的権力＝絶対主義樹立」と把握することです。そして、一八七三年の征韓論論争と政府首脳部の分裂が節目であり、薩長土肥の出身による官僚の連合政権が、岩倉＝大久保政権（実際は大久保独裁）へ移行することによって絶対主義が確立したとします。つまり、新政府の絶対主義官僚派（木戸孝允＝大久保）と、士族反対派（西郷隆盛）の対立が、征韓論をめぐる対立であるとし、新政府からの征韓論派の追放は、天皇制政府を正統的官僚の政権＝大久保政権として純化したとするのです。

遠山は維新政権論の政治過程として、西南戦争を明治維新の主体としての倒幕派の「政治的生命が終結」したとします。ここまでの政治過程は幕末政治史の延長ですが、以後、新たな政治的展開がみられることを示唆して筆を擱《お》いています。このように一八七七年の西南戦争までの明治維新を「絶対主義形成の過程」と把握するのが、第一期の代表者である遠山の理解であり、これが教科書の枠組みとなっています。

つまり、第一期の研究の鍵は絶対主義論です。絶対主義論は、従来の王政復古論からの脱却と言えます。遠山は絶対主義としての維新政権を、一方に農民、他方に政商を基盤とする政権としました。農民には封建的搾取を行うかたわら、商業・高利貸資本層である政商を軸に、欧米列強との対峙のために軍事力創出―富国強兵策を実施する政権とするのです。新政府の政策は、絶対主義権力によるものであり、そのため近代的な要素と封建的な要素とを併せ持つのですが、「本質は封建的」であると捉えます。

第一期は、新政府の政策を統合的に捉え、絶対主義にいたる道程として、王政復古―版籍奉還―廃藩置県という過程を論じました。そして一八八〇年代以降、自由民権運動がはじまり、ようやく「国民的課題」を担う体制ができるとするのです。

絶対主義の概念図（第１期、遠山茂樹による）

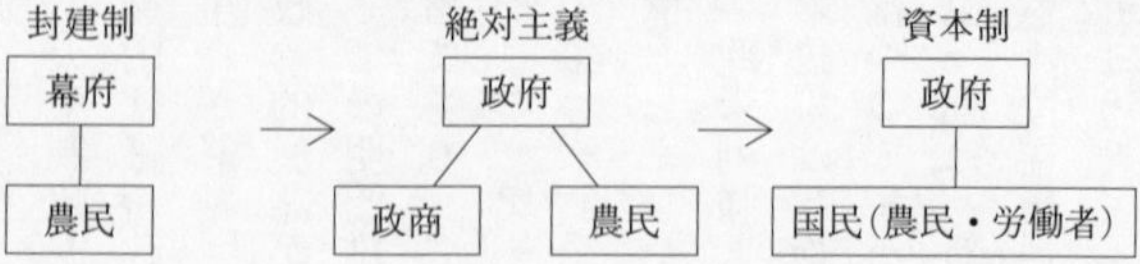

絶対主義論は、民族統一と国家統一とが新政府により切り離され、後者が先行したとする議論でもあります。たとえば、琉球処分は内政上の問題ではなく、台湾侵略をめぐる外政上の問題とし、宮古島、八重山島の分島という民族分断策につながるとします（金城正篤「「琉球処分」と民族統一の問題」『史林』一九六七年一月号）。近代は「真の民族統一」ができるはずだが、実際には新政府によって「民族分断」が行われたとするのです。

第二期――原口清の分析

第二期の維新政府論は無数といってよいほど提出されます。第二期のなかで、多くの論点を見据え統一的な説明がなされている代表作は、原口清『日本近代国家の形成』（一九六八年）と、田中彰『近代天皇制への道程』（一九七九年）でしょう。ともに政治史の立場から、維新政権論に力点を置いた明治維新像を描きました。とくに一八八〇〜九〇年代の国家形成について論点をつくり出しています。原口はこの間の政治過程を解釈しながら、田中は通時的に新政府の政策をたどり位置づけながら、従来の研究成果を取り込み、まとまった明治維新の歴史像を提供しています。

まず原口は、「国家権力の解明の問題」に力点を置きながら、戊辰戦争、政変、新政府内部の対立・政争や政治改革など政局の推移をたどり、幕末からの政治史を叙述します。急進派と漸進派の存在にはじまり、明治初年の藩政改革、一八六九～七〇年にかけての民部省・大蔵省の政治的対立（＝木戸孝允・大隈重信と大久保利通の対立）、機構改革などを取り上げ、新政府内の対立をはっきりと描き出します。むろん、封建支配者相互の戦闘にとどまらず、一揆や打ちこわしなど、人びとの行動にも眼を配ります。

原口の著作に『戊辰戦争』があることはすでに紹介しましたが、原口はこの戦争を大きく扱い、「内乱」による新政府の性格の大きな変化―「専制化の促進」を見出します。また戊辰戦争により、封建領主制そのものが受けた「決定的な打撃」も指摘します。

さらに原口は、版籍奉還―廃藩置県による中央集権化政策の時期から一八七七年頃までを「日本絶対主義の原型」とし、以後はその修正過程とします。原口が念頭に置いた比較対象はヨーロッパ絶対王政であり、それと比べ日本は「半封建的専制国家」であるとするものでした。

また、原口は外交問題を「国家の自立と近代化」という観点から取り上げます。条約改正を目的に出かけた遣欧米使節団と留守政府とが対立する一八七二、七三年の出来事に着目します。地租改正、学制、徴兵令をはじめ、秩禄処分、司法制度の改革や太政官制の改革など、一八七二、七三年の時期の留守政府による一連の諸改革を、改革のなかで引き起こされた政治的対立との関連で説明します。いわゆる征韓論をめぐる対立も、こうした政治分析のなかで「明治六年一〇月の政変」として強調されます（この対立については、毛利敏彦『明治六年政変』〈一九八〇年〉もある）。

原口は単に絶対主義へのプロセスとするのではなく、内部に藩閥的対立を持ちながらの過程であること、この対立が「日本の近代化をめぐる方式の対立」であり、「直接・間接に、人民支配のあり方」に関係しているとします。

ただ、新政府内の対立は「質的な差異」ではなく、「多くの見解の対立」というのが原口の考察です。征韓派と非征韓派との対立も同様です。双方の差異はわずかで、この政変前後で新政府の性格の「質的な差異」はみられないとします。征韓実行派が士族反乱の防止に根拠を持つのに対し、征韓反対派が農民一揆を重視したことによる差異と把握するのです。

さらに原口は、天皇親政運動、区町村会など地域の掌握—豪農層の取り込みなど、有司専制的な支配や従来の政治方針への修正の動きを指摘します。絶対主義専制と立憲制の矛盾の解決が、この時期の新政府が直面していた課題と把握します。そして、原口が言うこの「近代的新支配形式」が、人びとの政府攻撃への拠点に転化するとしました。

原口は、第4章で触れる「明治一四年の政変」や自由民権運動にも目を向け、ここでの伊藤博文らと大隈重信との対立も、絶対君主制の擁護か、立憲君主制への転換かの選択に関わっているとします。この政変について原口は、「絶対主義的有司専制」と「近代的立憲君主制」との対立とし、前者の勝利を言います。そして、「絶対主義的有司専制」は、その本質を維持しながら「「立憲制」的修正」を歩みはじめると論じていきます。『日本近代国家の形成』は、絶対主義論を根幹に置きながら、支配層と人びととの対抗のほかに、支配層内部の対抗に目を向け、それを被支配層―人びとをいかに掌握し、いかなる統治体制をつくるかに関わる対抗として意味づけました。原口の議論は、新政府を権力論の観点から考察しており、第一期の問題意識を継承し緻密に展開し、権力内部での対立や外部における運動の存在を重視した論でした。

田中彰――「正」と「負」の両面からみる

田中彰『近代天皇制への道程』は、当初は領主的土地所有を基礎にしていた新政府が、それを解体し、改革を通じて統一国家をつくり上げること、それが「近代天皇制国家」に行き着き、その過程で「民衆」（田中による表記）との対抗がなされたと記します。田中は、新たに生まれた中央集権国家を「近代天皇制」の観点から捉え、「民衆」の反対運動の存在を指摘するのです。田中は、「民衆」の立場から維新を捉え、歴史的な評価を加えることを試み、明治維新の可能性に視点を置いたと言えるでしょう。

田中は、正と負の両面から明治維新をみることが「明治維新の現代的意義」となるとします。いわば第一期の研究を「民衆」の立場から批判的に検討する作業ですが、こうした問題意識は田中だけでなく、第二期の歴史家が共通して持つものです。

『近代天皇制への道程』では、原口清が着目したような政治的な一元化が急速に形成されるなか、政権内部に「派閥対立と暗闘」があったことを指摘します。一八七〇年の民部省と大蔵省の分離―木戸孝允・大隈重信と大久保利通・岩倉具視の対立をはじめ、岩倉使節団と留守政府の相克、一八七三年の大蔵省の権限拡大と各省の対立―井上馨・木戸と大隈・岩倉・大久保の対立などです。田中の解釈は、殖産興業政策の推進＝「上からのブルジョア化政策」と警察権を掌握する内務省を設置した大久保がこうした一連の対立をつくり出したというものです。

他方、新政府への批判と抵抗である農民一揆や打ちこわしが、一八六九〜七〇年に多くあったことも強調します。「民衆」の批判・不満が経済的、政治的要求となって爆発し、内部には「反封建的要素がうずまいていた」とするのです。同時に田中は、人びとが「政治の主体としての自覚」に基づき「政治を担う者への抵抗の姿勢」を持つこと、すなわち「民衆抜きの改革に対する抵抗の論理」を探ろうとします。

田中は、明治維新期の諸改革を新政府と「民衆」が担うものとして、それぞれ「上から」「下から」と区別しながら追究します。そして、後者は可能性にとどまり、前者が現実のものとなったこと、「民衆」の示した可能性は新政府に対する批判と抵抗―運動として展開されていったと述べます。

遣欧米使節団の重視

田中の特徴は、遣欧米使節団に大きな比重を置くことです。幕末から維新期にかけ、多くの外交使節団が欧米に派遣され、留学生も数多く誕生しました。幕府留学生のみならず、長州藩や薩摩藩をはじめとする藩士が「密出国」し渡航することもあり、一八六六年に幕府は海外渡航の禁を解いていました。

一八七一年に岩倉具視を大使とし、大久保や木戸、伊藤博文といった政府首脳を動員した遣欧米使節団は、条約締結国の元首への国書を携え一二ヵ国を回り、条約改正の予備交渉に当たるなど、とくに重要なものでした。田中は、岩倉使節団が「先進諸国」の法律や制度、産業、軍事から社会問題までを調査見聞したことの意義を強調しています（『岩倉使節団』一九七七年）。

何度か触れてきたように、使節団と留守政府とは征韓論をめぐり対立します。この対立について、しばしば留守政府の征韓実行の要求に対し、使節団グループは欧米の文明を見聞したがゆえに内地優先主義を主張したとされてきました。しかし、この解釈に田中は反対します。使節団グループの内地優先主義という説では、大久保が翌年、台湾出兵に賛成し、また、木戸が一八七五年の江華島事件に積極的であったことが説明できないからです。

田中は、征韓論をめぐる対立の背後に「内政の主導権をとり戻そうとする大久保のねらい」を見出します。同時にこの対立が、かつての倒幕勢力の分裂をもたらし、西南戦争にいたる士族反乱の道と、民撰議院設立建白書を機とする自由民権運動への道を切り開くとします。

田中の明治維新論は第一期の見解を継承し、自由民権論とセットで構成されています。新政府の政策とその施行過程は絶対主義的様相を示し、対抗する在野の勢力＝自由民権運動の展開過程は「より理念的にブルジョア国家」をめざし、「理念的なブルジョア民主主義革命運動」として展開されたと言います。田中は「外圧としての先進資本主義」に対するナショナリズムの存在も指摘し、議論を展開しています。

もっとも田中は、先述したように明治維新の「可能性」がなくなったのは、日清戦争を契機とします。明治維新を日本帝国主義と関連させ、近代天皇制の確立を把握する議論です。

文明開化と福沢諭吉批判

第二期の明治維新論を探るために、次に「文明開化」についてみてみましょう。

第一期の遠山は、文明開化を「新しい東京の繁昌」に象徴させ、電信や鉄道の開通、太陽暦の採用、煉瓦やガス灯によって論じました。その趨勢を推進・指導した一つとして、福沢諭吉、森有礼、西周らが結成した明六社を取り上げます。遠山は、明六社に対し、①近代思想の素地をつくり出すが、漸進主義であり、②「明治国家の前進」を「内側から能動的に支える国民的（庶民的）精神」をつくり出したとします。

遠山は、福沢諭吉すらも本質は「近代市民革命的」ではなく、「啓蒙専制主義的なもの」とします。そして「文明開化の勝利」は、結局「絶対主義権力の勝利」であるとします。新政府を「啓蒙専制国家」とする規定がここにも働いています。

第二期には、この文明開化像を書き替える著作も登場します。大阪大学教授を務めた、ひろたまさき（一九三四〜）は、「民衆」（ひろたによる表記）という観点から、一八七〇〜八〇年代の精神史を書き替える試みを行います。ひろたの作業は二方向に向かいます。一つは、啓蒙思想家として文明開化期を代表し象徴する福沢諭吉の読み直しであり、もう一つは、文明開化の歴史像を「民衆」との関係で把握し直すことです。

前者の作業は、『福沢諭吉研究』（一九七六年）としてまとめられました。ひろたは、日本近代思想の出発点を啓蒙主義とし、その頂点にいる福沢は、日本近代の「原型」「源泉」、あるいは「日本近代化の基本的な諸課題」を包括した思想家とします。これを出発点に、「日本民衆の主体形成」を視点として福沢を照らし出し、福沢の「論理構造の変化」に接近します。ひろたは、福沢の「一身独立」の主張に着目し、その期待する社会的担い手が、「全国民」→「士族層」→「大資本家」へと「転回」していったとします。福沢が三回の「転回」を経て、啓蒙主義を「凋落」させたとするのです。ひろたは次のように述べます。

福沢の生みだした輝しい近代の部分でさえも現代にあっては重々しい桎梏となっている

ことの意味を、歴史的にあきらかにせん。

このように、ひろたは、福沢と福沢に代表される近代日本への批判を厳しく行います。

近代的差別の読み直し

他方、ひろたの文明開化の歴史像は、『文明開化と民衆意識』（一九八〇年）として提供されます。ひろたは「民衆」を、「豪農層」、「底辺民衆」（＝自作農、貧農、半プロなど）、「奈落と辺境の民衆」（＝被差別部落民、アイヌ民族など）と「三層構造」に分け、この時期の「民衆の全体的な構造連関」に近づこうとします。

第二期では、文明開化は「民衆」の「在来世界」や生活慣習の否定として現れます。自己の存立基盤を否定するものとして、彼らは開化に敵対し、新政反対一揆を起こします。ひろたはこれを「文明への反乱」と呼びます。しかし同時に、文明開化と「民衆」といっても、各層により影響が異なり、受容の仕方がそれぞれに異なることに、ひろたは注意を促します。

豪農層は、維新に幻滅しながらも、村落を再編するための新しい観念を文明開化のなかに模索し、「底辺民衆」は文明開化という「異質で敵対的なおどろおどろしい世界」に覆い被《かぶ》されると認識したと言います。そして「奈落と辺境の民衆」についてです。新政府は彼らを国民の一員として、均一的に国家に組織しようとします。それまでは独自の生活習慣や固有の生活文化を持っていた彼らが、「素裸のまま」で「文明世界」に投げ出されたとひろたは言います。文明の名のもとでの統合です。

ひろたは、「民衆」内部における相互の対立も示唆しています。一八七三年五月に、農民たちが、徴兵令に反対し開化政策を否定するとともに、被差別部落を襲撃した美作の血税一揆に着目し、「差別観のあらたな再生強化」であったと指摘します。

ひろたは、文明開化を近代の産物とし、「民衆」が文明を介して抱え込む近代の困難を、構造的に把握しようとしました。

ひろたは、史料集『日本近代思想体系』全二三冊＋別巻（一九八八～九二年）のなかで『差別の諸相』（一九九〇年）を編みました。差別の歴史が、被差別部落を中心に描かれてきたなか、貧民、障害者、娼婦、囚人、アイヌ民族らも対象とし、差別をめぐる認識と視野を一挙に拡大した史料集です。差別の歴史を考察するうえで画期的な史料集を編んだひろたは、「民衆」への考察を深め、差別を近代日本を考察するうえでの焦点としていきました。

差別をめぐるひろたの議論は、近代における「人間平等」の概念こそが、「近代社会のもつ固有の差別」をつくり出し、「文明／野蛮の分割」のもとに差別が行われているというものです。平等という理念が誕生したからこそ、差別という概念ができたとします。ひろたは、文明がその高みから野蛮を見出し、野蛮は文明の不足という観点からこそ、新たな差別――近代の差別が生み出されたと論じました。

これまでの近代の差別についての議論は、近代が払拭するはずだった封建的な差別が残ったと説明してきました。近代化が徹底しておらず、そのために差別があるという議論です。そのことは天皇制が生み出した近代日本の特殊性と関連しているとされてきました。

しかしひろたは、差別を歴史化します。近代には、近代固有の差別とその理屈づけがあるとの立場です。ひろたは近代そのものに原因を求め、「視線」などの「囲い込み」による差別—排除を指摘し、「差別の諸相」を考察するのです。ひろたによって、病者や障害者、囚人、貧民が差別の視点から論じられ、「社会的差別」が、それぞれの個別性ではなく、近代が生み出したものとして総合的に把握されることとなりました。こうしたひろたの議論は、第三期に論じられる問題領域へと踏み込んでいます。

沖縄・北海道への視線

他方で、北海道と沖縄の幕末維新も、維新政権論での大きなテーマです。シリーズ『日本の時代史』に豊見山和行編『琉球・沖縄史の世界』（二〇〇三年）、菊池勇夫編『蝦夷島と北方世界』（二〇〇三年）が加えられたのはその現れでしょう。ここでは、沖縄に関して述べておきましょう。

教科書の記述では、新政府は一八七二年に琉球王国を廃し、琉球藩を設置します。さらに、清国との関係—冊封体制を絶ち、日本の年号・明治を使用することを要求しますが、この一連の要求を琉球王国側が受け入れなかったため、武力によって王国を滅ぼし、沖縄県を置きます。いわゆる琉球処分です。尚王は東京に住むように命ぜられますが、他方で士族層の一部は、このとき清国に救援を求めています。

第一期では、すでに触れたように琉球処分を民族的統一とするか、あるいは日本による侵略と考えるかで解釈が分かれていました。井上清が「侵略的統一」とし（旗手勲と共著「沖縄と北海道」『岩波講座　日本歴史』第一六巻、一九六二年）、この見解がほぼ通説であったと言えるでしょう。

第二期も、琉球処分について多くの研究が出されます。とくに金城正篤『琉球処分論』（一九七八年）は、分島問題に着目し、それを新政府の国権優位の外交に位置づけました。分島問題とは、沖縄県設置を認めない清国に対し、アメリカの前大統領グラントの調停により開かれた日清交渉の場で、日本側が出した案です。日本の清国内での欧米並みの通商権と引き換えに、宮古・八重山の土地と人びとを清国へ引き渡すという案です。いったんは合意されましたが、調印にはいたりませんでした。近年では、琉球藩設置から沖縄県設置を経て、この分島問題までを、琉球処分の過程としています。

琉球処分については、明治維新の性格規定から、琉球処分の歴史的な意味を説く研究が大半でした。しかし、沖縄研究のなかから、近代沖縄にとっての琉球処分の意味を考えようとする研究も出てきます。その一冊が、安良城盛昭『新・沖縄史論』（一九八〇年）です。この著作は、近代沖縄史に関わる多くの議論を論争的に展開しています。なかでも「同一の種族に属し同一の言語」を使用しながら、独自の国家形成をした琉球は、二段階――薩摩藩と新政府を経て、日本国家へ組み込まれたとします。安良城はその最終局面として琉球処分を位置づけ、それは「上からの・他律的な・民族統一」であったと規定しています。

さらに、その後の新政府の沖縄政策―とくに旧慣温存政策をめぐっては、我部政男《がべまさお》『明治国家と沖縄』（一九七九年）が議論を深めます。新政府は琉球王国の旧来の慣習を残し、人頭税などもそのままにしました。沖縄にこうした「旧慣」が残されたことを我部は、旧支配層対策（旧士族層の再編成と農民層の再把握）、地方自治、さらに対清政策という関係性のなかで考察します。

ちなみに、第二期には、沖縄の対極に位置する東京についても、小木新造『東京時代』（一九八〇年）が出されます。小木は江戸と東京の間に東京《とうけい》という時期を設定し、東京が江戸の要素を多分に残しながらゆっくりと開化していった様相を描き出しています。

第三期――明治維新「解釈」史

第三期では、精緻な研究とともに、個別の政策や事象から明治維新の総体に接近しようとする研究が出てきます。たとえば廃藩置県の過程は、具体的に分析されていないという指摘があったことは先に紹介しましたが、第三期にはこの政策が要となりました（松尾正人『廃藩置県』一九八六年、勝田政治『廃藩置県』二〇〇〇年）。また、士族に焦点を当てる考察も出ました（佐々木克『志士と官僚』一九八四年、落合弘樹『明治国家と士族』二〇〇一年）。

こうしたなかで新たな特徴を示す二つの潮流を挙げておきましょう。第一は、史学史的観点を加味した考察です。すでに、遠山『明治維新と現代』（一九六九年）や田中彰『明治維新観の研究』（一九八七年）が試みていましたが、その延長上に問題を展開します。宮澤誠一『明治維新の再創造』（二〇〇五年）はその代表作です。九州国際大学教授だった宮澤誠一（一九四四〜）は明治維新が、「近代日本の〈起源神話〉」としての性格を持っていたとし、明治末年から大正期、さらに昭和戦前期から戦後にまで広く視野を広げ、その時期ごとに描かれた明治維新論を検討します。宮澤はこの著作のなかで次のように述べています。

> 明治維新の歴史事象や人物を後代の人びとが集団的に想起した歴史的諸事件との関連に留意しながら、近代日本の国民国家の展開のなかで歴史書や文学作品などにみられる幕末維新像がどのように変遷していったかを明らかにしよう。

近代日本の歴史が展開していくなかで、「起源神話」としての明治維新がどのように論じられていったか——すなわち、明治維新に「仮託」した時代批評の系譜を探る試みとなっています。

主軸は、「第二維新」を標榜した「大正維新」「昭和維新」の動きです。アカデミズムの研究はむろんのこと、評論や中里介山『大菩薩峠』、大佛次郎『鞍馬天狗』などの大衆文学、教科書の明治維新像にも目を配ります。そして、こうした言説により、明治維新が「再創造」されていく様相をたどりました。

明治維新解釈により近現代日本の歴史学をたどる試みということもできます。宮澤は、明治維新をめぐる考察を、時間的・空間的に拡大し、新たな明治維新論へと踏み出しました。巻末には、二二ページにわたり、六〇〇点を超える引用作品一覧が掲げられています。

国民国家論の萌芽

第二の潮流は、国民国家―国民化との関連での明治維新の考察です。近代国家を国民国家として論じ直し、国民国家の形成の観点から明治維新を検討するものです。ここに近い議論は、第二期にすでに出されていましたが（ひろた『文明開化と民衆意識』、上杉聰『明治維新と賤民廃止令』一九九〇年）、その見解を新たに展開する議論です。

たとえば、牧原憲夫『文明国をめざして』（二〇〇八年）は、通史叙述の著作として、一九世紀後半を文明化の視点から描き出します。規範としての文明化を視点とし、国民が創出される豊富な現象と多様な拠点を指摘し明治維新を描きます。もっとも、文明化、国民化、そして、そこにおける政治の力学は、あっさりと触れられるにとどまります。歴史叙述として、国民国家論の立場から明治維新を叙述する作品は、これから提供される状況にあります。

しかし、国民国家論と呼ばれる議論は、第三期の研究に大きな影響を与えています。立命館大学教授だった西川長夫（一九三四〜）の議論を紹介しておきましょう。

西川には多くの著作がありますが、『国境の越え方』（一九九二年）がその出発になりました。西川はこの論文集の冒頭で世界地図を持ち出します。そして、世界地図が、地球は諸国家により構成され、国境によって区切られ、色分けされた国民が存在するという固定観念を与えるとし、それを「世界地図のイデオロギー」と言います。

ただし、地球が国家に色分けされたのはフランス革命以後であり、私たちが「近代国民国家のイデオロギー」に侵されているとします。自国と他国、「われわれ」と「かれら」の二分法は、国民国家のイデオロギーがもたらしたとして批判するのです。

さらに西川は、文明と文化の概念を取り上げて、それが国民国家の時代の「支配的なイデオロギー」であると論じます。また国民国家はモジュール（ひとまとまりの要素・機能）として持ち出され、地球上を覆っていくことを指摘します。明治維新によってつくり上げられた日本も、こうした国民国家の一つということになります。

国民国家論は、自明の価値としていた概念が、実は国民国家のイデオロギーであったという主張でした。大きな認識の転換を迫る議論です。たとえば、第一期・第二期の研究が論じた明治維新による近代国家と国民の形成は、封建社会からの解放ではなく、国民国家への包摂ということになります。

しばしば明治維新の持つ「半封建」性など西洋に比しての日本の特殊性とされてきたことは、国民国家論の立場からすれば決して特殊性ではなく、日本における国民国家形成の特徴とされます。近代日本は歪んだ近代ではなく、近代そのものであり、抱え込んだ矛盾も封建遺制ではなく、近代がもたらしたものであるという認識です。

言い換えれば、近代を価値基準とするのではなく、近代を歴史化し、一つの構造を持った時期として把握し、そこから近代の歴史を認識し、叙述する姿勢です。したがって、近代の規範・規律に着目し、それが創出される場として学校、軍隊、工場などが考察されます。そして、近代がつくり出すことばや身体の規範を通じて、近代に慣れ親しんでいくことが指摘されます。序章で詳述したように、こうした議論を近代日本に即して、歴史的・具体的に明らかにしようと試みたのが、『思想』（一九九四年一一月）の特集「近代の文法」でした。

近代日本の歴史的考察は、新たな認識を持ち、新たな対象を論じることによって実践されていきます（『岩波講座　近代日本の文化史』全一〇巻＋別巻〈二〇〇二～〇三年。別巻は未刊〉はこの延長線上にある）。それは、歴史家だけでなく、社会学、民俗学、文化人類学、文学研究などの研究者によっても進められるようになっていきます。

第4章　自由民権運動の時代——変わる評価の主体

1874
1　民撰議院設立建白書

1875
2　愛国社結成
4　漸次立憲政体樹立の詔
6　讒謗律、新聞紙条例制定

1878
9　愛国社再興

1880
3　愛国社、国会期成同盟に改称
4　集会条例制定

1881
4　交詢社、私擬憲法案発表
7　北海道開拓使官有物払下げ事件
10　自由党結成
10　明治一四年の政変、大隈重信免官
10　国会開設の勅諭
　　松方正義大蔵卿就任（松方デフレ）

1882
3　立憲改進党結成
4　板垣退助、岐阜で遭難
12　福島・喜多方事件

1883
3　高田事件

1884
5　群馬事件
9　加波山事件
10　自由党解党
10　秩父事件

1885
11　大阪事件
12　内閣制度発足

1886
10　大同団結運動

1887
12　三大事件建白書

教科書が描いた自由民権運動

自由民権運動は、研究という観点から見たとき「戦後歴史学」のなかで最も活発な領域の一つでした。一九七五年に『歴史公論』という雑誌が創刊されたとき、近代の最初の特集は「自由民権運動」（一九七六年一月号）でした。またこの「特集文献解説」（坂根義久）は、自由民権運動研究を「日本近代史研究分野」のなかでも業績の多い領域として挙げています。

一九八一年には、横浜で大規模な「自由民権百年」の集会が開催され、その後も東京と高知で二回の全国集会がもたれています。全国の各地域で自由民権運動の研究者が一堂に会する壮大な催しでした。第二期に当たる時期にも自由民権運動の研究は、こうした勢いがありました。しかし自由民権運動の歴史像は、第三期には大きく変わろうとしています。

高校の教科書では、次の三点から自由民権運動を述べています。

（1）一八七〇年代半ばに展開された「国会開設」「地租軽減」「不平等条約の撤廃」を綱領とした運動とします。ただし近年では、「憲法制定」「地方自治」を加え、五大要求とすることもあります。（2）運動の担い手と推移に着目し、「上流の民権」「下流の民権」という言い方もされます。そして、民権家たちは政府官僚を有司専制として批判したとします。

そのうえで、（3）政治の流れを軸としながら、資本主義の生成に目を配り、一八七〇年代後半から八〇年代の歴史像を描き出します。

（1）は、具体的には一八七四年一月の板垣退助、江藤新平らによる民撰議院設立建白書の提出後、板垣・片岡健吉らにより土佐に起こされた立志社をはじめ、各地で政治結社がつくられ、その連絡組織として愛国社が創立されるという動きが語られます。

立志社は、建白書を出し立憲政体の樹立を迫りましたが却下されます。このなかに「国会開設」など、先に挙げた三大綱領が含まれているとされます。このとき政府は、漸次立憲政体樹立の詔（一八七五年）を出し、讒謗律《ざんぼうりつ》（言論統制令）、新聞紙条例などを制定して民権運動を取り締まりました。

運動はいったん下火になりかけましたが、愛国社が再興され、士族に加えて地主や商工業者も加わり拡大していきます。一八八〇年に国会期成同盟を発足させ、各地の代表者が署名し請願書を提出しようとします。政府はこれを受理せず、集会条例を定め、運動を制限しようとしました。

政府の専断を批判する自由民権運動と、それに対抗する政府が記されるのですが、一八八一年に起こった北海道開拓使官有物払下げ事件が政治状況を変えます。これは、旧薩摩藩出身の開拓使長官・黒田清隆が官有物を同じく薩摩藩出身の政商・五代友厚に不当に安く払下げようとした事件です。この事実が広まると激しい政府批判が起こります。政府は払下げを中止する一方、政府内の急進派であった大隈重信を罷免し（明治一四年の政変）、国会開設の勅諭を出し一〇年後に国会を開くとします。

これ以降、自由民権運動は国会開設と憲法制定を射程に入れた運動となり、板垣退助を総理とする自由党、大隈重信を党首とする立憲改進党が結成されます。自由党は農村を基盤としてフランス流の急進主義を唱え、立憲改進党は都市の商工業者や知識人を支持層とし、イギリス流の議院内閣制を主張する、と対比的に教科書では描かれています。

(2) の担い手は、当初の士族から豪農、そして農民へと推移するとし、士族民権→豪農民権→農民民権という流れを示します。民撰議院設立建白書から立志社への流れは士族民権ですが、国会期成同盟には各地の豪農が加わり、豪農民権とされます。

近年はこの推移を「段階」ではなく「潮流」とし、士族民権を「愛国社的潮流」、豪農民権は「在村的潮流」と呼び、都市民権派の潮流も加えられます。

このとき (3) は、日本資本主義にとっての原始的蓄積期(マルクス主義による資本の成立過程の説明。貨幣や生産手段が蓄積される一方、労働力以外に所有しない人びとが生み出される) として、この時期の経済状況について述べています。一八八一年に大蔵卿となった松方正義は、不換紙幣を整理するためにデフレ政策を展開し、そのため米や繭の価格が下落し深刻な不況となります。地租が金納であった農民の負担は増え、自作農が土地を手放し小作地率が高くなりました(松方デフレ)。この小作農や貧農を中心とする農民が自由民権運動の次の担い手とされます。これが農民民権とされます。

教科書では「激化事件」「暴発事件」と記されますが、農民民権はしばしば直接行動を起

各時期の自由民権運動の概念図

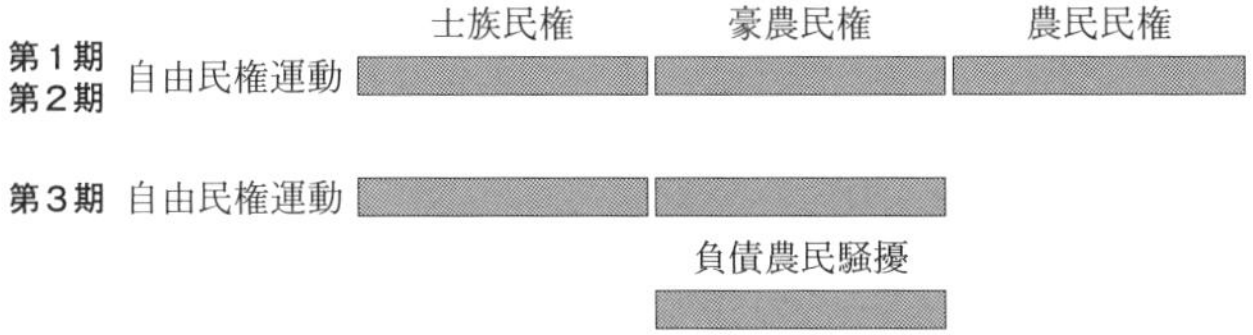

こしました。一八八二年の福島事件（近年は「福島・喜多方事件」と呼ばれます）を皮切りに、群馬事件、加波山事件などです。なかでも一八八四年に、埼玉県秩父地域の農民・小作人による困民党が高利貸や警察、役所などを襲撃した秩父事件は、農民民権―激化事件の代表とされています。

　しかし、激化事件が弾圧されるなかで自由党は解党し、立憲改進党も中心的指導者が離党し解党状態となります。その後、一八八六年に大同団結運動が提唱され、翌八七年に地租軽減、言論集会の自由、対等条約の締結を掲げた三大事件建白運動が起こると教科書では記されます。

　教科書では明示されていませんが、自由民権運動は「ブルジョア民主主義運動」と把握されています。明治政府を藩閥―絶対主義と規定する認識とセットなのです。集会条例や保安条例など自由民権運動を弾圧する法令が出されたことが、こうした認識にリアリティを与えました。教科書では、民権思想家として中江兆民や植木枝盛を紹介し、彼らがフランス啓蒙思想家ジャン＝ジャック・ルソーの翻訳を行い、フランス流の民権思想に影響を受け、抵抗権や革命権を唱えたことを述べています。教科書における自由民権運動の記述は、フランス革命が念頭に置かれているのです。

第一期――「民主主義の伝統」の発掘

自由民権運動が「戦後歴史学」の格好のテーマとなった理由について、法政大学教授だった江村栄一（一九三一〜二〇〇七）は「石を起こし草の根を分けても民主主義の伝統を発掘したいという時代的風潮」を挙げます（『自由民権革命の研究』一九八四年）。

実際、第一期の祖とも言える講座派を代表する歴史家・服部之総は、自由民権運動を明治政府という絶対主義を倒し、民主主義国家をつくる「ブルジョア民主主義革命」と規定しています（『明治の革命』一九五〇年）。

服部がここで念頭に置いたのは激化事件です。同じく第一期に刊行された明治史料研究連絡会編『明治史研究叢書』（全一〇巻、一九五四〜六〇年）には、『自由民権運動』（解説・遠山茂樹）が置かれ、論文五本のうち三本が秩父事件、福島事件、飯田事件と激化事件の分析を中心としたものでした。農民、小作人による直接行動に関心が寄せられていたのです。第一期は、こうした激化事件への着目、板垣退助らの動きを軸とする憲政史研究とが、自由民権運動研究として出されました。

第一期の研究を代表する堀江英一と遠山茂樹が編集した『自由民権期の研究』全四巻（一九五九年）は五年間にわたる共同研究の成果ですが、同様の傾向が見てとれます。具体的には民権運動の全体の過程を視野に収め、その「発展」（第一巻）と「激化と解体」（第二巻・第三巻）、「経済過程」（第四巻）を一四本の論文で追います。

このように、自由民権運動を経済過程から説き起こそうという問題意識が強く現れた論集です。『自由民権期の研究』は「戦後の民主化運動と関連し民主化運動の伝統を探るため」に進められ、自由民権運動を絶対主義天皇制に抵抗する「国民的・大衆的な政治運動」と把握し、「ブルジョア民主主義革命運動」と規定します。

〝普遍的法則〟のなかの位置づけ

『自由民権期の研究』は有司専制の支配体制から説き起こされますが、やはり激化事件に分厚く、第三巻に収められた下山三郎「明治十七年における自由党の動向と農民騒擾の景況」は、その代表的な作品となっています。

下山（一九二六〜）は一八八〇年代の「基本矛盾」に着目します。「全農民対国家」と豪農から自作農（中農、貧農）、さらに小作人にいたるまで、すべての農民が政府と対立するとします。この観点から、地租の軽減を要求する農民の運動、地主に対する小作人の運動、負債を背負った農民の騒擾の存在を指摘します。自由党の内部の動きに着目しながら、自由党と政府（「国家権力」〈第一期の研究では通例この呼称〉）との対決と衝突を描き出します。このとき、自由党の結党・解党、自由党内の土佐派と国友会の反目、自由党と改進党との関係なども論点としますが、自由党を軸に自由民権運動を理解しようとします。

この共同研究に参加した主要なメンバーは、すでに一九五五年の歴史学研究会大会（近代史部会）で、自由民権運動について報告しています（歴史学研究会編『歴史と民衆』一九五五年）。「自由民権運動の展望」（堀江英一）、「豪農民権の成立」（大江志乃夫）、「福島事件」（大石嘉一郎）、「農民民権の展開」（後藤靖）など、それぞれに農民民権こそ「ブルジョア民主主義革命運動」であるとしました。そして、松方デフレによって没落する農民、とくに中貧農層を主体とする運動に着目しますが、世界史の状況にも目を配ります。国際的な観点を導入しながら、自由民権運動を考察する問題意識もみられました。

ここには、まず世界史の基本法則と変革の内発的な条件を探る問題意識があります。そのうえで、歴史の普遍的な法則のなかに近代日本が置かれていることを確認します。そして、特殊性を持つとする近代日本のなかで、変革の主体とその形成の条件を考察しようとするのです。第一期の歴史学に共通する問題意識がここにみられます。

第二期――豪農への評価と解明

第二期の自由民権運動研究は、数多く発表され活況を呈しました。鍵となるのは豪農の動向でした。豪農の定義は難しいのですが、豪農を主人公の一員としてこの時期の通史を描いた永井秀夫は『自由民権』（一九七六年）のなかで、次のように述べています。

豪農は、被支配者人民の上層としてある程度武士的な教養をもち、村落の支配者としての政治的な訓練と、産業の組織者・指導者としての経済的な経験を積み、地主としての寄生的な性格をもあわせ持った複雑な存在である。

豪農は旧家の名望家でもありましたが、この時期には経済的な変動にさらされます。

第二期では、豪農の解明を軸に自由民権運動の考察がなされますが、とくに一九六〇年代前半には多くの論点が出されました。内藤正中『自由民権運動の研究』（一九六四年）は、士族による立志社―愛国社路線とは異なる、「豪農の運動―府県会議員」を指導者とした非愛国社の路線を見出します。大石嘉一郎『日本地方財行政史序説』（一九六一年）も、同様に福島における豪農の動きを地方自治との関係で探ります。当時、福島大学助教授だった大石嘉一郎（一九二七〜二〇〇六）は、地方自治制度の解明を課題としつつ、自由民権運動の過程を総体的に把握しようとし、社会経済史研究と運動史研究の接合を図ります。

大石は、福島県の自由民権運動の拠点となった村と個人の文書を分析し、経済発展により地域区分を行います。寄生地主＝商人資本による農村の支配体制が確立しつつある「先進地帯」、小ブルジョア経済関係を生成しつつある「中間地帯」、寄生地主制へ転化した「後進地帯」と分類し、「中間地帯」で自由民権運動が高揚したとします。

激化事件が起こるのは、典型的な「中間地帯」に限られるとし、小ブルジョア化しつつある豪農層の運動として自由民権運動を把握します。そして、彼らが国会開設とともに要求した地方自治が「明治地方自治制」になったとします。大石は、徹底した経済主義―経済の観点によって自由民権運動を考察しますが、第一期・第二期ではこうした歴史理解が一般的でした。

大石から見れば、福島事件も、豪農（＝自由党）の指導と農民の同盟であり、「ブルジョア民主主義運動のとりえた最も典型的な激化事件」となります。自由民権運動が「より農民的な革命運動として純化し激化」するとともに、敗北が決定的となるものとして激化事件を位置づけました。

経済を根底に置いた歴史の法則を適用すること、経済的要因による矛盾の表現として社会運動を把握すること、そのことを史料によって描き出すことが大石をはじめとする第二期の歴史家たちの作法でした。

近代日本の歴史像を考えた場合、先にみた佐々木潤之介の「豪農―半プロ」論と、ここでの議論とは対立をみせています。幕末から明治初年の農民たちの要求は、一八八四年の秩父事件に一挙に向かうというのが佐々木の考え方です。これに対し、豪農の運動に着目することでの議論は、徴兵制や地租改正への反対運動、立志社建白、そして自由民権運動を重視することになります。「豪農―半プロ」論では豪農は攻撃を受ける側でしたが、その逆に、豪農を批判的な運動の側に置き、豪農の役割を評価することが、第二期の自由民権運動研究の要になっています。

豪農の権力関係

自由民権論に即して言えば、第二期の考察の基調は、第一期の見解を継承し、まずはブルジョア民主主義革命運動として自由民権運動を把握しようとします。立志社建白を、国会開設（＝政治的自由、基本的人権）、地租軽減（＝経済的自由、殖産興業反対）、条約改正（＝不平等条約撤廃、民族自決権）の内容を持つものと把握しました。

すでに記したように、「豪農民権」の考察が集中的になされますが、地域の政治的・経済的な動向の解明と重なっており、名望家である豪農をリーダーとする「在村的潮流」を明らかにしていきます。また、この動きを取り巻く権力関係のありようも追究されていきます。このとき没落して、農民民権の担い手である困民党に関わった豪農たちに目を配る作品も出されます。さらに、自由民権運動を他の諸運動との関連で考察する試みも開始されました。

豪農を取り巻く権力関係を描いた代表作は、後藤靖『自由民権』（一九七二年）です。立命館大学教授だった後藤靖（一九二六〜九八）は、第一期の成果を受け継ぎ、自由民権運動の歴史像を総体的に描こうとしました。副題は「明治の革命と反革命」とされています。自由民権運動を明治の革命とするのです。

後藤は、一八七〇年代後半の日本社会の階級構成から説き起こし、「基本的矛盾」である統治集団（政府）と被支配階級（マニファクチュア〈工場制手工業〉の資本家、在村の商業＝高利貸、農民）、そして「副次的矛盾」として農民とマニュファクチュアの資本家・商業＝高利貸資本家との間の経済的支配・収奪、外国貿易商社による商権の独占を挙げます。階級の対立を矛盾の根幹に置き、経済的に導き出された階級による相互の対抗を政治史的に考察する、きわめてオーソドックスな手法です。

権力のありように照準を合わせ、階級構成に基づく矛盾が問題↓運動として、担い手を交代させながら展開される過程を描き出しますが、国家との関連を捉え、運動の内部構造と内在的な原理を追究しました。そのうえで、地方議会の要求を権力に対する「自由」と捉え、地域における運動の存在を力説します。また、経済不況の進行するなかで小作地率が増し、豪農と農民が対立関係になったことを言います。このように、かつての豪農・豪商層が、自由民権運動への「情熱」を失っていくことを経済過程から説明します。

色川大吉による「発掘」

他方で、豪農の思想と行動に焦点を当て、「民衆思想史」研究を提起したのが、色川大吉『明治精神史』（一九六四年）でした。

執筆時、東京経済大学講師だった色川大吉（一九二五〜）の自由民権運動に対する問題意識は、一九六〇年の安保闘争前と後で変わるのですが、この作品は安保闘争前と後に書かれた論文が入り組んで配列されているため、色川自身述べるように複雑な構成となっています。

この作品について色川は、「徹頭徹尾、人民（＝一般国民《〔ママ〕》）の意識、とくにそのスポークスマン的な存在であった当時の地方知識人（＝豪農・商層《〔ママ〕》）の意識の究明に主力をかたむけた」と言い切ります。石坂公歴、秋山国三郎、平野友輔、須長漣造といった多摩地域の豪農たちの行跡が、色川が発掘した史料によって克明にたどられます。これまでまったく知られていなかった人たちの思想と行動が記されます。同時に、著名な中江兆民や徳富蘇峰らを描く論稿も収録されています。「底辺」の視座から地域の豪農を思想家として発掘し、思想家として知られた人たちをその観点からあらためて評価し直すのです。

色川は、自由民権運動の地域的な展開を追うことにより、豪農を軸とする具体的な運動を明らかにしました。他地域でも、同様の運動が展開していることを類推させる広がりを持った研究でした。

『明治精神史』の特徴は、豪農について、権力の側に移行する者、権力と対抗する者、その間を流動しながら大勢として没落する者という三つの類型で捉えたところにあります。とくに権力と対抗するものに共感を寄せながら、色川は自由民権運動とその後を、固有名を持った人物を主人公として描きました。したがって、色川の視線のなかには困民党という、借金を背負った中貧農の組織に参加した農民たちの姿があり、彼らと行動をともにし権力と対抗した者、没落し流動した者を描きます。

色川は、「困民党と自由党」（『歴史学研究』一九六〇年一一月号）で、困民党の一つである武相困民党と自由党との関係を考察します。松方デフレのなかで負債を抱えた農民の組織である武相困民党を取りあげ、自由党とは「断絶＝雁行」し、一部は「分離＝敵対」していたとします。「指導＝同盟」の関係をはじめ武相困民党を克明に追い、神奈川県下の「養蚕と民権地帯」の状況に接近します。

安保闘争後、その環境のなかで読まれた作品でもあります。色川は、いわば敗北の構造に関心を寄せますが、このとき前衛党、つまり当時の日本共産党への不信を根底に秘めていました。躍動的で華麗な文体と歴史家としては稀有な自己開示により『明治精神史』は多くの読者を得ました。一九七〇年前後にも『明治精神史』をはじめ色川作品が話題になりましたが、六八～六九年の学生運動の挫折が介在していたからかもしれません。

この時期、色川は『新編 明治精神史』（一九七三年）を新たに刊行します。同じタイトルですが新稿を多く収め、色川自身はこちらを決定版としています。しかし、新編版では「知識人」が「エリート」に、「人民」が「民衆」へと言い換えられるなど、衝撃力が減退しています。

色川以降も、具体的な事件を追った名著が生まれました。秩父事件を描いた井上幸治『秩父事件』（一九六八年）は、農民―井上が呼ぶところの「秩父的中小農」に着目し、ここに事件の「激化」を探ります。当時立教大学教授だった井上幸治（一九一〇〜八九）は、フランス近代史専攻の西洋史学者です。しかし郷里秩父の自由民権運動に関心を持ち、この著作を記したのです。

絹と生糸の生産という生業から説き起こし、秩父自由党との関係を含む、秩父困民党の「組織と論理」を明らかにしようとするのが井上の問題意識でした。農民の蜂起に関わっては、「在地オルグ」の検出と、武装蜂起の過程、およびその後について分析的に叙述します。井上の評価は、「秩父事件が自由民権運動の最後にして最高の形態」というものでした。

激化事件については、長谷川昇『博徒と自由民権』（一九七七年）や森山軍治郎『民衆蜂起と祭り』（一九八一年）といった著作も出版されました。長谷川は、名古屋事件における博徒の存在に着目し、森山は、絵馬に書かれた人びとの俳句を分析し、激化事件における民衆文化の要素を強調します。これらは第三期の研究とのつながりを感じさせる研究でした。

また見逃せないのは、自由民権運動からこの時代の民衆運動への解明に向かう作品が出てきたことです。江村栄一『自由民権革命の研究』は、一八七〇年代後半から八〇年代にかけて、自由民権運動とともに、政治・学習・産業を内容とする農民的結社の運動、世直しの性格が強い丸山教という民衆宗教の三潮流をみようとします。民権運動だけで、この時期の運動を描き出さないという姿勢です。

江村は、資本主義が形成されるこの時期に、さまざまな形態をとって人びとの運動がみられたと言います。当時の研究潮流である「人民闘争史研究」として議論を展開しようとします。労働者と農民という限られた階級による運動に限定せず、多様な階層によるさまざまな要求を持つ運動に目を配ろうとするのが人民闘争史研究です。江村はその提唱のなかで、自由民権期の多彩な民衆運動に言及して行きました。もっとも、三潮流の相互の関係性は、「歴史の帰結としては未発の契機に終わった」と手放されています。

沖縄と女性の視点

第二期の研究で論点とされたものは数多くあります。まずは、自由民権運動のなかの国権論／民権論です。自由民権運動にみられる、ナショナリズムとデモクラシーの関係といってよいでしょう。デモクラシーを主張する自由民権運動が挫折して、ナショナリズムが席巻したという認識です。

第一期が「民権から国権へ」という流れの説明であるのに対し、第二期は「国権と民権」として把握しようとします。自由民権運動では、デモクラシーとナショナリズムが共存していたと捉えるのです。自由民権運動家のアジア認識を問い、彼らのアジアに対する指導者意識と連帯意識に目を向け、連帯感覚が侵略のイデオロギーに転化していくことを指摘します。

実際、大井憲太郎らの自由民権運動家は朝鮮の内政改革を企てており、そのことと日本国内の改革（民権）との関連が考察の対象となりました。大井憲太郎が関与した大阪事件に焦点が当てられ、国権と民権の関係の考察が行われました（大阪事件研究会編『大阪事件の研究』一九八二年）。

山田昭次「征韓論、自由民権論、文明開化論」（『朝鮮史研究会論文集』第七号、一九七〇年）は、自由民権運動家の朝鮮問題への批判の手ぬるさを指摘します。

他方、比屋根照夫『自由民権思想と沖縄』（一九八二年）は、沖縄からの視点を打ち出します。比屋根は朝鮮問題と並ぶ問題として「琉球問題」（比屋根の表記）を取り上げ、「国際関係における被抑圧民族、少数民族、弱小地域と自由民権派とのあり方、あるいは正当な交流の仕方をうらなう問題」としました。自由民権運動の試金石として、琉球問題をどのように扱ったかを検討しています。

また、自由民権思想家の代表とされてきた中江兆民と植木枝盛の資料的な環境が整い、それぞれ全集が刊行されます（全一七巻＋別巻、一九八三〜八六年、全一〇巻、九〇〜九一年）。また、研究も精密になりました。家永三郎『植木枝盛研究』（一九六〇年）は、自由民権思想として植木枝盛の「消極的共和主義」を論じ、天賦人権論・人民主権、党派性、ナショナリズム（民権と国権）を考察しました。また、松永昌三『中江兆民の思想』（一九七〇年）や、萩原延壽『馬場辰猪』（一九六七年）も刊行され、民権思想家たちの生涯と足跡、思想と行動が明らかにされその歴史的な意味が論じられました。

沖縄の自由民権運動家として謝花昇《じゃはなのぼる》も論じられます。一九三五年に初版が刊行され、その後、増補・改題された大里康永『沖縄の自由民権運動』(一九六九年)が先駆的な作品です。しかし、新川明『異族と天皇の国家』(一九七三年)は、謝花の思想と行動は「今日いわれるほど内実の濃いものではなかったはずだ」と疑義を呈しました。伊佐真一編『謝花昇集』(一九九八年)は、あらためて史料を発掘・提示しながら謝花の可能性を論じています。

さらに、女性と民権思想との関係にも関心が寄せられ、大木基子『自由民権運動と女性』(二〇〇三年)は、女性の自由民権運動家に焦点を当てながら接近しました。これまでの研究が男性運動家を対象とし、男性的視点と関心から考察がされてきたことを批判し、清水紫琴(豊子)や福田英子の足跡を追い、集会及政社法に女性の政治からの排除をみて取ります。女権論とともに、女性観にも言及し、自由民権運動研究に女性史の観点を導入しました。

さらには、都市民権と立憲改進党の解明が進みました。自由民権論の主軸とされてきた士族民権(愛国社系政社)・豪農民権、自由党研究に対し、新たな民権の潮流の解明、もう一つの政党からの自由民権論ということになります。立憲改進党には、大隈重信をはじめ、小野梓、矢野文雄ら、東京専門学校関係者が多いのですが、こうした研究に早稲田大学の関係者が多くみられることは興味深いことです(安在邦夫『立憲改進党の活動と思想』一九九二年、大日方純夫『自由民権運動と立憲改進党』一九九一年)。

各地の運動の発掘

しかし何より第二期の研究で特筆すべきことは、全国各地で地域の自由民権運動の発掘が活発になったことでしょう。居住する地域の歴史学習であり、先祖たちの自由民権運動の志を継ぐ営みでもありました。秋田事件や群馬事件などの激化事件があらためて検証され、事件参加者は決して暴徒ではなく、権利のために行動した人物であるとして顕彰されることとなりました。歴史認識の転換です。

章冒頭で記した自由民権百年全国集会はこうした動きの集約であり、この動向を一気に推し進めるものでもありました。この実行委員会が編集した『自由民権運動研究文献目録』（一九八四年）は、「都道府県編」と「全国編」という構成で、前者では各都道府県別に、地域で展開された民権運動に関する研究文献が整理されていますが、すべての地域で研究が行われていることがうかがえます。

また、これまで知られていなかった地域の民権運動家の輪郭が追究されました。小池喜孝『鎖塚』（一九七三年）や『伝蔵と森蔵』（一九七六年）、上條宏之『地域民衆史ノート』（一九七七年）や、井出孫六『秩父困民党群像』（一九七三年）、戸井昌造『秩父事件を歩く』（一九七八年）などはこうした成果の一つです。こうした地域の自由民権運動の発掘には地方の中小出版社が支えてきたことにも注意を払っておきたいと思います。

さらには、東京町田市には自由民権資料館ができ、研究機関誌『自由民権』を毎年刊行しています。こうして米騒動（一九一八年）および空襲体験記録（一九四五年）とともに、自由民権運動が全国レベルで発掘される対象となりました。

第二期の自由民権運動研究を大きな視点でみると、一部の例外を除き、自由民権運動をブルジョア民主主義革命運動と把握し、その多様性と地域性を明らかにしていくものでした。社会運動研究が活性化していた時期であり、自由民権運動の論理を探り、運動が向かい合う権力機構を社会構造を踏まえて捉え、運動と権力の双方を含む総体的な歴史像を提供しようとしています。また、社会経済的な分析を基礎とし、歴史の進歩を軸にした歴史の理論的な展開と、それが具体的に現象したものを、地道な史料発掘を行いながら実証的に捉え叙述していきました。

歴史の追究とは変革の系譜を明らかにすることである——こうした課題が、歴史発展の法則を用いる方法と、丹念な史料発掘による実証とによって追究され、自由民権運動研究には、「戦後歴史学」の真骨頂がみられることとなりました。

第三期——「近代」からの見方の否定

第三期になると、自由民権運動研究に大きな変化が押し寄せてきます。新たに自由民権運動期を明らかにしようと編まれた、新井勝紘編『自由民権と近代社会』（二〇〇四年）には、新井の総論「自由民権と近代社会」のほかに、「〈自由〉〈民権〉の語り」（鶴巻孝雄）、「コレラ騒動論」（杉山弘）、「「四民平等」と差別」（今西一）、「メディアと自由民権」（松岡僖一）、「困民党の論理と行動」（稲田雅洋）の論文が収められています。コレラやメディアを対象とし、語りの手法や差別に着目するなど、これまでの同種の論集とは趣きを異にしています。

そのためでしょうか、「近代社会」へ向き合う姿勢は論者によって温度差があります。そのことが、この論集における自由民権運動の概念と評価に差異を生じさせています。新井は、自由民権運動研究の停滞と新たな問題提起を受け止める基盤の揺らぎを認識しています。

自由民権運動研究における変容のはじまりは、困民党研究のなかから「近代」を批判する論理を見出す議論が登場したことにあります。『自由民権と近代社会』に収められた稲田《いなだ》雅《まさ》洋《ひろ》「困民党の論理と行動」に、この研究潮流の主張をみてみましょう。

東京外国語大学教授だった稲田雅洋（一九四三〜）は、一八七〇年代後半以降の自由民権運動とは異なる社会運動を「負債農民騒擾」として取り上げ、両者を区別します。負債を背負った農民が、しばしば困民党や借金党を名乗り、役所や高利貸しを襲撃する騒擾は、これまで農民民権として、自由民権運動の流れのなかで把握されてきました。しかし、稲田は両者の間に線引きをしたのです。

稲田はこの騒擾を軸に、自由民権運動とは異なる農民の運動を「民衆運動」と呼びます。この負債農民騒擾＝民衆運動は、借金の据え置きを要求し、返済の意思があることを訴え、長期間の年賦による返済を求めていることに注目します。すなわち、この運動は、近世の百姓一揆の行動形態を継承し、「近代」の所有権意識を持つ自由民権運動の目的・論理、活動内容とは異なるとします。困民党と自由党とが次元の違う組織であることを強調し、負債を持つ農民は土地に対する愛着—伝統的な土地意識によって行動し、所有権の絶対性を説く近代法の理念とは対立するとします。目前の借金の解決のために地域内で起こされた民衆運動と、立憲政体の樹立を主張し全国的に展開した自由民権運動をこうして区別していきます。

この立場からすれば、秩父事件は幕末の世直し一揆の伝統を持つものとされ、自由民権運動から切り離されることになります。秩父事件を自由民権運動の最高形態とする第一期・第二期の研究とはまったく異なる評価がなされるのです。

また稲田は、徴兵令や学制に対して、自由民権派が積極的であることを指摘します。政府、自由民権運動、民衆運動の三者の関係で、一八八〇年代中期をみようとします（稲田は『日本近代社会成立期の民衆運動』一九九〇年、『自由民権の文化史』二〇〇〇年、でも詳述）。

単純化した進歩史観への批判

牧原憲夫（一九四三〜）もまた、同様の議論を展開します。牧原「民権運動と「民衆」」（『自由民権』第八号、一九九五年）は、第一期・第二期の研究とは異なる自らの立場を「民衆」（牧原による表記）に接近するところに求めます。牧原は自由民権運動を考察する歴史家たちを「民権論派」と「民衆史派」とに分けたうえで、前者が持つ絶対的な価値基準としての近代的理念、背後にある「民権＝近代＝進歩＝解放」と「明治政府＝半封建＝反動＝抑圧」という単純な二項対立の図式を批判します。「民権論派」の歴史家たちが、歴史を単純化していることと、歴史の見方として「近代」を基準とし、単純にそれを進歩―解放としているという観点からの批判です。

また、近代的理念を基準とすれば、一八七〇〜八〇年代の「民衆」は、豪農しか該当しないと言います。「民衆」の多様な存在とその世界が、「近代」という基準によって覆い隠されみえなくなってしまうというのです。牧原はこの時期の豪農より下層の「民衆」に接近しようとし、「民権論派」の認識の枠組みを厳しく問いかけたのです。この問いは、第一期・第二期の研究が無条件に前提としていたことそのものへの批判でもありました。

牧原の『客分と国民のあいだ』（一九九八年）は、こうした問題意識から書かれた作品です。自由民権運動の国権と民権の関係を再考し、民権運動が「典型的な国民主義の運動」として展開されたとします。政府に対し「国民としての権利」を要求し、人びとに向かい「国民としての自覚」を喚起するが、その中心に「愛国心（国民意識）」があるとします。第一期の民権しかみない議論と第二期の民権と国権の相克という議論を、ともに斥けるのです。このことは、「民衆」が客分として仁政を求めるこれまでの「政事観念《〔ママ〕》」に、あらためて着目することになります。この「民衆」の姿勢は、牧原からすれば、自由民権運動家による「国民」創出の政治理論とは逆方向を向くことを意味します。

牧原は自由民権運動と民衆運動の二項対立から抜け出すために、演説会の活況に着目します。演説会に自由や民権の論理ではなく、人びとの「反政府的心情」「反上抗官」の心意気を見出し、自由民権運動と民衆運動との共振と強い一体感を言います。両者の「背中合わせの連帯」を指摘します。

牧原は、一八七〇～八〇年代を「近代社会」ではなく「近代国家成立期」とし、その内容を人びとを「客分から国民」に変えた出来事とします。政治的な対抗関係はあっても、政府と自由民権運動がともに近代的な諸関係の成立―「国民」の創出をめざす共通の基盤に立つとし、そのことを批判する認識を示します。

近世との連続性と「近代」再考

こうした議論を、安丸良夫『文明化の経験』(二〇〇七年)は論理的に整理し、射程を長くして説明しました。安丸は、一九世紀中葉に文明化のための国民国家的統合によって「民衆」(安丸による表記)の生活世界が抑圧・編成替えされ、近代的な公共圏が形成されていくなかに、自由民権運動期のさまざまな運動を位置づけます。

すでに一橋大学名誉教授となっていた安丸良夫(一九三四～)は、自由民権運動に「公儀公論の尊重」「個人の自由と権利」を見出し、「近代民族国家」を形成する「『民権＝国権』

型の政治思想」を抽出します。またその運動形態に着目し、演説会を「国家権力との対立と緊張の関係」の場に醸成される「劇的興奮」の局面から着目し、そこでの参集者の関心は、必ずしも演説者の論旨そのものではなかったと言い切ります。

他方、困民党の運動については、ヨーロッパの社会史研究で用いられた「モラル・エコノミー」（道徳的な原理で動く経済活動）の概念を援用しながら、自由民権運動とは異なる意識と運動を一八八〇年代に見出そうとします。近世の社会規範であるモラル・エコノミーが困民党の運動にみられるとし、ここに伝統文化に根ざしながら、新しい近代形成期の状況に対応した独自の政治文化の存在を指摘します。

稲田、牧原、安丸らの観点からは、「民衆世界」から発した独自の政治文化が見出されます。同時に自由民権運動が近代主義的な運動として把握され両者が対置されます。

第一期・第二期でみたような一八八〇年代の歴史像が、明治政府（絶対主義）とそれに対抗する自由民権運動（ブルジョア民主主義革命運動）としてではなく、「民衆世界」と文明化との関係で描き出されることとなります。一八八〇年代半ばの歴史像が大きく書き直されることになりますが、別言すれば、自由民権運動を国民的運動として捉えてきて疑わなかった第一期、第二期の研究に対する疑義の提出です。

こうしたなかで、町田市立自由民権資料館は、研究機関誌『自由民権』で三号にわたり「民権研究再考」を連載し（第七号～九号、一九九三～九六年）、一九九六年一一月には「民権シンポジウム「民権運動再考」を開き、自由民権運動研究の展望を探ろうとしました。ここには「民権論派」と「民衆史派」が同席し、厳しい対立もみられました。

また、近世史研究の渡辺尚志によって、近世史研究における近世・近代連続説、近世・近代断絶説という二つの研究潮流と、「民権論派」と「民衆史派」との関連が合わせて指摘されました（「近世・近代移行期村落社会研究の現状と課題」『自由民権』第一〇号、一九九七年。藪《やぶ》田貫《たゆたか》「民衆運動史の「現在」」『自由民権』第八号、一九九五年、にも同様の指摘があります）。

すなわち、連続説は豪農が地域のために「近代」を準備したとし、「民権論派」の議論に接合可能となります。他方、断絶説は一般農民層を再評価しており、「民衆史派」と接近するとします。第2章でみた倒幕論・第二期の世直し状況論以後の状況の説明であり、幕末期から自由民権期をいかにみるかということに関わる試論でもありました。

「近代」をいかに考えるか、また「近代」と「民衆世界」はいかなる関係を持つかという議論が、こうした自由民権運動研究の問い直し、一八八〇年代の歴史像の再検討を促しています。近代化への批判から、さらに「近代」への疑義を経て、「近代」批判にいたる議論が背後にあります。二〇世紀末葉以降の状況と重なり合うような、歴史家たちの応対のようにみえます。

第5章　大日本帝国論——国家と天皇制の解明

1884	
3	制度取調局設置（長官伊藤博文）
7	華族令
1885	
12	内閣制度発足
1887	
6	伊藤博文、憲法草案の検討開始
1888	
4	市制・町村制公布
4	枢密院設置
1889	
2	大日本帝国憲法発布（90.11施行）
2	皇室典範、衆議院議員選挙法、貴族院令公布
1890	
5	府県制・郡制公布
7	第一回総選挙
9	立憲自由党結成
11	第一回帝国議会召集（～91.3）
1891	
5	大津事件
11	第二回帝国議会召集（～同.12）
12	田中正造、議会で足尾銅山鉱毒問題を訴える
1892	
5	第三回帝国議会召集（～同.6）
11	第四回帝国議会召集（～93.2）

教科書での国家・制度確立の記述

自由民権運動が退場した後、帝国主義体制の東アジアのなかで近代国家を築く日本は、大日本帝国として自らをつくり上げていきます。図のように、その時代は長く続きます。一八九〇年代は、こうした大日本帝国の基礎がつくられた時期となりますが、教科書では、まずは大日本帝国憲法と帝国議会を軸に描き出されます。国家の根幹をなす憲法と立憲制度の要である議会を設置し、日本が近代国家としての形態を整えたという把握です。そしてそのうえで、日清・日露戦争という対外戦争を遂行していったとします。教科書に従い、大日本帝国憲法・帝国議会を入り口にしながら、議論をはじめてみましょう。

一八八九年二月一一日、大日本帝国憲法（以下、帝国憲法）が発布され、翌年一一月に帝国議会が開院します。帝国憲法はアジアで初めての憲法とされることもありますが、オスマン帝国では、一八七六年にすでに二院制や責任内閣制のオスマン帝国憲法が発布されていました（翌々年に停止）。非西洋ということでは、エジプトも責任内閣と立憲議会の憲法を一八八一年に公布しています。

高校の教科書では、帝国憲法については、その制定過程—特徴—諸法典の編纂という一連の流れが述べられます。

山川出版社の教科書では、まず華族令を定めて、将来の上院（貴族院）の基礎を固める一

大日本帝国の時代

大日本帝国憲法 帝国議会	日清・日露戦争	大正デモクラシー	アジア・太平洋戦争
第5章	第6章	第7章	第8章

方、内閣制度をつくり、各省の長官である国務大臣は、総理大臣のもとで国政全体に携わることとします。このほか地域の有力者を担い手とする地方制度をつくり出そうと、市制・町村制や府県制・郡制を公布しました。そのうえで伊藤博文が中心となり、井上毅《こわし》、伊東巳代治、金子堅太郎らとともに憲法の起草に当たったことが記されます。そして、皇帝の権限が強いプロイセンの憲法を手本とし、外国人顧問の教えを受けながら秘密裏に作成し、天皇の最高諮問機関として設けられていた枢密院で審議が重ねられたことも述べられます。

帝国憲法については、全七六条から重要な条項が取り上げられ解説されます。教科書では慎重に「天皇制」ということばが避けられていますが、帝国憲法を説明して、第1条の天皇の主権と第4条の統治権の「総攬《そうらん》」に着目し、「天皇大権」を強調します。官吏の任免、陸海軍の統帥、宣戦・講和・条約の締結など、行政、外交、軍事に関わる大権を、天皇が所有することを強調します。とくに、統帥権が天皇に直属していたことは強調されます。天皇が定めた欽定憲法であったことの指摘といい、教科書ではこれまた明示されませんが、日本国憲法との比較がなされています。

他方、貴族院と衆議院からなる帝国議会は、前者は華族や勅任議員、多額納税者議員からなり、後者は選挙で選出された議員により構成されますが、選挙権は成年男子に限ったうえ、財産によって制限され、有権者は当初国民のわずか一・一%。両院は対等の権限を持ちますが、衆議院の立法権行使は実質的に制限されていたと指摘します。また、帝国憲法で日本国民は臣民と記され、法律の範囲内での信教の自由、言論・出版・集会の自由などが認められます。もっとも天皇・皇族に対する大逆罪や不敬罪も定められています。山川出版社の教科書のように、制限つきであれ、自由が認められたことに力点を置く教科書のほか、帝国憲法のもとでは臣民としての権利にとどまると述べる教科書もあり、評価は分かれています。

刑法、民法、商法なども公布され、法体系が整いますが、民法をめぐっては、フランスの影響を受けたもので、家族道徳を破壊する恐れがあるとの議論が起こります。結局、大幅に修正した新民法を公布しますが、ここでは一家の長として戸主を設け、戸主に大きな権限を与えました。「家父長制的な家の制度を存続させるものとなった」と、山川出版社版では記しており、この評価は教科書に共通しています。

さて、政府は、帝国議会—政党の意向に左右されない超然主義をもって政治に臨むとします。第一回の総選挙で民党(=野党)が衆議院の過半数を占めたため、予算をめぐる対立がみられます。第一議会から日清戦争直前の第六議会までの初期議会では、「民力休養・経費節減」をいう民党と、軍備拡張を推進しようとする政府が対決します。また、立憲改進党・

国民協会は対外硬六派を結成し、条約改正問題で政府に迫りました。

教科書ではこの時期のナショナリズムも記されます。徳富蘇峰や『国民之友』に代表される欧化の主張と、志賀重昂《しげたか》らの『日本人』が唱える国粋（国権）が紹介されます。前者は平民的立場であり社会改良の主張となり、後者は近代的民族主義の主張となったとされます。欧化と国粋の複雑な関係があるのですが、両者は対立しており、それは条約改正問題で一層厳しくなったというのが山川出版社の教科書の記述です。

天皇制の解明

教科書の基となった第一期の研究は、制定過程の研究である稲田正次《まさつぐ》『明治憲法成立史』上下（一九六〇〜六二年）が大きな成果でした。この作品は制度的な帝国憲法成立史です。同時に憲法論の推移と憲法の編纂過程の詳細を追う研究であり、世論の動向を伝える新聞の論調にも目を配ります。また、他の法制度については、『講座　日本近代法発達史』全一一冊（一九五八〜六七年）があります。刑法、民法はむろんのこと、教育法や借地・借家法から植民地法、法思想にいたるまで、法体制の準備期—確立期—再編期—崩壊期と時期区分をして詳述しています。

これは天皇制論と連動しますので、天皇制の議論に立ち入ってみましょう。

第一期は、天皇制をめぐり近代政治学からの考察が数多く出されました。丸山眞男『日本の思想』（一九六一年）、藤田省三『天皇制国家の支配原理』（一九六六年）、石田雄《たけし》『明治政治思想史研究』『近代日本政治構造の研究』（一九五四、五六年）などは、「家族国家観」という視点と対象の設定から天皇制を分析します。国家を一家（家族）になぞらえ、国家と家、さらに地域共同体（社会）を重ね合わせるイデオロギーです。丸山らはこの家族国家観を近代日本の国家イデオロギーの根幹とします。

法政大学教授を務めた藤田省三（一九二七〜二〇〇三）の『天皇制国家の支配原理』は、日本の近代国家の構成原理の分析です。藤田は、日本では国家による支配の際に、体制の底辺にある村落共同体秩序が不可欠であるとします。国家は政治権力の制度ですが、日本の近代国家は共同体に基礎を持つ「日常的生活共同態」と同一化しようとし、異質な二つの原理、つまり制度と「日常的生活共同態」を持つとします。

また、藤田は「道徳領域」に国家が構築されるとして、教育勅語の存在を強調します。さらには国家と村落共同体を媒介する「体制的中間層」に着目します。権力が道徳と情緒の世界に基礎づけられ、日常生活のなかに入り込む「特殊日本的関係」が抽出され、このことは資本主義が前近代的関係である寄生地主制のもとにあることと対応しているとしました。

藤田の論理は難解ですが、近代日本とは「国家と社会が完全に癒着」する天皇制社会を生み、天皇制がこうした道徳と経済の一致をつくり出していったということを眼目とします。国家と社会の癒着、道徳と経済の一致が、日本の近代国家の特殊性であり、日本では天皇制国家のミニチュアとして社会が編成され、「大小無数の天皇」により、生活そのものが天皇制化されたとしました。

藤田ら近代政治学―丸山学派は、天皇制を研究する際の基礎的な視座を提供しました。そして天皇制の権力状況を分析するときに、歴史過程の分析より構造的把握に比重をかけるという特徴を持ちます。近代日本の国家的な特質を天皇制と結びつけ、天皇制という制度と制度を支える精神を追究するのです。

他方で、丸山眞男は「天皇制における臣民の無限責任」と「無責任の体系」を指摘しました。ある事柄に対し、「茫《ばく》として果てしない責任の負い方」が求められ無限の責任が追究されながら、他方では、「決断主体（責任の所属）を明確化することを避け」だれも責任を取ろうとしない無責任が同居することを、近代日本の思想として丸山は批判的に論じました。「無限責任」の厳しい倫理は、個人の自覚―共同体から個人が自立しないために生まれた事態だとするのです（『日本の思想』）。

注意したいのは、丸山も藤田も、戦時の天皇制を念頭に置きながら、それを広げて議論を組み立てていることです。彼らは、戦争を指導するにいたった戦時の天皇制への批判的考察を、問題意識の出発点にしていました。

第一期の天皇制研究は、戦時の天皇制を基底に置き、日本特殊の存在としての天皇制と、日本近代の西洋「近代」からの逸脱を指摘します。丸山学派に連なる政治学者の神島二郎

（一九一八～九八）が、哲学者の久野収《くのおさむ》（一九一〇～九九）と編集した『「天皇制」論集』全二巻（一九七四年）は、天皇制論の見取り図を示す格好の論集です。タブーであった天皇制からの解放を主張する議論をはじめ、さまざまな天皇制の解釈、心理学や歴史学・社会学などの学知からの天皇制論、天皇制の宗教的側面や法的解釈、日本論からの天皇制論まで多岐にわたる論稿を収録しています。それぞれ天皇（制）を論じつつ、その考察を通じ国家権力の規定を試み、社会変革の主体や課題を探るのです。

そもそも天皇制という用語と概念は、戦前のシステムを批判し変革するために、戦後初期、本書で言う第一期にはジャーナリズムなどでも使用されました。また、歴史分析の概念としても定着していきます。『「天皇制」論集』では、そうした様相もうかがえます。

第二期――日本国憲法との対比

第二期の歴史像は、第一期を引き継ぎ国家論と権力論を根幹に置きながら考察されます。帝国憲法と帝国議会により、天皇制絶対主義が成立する、あるいは一定の修正を受けるとの主張が基調です。

第二期の大きな流れは、帝国憲法を日本国憲法を念頭に置きながら歴史的に考察する議論と、帝国憲法と帝国議会開設より新たに展開される政治過程に着目する議論の二つでした。

前者の代表は、家永三郎『日本近代憲法思想史研究』（一九六七年）や『歴史のなかの憲法』上下（一九七七年）に見られるものです。東京教育大学教授だった家永三郎（一九一三～二〇〇二）は帝国憲法を歴史化するため、先行して出された数々の憲法草案に着目します。ここに、国会、主権、憲法制定権や改定権の所在、君主の地位や称号、司法権の独立、地方自治などが、どのように考えられているかを探ります。

憲法草案―私擬憲法では、議論が国会について集中し、その分、人権への関心が稀薄であることを指摘します。しかし他方で、人権保障が蹂躙されたときに抵抗権・革命権を明文化した憲法草案も見られることを強調します。

家永は徹底した民主主義者であり、人権保障と政治形態としての共和制を重視する観点から歴史的な考察を行いました。家永は、憲法草案に戦争放棄を定めたものはないが、「小国主義」を理念とする草案は一つの流れをつくったと言います。植木枝盛の憲法草案に「戦争放棄の平和主義の理念」を読みとるところなど、日本国憲法を念頭に置いた考察です。家永三郎・松永昌三・江村栄一編『明治前期の憲法構想』（一九六九年、増訂版八五年）では、帝国憲法と私擬憲法を対比し、法草案の現存する原文を、解説を付して収録しています。

家永は「人民側からの憲法構想」は、帝国憲法以前に「日本人民」がどのような内容の憲法を求めていたかを示すものであり、きわめて重要な意味を持つとしました。実際に執筆したのは知識人であっても、「当時の人民の要望」が反映されていると言うのです。

この時期、「五日市憲法草案」と命名された私擬憲法も発掘されます（色川大吉・江井秀雄・新井勝紘『民衆憲法の創造』一九七〇年)。第4章で記したように、色川は多摩地域を中心に資料発掘を行いますが、東京・深沢(現五日市町)の土蔵で一つの憲法草案を発見し、この名をつけました。「ジャパネスク国法学大博士タクロン=チーバー氏」を名乗る千葉卓三郎が一八八一年に起草し、二〇〇以上の条文を持つこの草案は、「国民の権利を幾重にも保障」し「個人の自由権」に細心の配慮をしていると、色川は特徴づけ賛辞を贈ります。色川は千葉の足跡をたどり、五日市憲法草案が、数十名の豪農との討議に基づいて自由民権運動と連動してつくられたことを明らかにしました。色川もまた、憲法草案と日本国憲法の定める基本的人権の原理と不可侵性との類似性について言及しています。

家永も色川も、戦後の精神による日本国憲法を規準とし、帝国憲法の批判的な考察を行いますが、底流には「日本人民」(家永)や「民衆」(色川)が希求した自由や人権の感覚に信頼を置こうとしているのです。戦後が爛熟を見せはじめる第二期に「人民」「民衆」に期待を寄せ、彼らにいわば初心を想起させようという姿勢が、私擬憲法への着目と帝国憲法の批判的な考察につながったのです。

坂野潤治による政治過程の解明

第二期のもう一つの流れである新たに展開される政治過程については、坂野潤治『明治憲法体制の確立』(一九七一年)が、帝国憲法下での藩閥政府―政党―議会を考察し、研究の軌道をつくりました。

これまで自由民権運動とセットで把握され、もっぱら帝国憲法の成立過程に集中していた議論を、のちに東京大学教授となる坂野潤治（一九三七～）は、帝国憲法と初期議会の制度的・政治過程の考察により政治史として描き出したのです。

坂野の議論は、議会は決して無力ではなく、自由党や改進党などの民党が多数を占めていたにもかかわらず、なぜ政府の進める積極政策（軍備拡充・産業育成路線）が拡大していったかを政治過程から検証したものです。富国強兵と民力休養、初期議会の超然内閣と政党内閣の対抗を軸に、政治史の書き替えを図ったのです。

坂野は、議会の予算審議権に焦点を当て、帝国憲法の第六七条と第七一条に着目します。第六七条は歳出が政府の同意なく議会は削減できないと規定し、第七一条は前年度予算施行権を定めたものです。立憲制度が機能し、議会を軸に審議が行われることを言うとともに、最終的には政府の同意を必要としていることを指摘します。そして、そのうえで民党の基盤の変化を探りました。

折しもこの時期は、米価が騰貴し、酒税など大衆課税が行われ、地租は実質的に負担減となっていたときです。地租軽減＝民力休養は棚上げされ、自由党は積極政策に転換し、政府の政策を支持するようになります。他方、改進党とこれまで与党的位置にいた国民協会は、外交問題を対決点として「対外硬」を主張し、政府を批判するようになります。

『明治憲法体制の確立』では、こうして一八九二年一一月に召集された第四議会とその前後の状況が一つの画期となり、政党各派の方向転換＝藩閥と政党の妥協・提携、対抗がなされていく様相が描かれます。初期議会では、民党は多数を背景に藩閥政府による積極政策を修正し、消極政策（政費節減・民力休養論）を主張する足場を得ていたのですが、実際には積極政策が拡大されます。坂野は、藩閥政府と民党との対立と妥協、民党の支持基盤の要求の変化をその理由として指摘しました。一九六〇年の安保闘争を経て、議会での政府と野党との対決の意味が問われたなかでの研究であったと言えるでしょう。

新しい政治史

坂野の議論に関連するいくつかの作品を紹介しましょう。まずは帝国憲法は決して一元的に構成されたものではなく、内部に矛盾を孕《はら》むという論考です。『明治国家形成期の外政と内政』に収録された、永井秀夫「明治憲法の制定」（一九六二年）はその代表作です。

北海道大学教授を務めた永井（一九二五～二〇〇五）は、これまでの研究は帝国憲法の制定を「天皇制の確立または再編成」として論じてきたとします。しかしこれでは、憲法制定者の意図、制定期の政治的な力関係、憲法成文の性格の三者が矛盾なく一致していることが前提となっていると批判します。帝国憲法制定が「民主主義的勢力・理念」に対する「絶対主義的勢力・理念」の勝利として説明され、立憲的要素があらゆる意味で「外見的なもの」

と過小評価されると言います。永井は、あらためて帝国憲法の制定過程を、世論の動向に目を配りながら検討します。そして、「立憲的側面と専制的側面」、「天皇親政のたてまえと現実の不親政」、「一元的機構の要請と現実の多元性」との間の「矛盾」に目を向けました。

また、有泉貞夫『星亨』（一九八三年）は、一人の政治家を軸に一八九〇年代の政治を深部から描きました。星は自由民権運動に参加し入獄も体験しますが、のちに立憲政友会の結成に参加した政治家です。この時期には、地方的利害が政治問題となり、地域の人びとの国政への期待が鉄道誘致、河川・道路改修への国費の投入に向かうことを、有泉は指摘します。そのうえで有泉は、星がそのことを「追体験」したと捉えます。星が基底での変化に「最も敏感に反応した端倪《たんげい》すべからざる人物」とするのです。坂野の議論と並んで、この時期の政治構造の変化を、政治過程を通じて描き出した著作となっています。

地主制研究の深化

第二期には、天皇制についての議論も多数出ました。序章で触れた『大系　日本国家史』全五巻（一九七五〜七六年）が刊行され、近代には二巻（近代Ⅰ Ⅱ）が当てられました。ここではもっぱら「天皇制国家論」が議論されます。この時期に「天皇制国家」が絶対主義国家として形成されたことを前提に、その権力が、いつ、どのように変化したかが議論されます。

ここには二つの特徴がありました。一つは経済史的な分析を前提としていること、もう一つは、天皇制が社会に入り込んでいるという観点から、近代日本社会は特殊であるとする点です。第一期から第二期にかけての歴史学界の大方は、日本資本主義の持つ後進性を強調し、その不足を天皇制の国家権力が軍事的な力で補うという見解を有していました。

中村政則・鈴木正幸「近代天皇制国家の確立」(近代I)では、「天皇制絶対主義の成立」(開港―西南戦争)、「絶対主義的天皇制への移行→成立」(自由民権期―帝国憲法発布・帝国議会開設)、「絶対主義的天皇制の確立」(日清戦後―韓国併合)、「絶対主義的天皇制の動揺・再編」(第一次世界大戦―昭和恐慌)、「天皇制ファシズムへの移行・確立・崩壊」(満州事変―敗戦)という時期区分と段階設定がされています。

ここでは、「国家類型」と「国家形態」、「天皇制絶対主義」と「絶対主義的天皇制」を区別し議論するなど、袋小路に入り込んでいる面も感じます。しかし、天皇制を軸とし、日本を世界史＝西洋の歴史的展開との関係でいかに把握し、その特徴を把握するか、また日本の歴史段階的な区分と権力規定をいかに行うかという第一期・第二期の問題意識がよく示されています。

さらに、経済史を踏まえた国家論にとって、一八九〇年代は一つの画期ともなります。天皇制の物質的な基盤を解明しようとした地主制の研究はこの観点に立っています。地主制は近代日本の特質を解明する鍵として考えられ、戦後の歴史学で分厚い研究がありました。教科書でも、松方デフレ政策により、自作農が土地を手放し小作農に転落することから書き起こします。一八九〇年代に小作地率が上昇し、大地主が耕作から離れ寄生地主となったと記されます。

幕末・維新期の地主制については、一九五〇年代に寄生地主制論争というものが展開されていました。日本近代の形成を封建社会の解体の歴史的特質から探り、天皇制国家を解明しようというのが、ここに参加した研究者の問題意識でした。

地主制研究も第二期に転機を迎え、日本資本主義との関連で地主制の確立についての考察が行われます。安良城盛昭は全国的規模の統計を使い、地主制が「明治二〇年代」に確立したとし、この説が通説となっていました。しかし中村政則が「明治三〇年代」説を唱え（『近代日本地主制史研究』一九七九年）、論争となります。その違いは、視点の違いです。安良城は帝国議会の開設を、天皇制権力が地主を「階級的基礎」としたとします。地主制の確立を基礎に「明治天皇制絶対主義権力」の成立を論じました。これに対し、中村は日本資本主義との構造的な連環で把握し、高額小作料と低賃金との相互関係に着目したのです。

中村は、明治国家対農民という状況が、いつ地主対小作に変わったか——農村の「階級配置の転換」に目を向けます。地租軽減を求める運動が次第に弱体化し消滅するなかで、新たに地価修正を要求する運動（一八九九年に実現）が起こります。中村は、ここに地主の運動を見出していきます。この運動は、日清戦争後に起こっており、地主制は「帝国主義の所産」であるとも述べることになります。

他方で地主制との関係から、地方自治制度の研究が進みました。ここでは名望家＝寄生地主による地方自治制度が創出されたとします。第4章で触れた大石嘉一郎『日本地方財行政史序説』は、自由民権運動の指導者層であった豪農による地方自治制を、政府との「形式的妥協」とします。大石は豪農が近代的地方自治の要求を放棄し、その背後に豪農が「『近代的』村落支配者たる寄生地主＝商人資本への転成」があったとするのです。

大島美津子『明治の村』『明治国家と地域社会』（一九七七、九四年）は、地域社会が中央集権国家の体制を安定させる役割を担わされたという視角から地域制度を考察します。町村制の制定にともなう町村合併の強行にも着目し、国家安定のために有力町村が必要であるとする論理を抽出します。そして、合併は村を決定的に変貌させたとします。こうした自治は、地域の有力者が支配権を握る自治でもありました。そのため内務省や府県庁の「後見的監督権」にさらされる「官治的自治」であったと指摘します。

教育・宗教の分析

第二期においては、天皇制が国家機構や経済構造（寄生地主制）、政治構造（地方制度）と関連づけられながら説明され、論理、実証ともに緻密になっていきました。明治維新研究が主流を占めるなか、次第に一八九〇年代に研究が及んできたと言えます。第二期には、天皇制の拠点とも言うべき領域が探られ、軍隊・教育、家制度、宗教などが分析の対象とされていきました。丸山学派による天皇制の考察もイデオロギー分析でしたが、山本信良・今野敏彦『近代教育の天皇制イデオロギー』（一九七三年）、『大正・昭和教育の天皇制イデオロギー』ⅠⅡ（一九七六、七七年）は、その浸透と定着を探ります。

前者は「明治期学校行事の考察」という副題を持ち、学校行事を通して天皇制イデオロギーが国民に入り込むことを論じます。祝日、大祭日の儀式の成立と定着、遠足や修学旅行、試験、そして展覧会や学芸会・運動会までを対象としました。多くの史料を用い、豊富な事例を紹介するなか、森有礼の発意により一八九一年を境として、それまで休日であった祝日・大祭日に、全国的に学校で祝賀式が挙行されることを述べています。

この前後に御真影が官立学校に下賜され、教育勅語が発布され、君が代が他の唱歌と合わせ「式日唱歌」に選定され、小学校の儀式規定が成立したとしました。もっともこの時期は浸透しつつある時期で、祝祭日儀式の定着は日清戦争後のこととしています。

教育勅語についても、従来は制定過程が探られていましたが（海後宗臣『教育勅語成立史の研究』一九六五年）、あらためてその役割に関心が寄せられます（山住正己『教育勅語』一九八〇年、副田義也『教育勅語の社会史』一九九七年）。

他方で、臣民教育としてではなく、近代的教育システムにつながる教育や学歴社会も注目されます。E・キンモンス『立身出世の社会史』（広田照幸他訳、一九九五年。原著 ***The Self-made Man in Meiji Japanese Thought***, 1981）は、青年たちのエートスに着目し、立身出世をめざしリーダーたらんとする状況を、受験雑誌をはじめとする多くの史料を繰り出し考察します。

また、国家神道の研究が、村上重良《しげよし》（一九二八〜九一）によって精力的に行われました（『国家神道』一九七〇年、『国家神道と民衆宗教』一九八二年）。村上は「形成期」「教義的完成期」「制度的完成期」「ファシズム的国政期」と時期区分をし、この一八九〇年代を「教義的完成期」とし、教育勅語が国家神道のバックボーンとなり、国体の思想が確立すると言います。天皇制と宗教が結びつくことを論じました。

第二期は、国家が人びとに重たくのしかかる感覚を、歴史家が持っていた時期です。歴史家は、日本という国家の抱える課題を国民が共有し、よりよき国家をつくり、国家運営を行っていこうとの考えを持ち、現時の政治の有り様を批判する姿勢をみせました。こうしたことが、帝国憲法や天皇制をめぐる第二期の研究状況をかたちづくっていきました。

軍隊・家族・女性史の新たな展開

他方で第二期には、民衆―民衆史的な観点からの考察も行われました。天皇制の拠点であった軍隊や家族について、新たな軍隊像や女性史像を提供しようとした大濱徹也と村上信彦の議論をみてみましょう。

大濱徹也『天皇の軍隊』（一九七八年）は、民衆史研究から軍隊を描こうとした著作です。

「天皇制軍隊」という概念を批判し、「兵士の心情と生活実感の場」から軍隊を把握しようとしました。主として明治期を対象に兵営生活、兵士の素顔、軍人勅諭と軍紀の「遵守」の状況などが記されます。大濱は、兵士は「よき軍人精神を体現した天皇の忠良なる軍隊の一員」として、父母と同様に上官への絶対的服従が命じられていたとします。制度面や、軍人勅諭などに着目した日本軍隊論に対し、兵士の目線を重視した研究です。

家族については、明治民法の家制度を対象として論じ、戸主権の強さが強調されます。深谷昌志『良妻賢母主義の教育』（一九六六年）は、こうした基礎をつくりました。また、村上信彦『明治女性史』三巻四冊（一九六九～七二年）は、全編にわたって女性の基本的な矛盾を「家父長の存在―家」に置いた考察を行いました。女性は被支配者であり、かつ女性として支配されているとし、この二重構造の把握を「女性問題の核心」としました。

女性史家だった村上信彦（一九〇九～八三）の問題意識と方法は、「女性史研究の課題と展望」（『思想』一九七〇年三月）によく表れています。井上清に代表される女性史研究を「女性解放の政治的図式」と言い、「抑圧から解放にすすんだという概念」を描くものとして批判します。この見解では、「解放運動とは無縁」であった明治女性の大半である農民の妻、家庭の主婦のエネルギーを見失うとします。井上が階級闘争＝解放の図式から女性問題を解消できるとしたのに対し、「特殊な女の問題」「女性問題の特殊性」が出てこないとも述べています。

村上の議論は反響を呼び論争を招きますが、批判者は村上の議論を「解放史」への批判と切り詰めて議論し、論争は平行線をたどりました。村上は「事実」の収集とともに、女性の歴史は「無限の可能性の歴史」として把握する必要があるとも述べ、第二期の研究を特徴づける発言をしました。ジェンダーという概念や方法が自覚化される以前の発言です。

しかし村上も、第二期の大方の歴史家たちと同様に、女性差別を封建的遺制として扱います。村上は「家のなかの夫の圧制」「世間の不当な女にたいする偏見」「それにもとづくあらゆる不平等」を緊急の課題として指摘しますが、近代日本の特殊性が家制度として女性への抑圧を生み出しているという理解です。これは、村上と村上の批判者たちが共有する認識でした。村上は「家父長権」と記しますがこの概念も同様です。近代的家父長制へと認識が転換するのは、第三期に入ってからでした。

第三期――国民国家論の登場

第三期は、一八九〇年代が国民国家の形成期であるとの観点から議論を提起していきます。第一期、第二期に、帝国憲法―天皇制国家の形成、つまり近代日本の体制の成立時期とされてきた一八九〇年代は、第三期に大きくその歴史像を変えます。

第一期、第二期は、帝国憲法と帝国議会によって天皇制国家の形成が政治史的に描かれ、さらに教育、家制度、国家神道など天皇制社会の様相が描かれました。自由民権運動後に体制が編成され、人びとも臣民となっていくとされました。ここには、近代日本が西洋の典型的な「近代」と比較したときに後進的であり、歪んだ近代・封建遺制を持つ国家だったという認識があります。「明治国家」と呼ぶことがありますが、その意味するところは近代日本は半封建的性格を有し、国家が社会と分離せず、資本主義は寄生地主制ともたれあい、天皇制という特殊日本的な権力を持つというものです。そのため西洋を念頭においた日本資本主義、日本近代を分析することを、その課題としていました。

　しかし第三期の研究の関心と方向性は大きく異なります。近代の普遍性に比重を置きながらも、先進性・後進性を価値軸とせず、歴史的過程として近代日本を把握しようとするのです。明治国家ではなく、国民国家・日本とし、人びとを臣民ではなく、「国民」とします。そのうえで国家批判、国民批判を行おうとするのです。第三期の特徴は、近代あるいは近代性が広まった日本であり、そのことを踏まえたうえで、国民国家・日本を批判的に考察しようということにあります。さらに、時間と空間、身体と言語など、これまでの歴史学では関心を払ってこなかった対象を取り上げます。時間の観念や空間の概念が、国民国家の形成と同じ時期にできあがり、近代日本の国土と固有の時間＝歴史の観念がつくり出され、日本語やそれを話す日本人が生み出されたとします。

　注意したいのは、歴史を分析する際の方法であるという意識から、対象としての時間と空間などが選択されたことです。目新しい対象だからではなく、新たな歴史の層に入り込み、新たな視点と評価を提示する方法として認識されています。新たな時間・空間意識、新たな身体観・言語観を抽出し、それによって国民国家が時間・空間、あるいは身体・言語に拠点を持つことが明らかになり、国民国家を歴史的に分析できるとするのです。

国語・衛生・身体の解明

第三期は、国民国家が持つ均一の空間と均質の時間、同一の人種・民族と国民の創出が批判的に分析されます。日本の事例が挙げられ、象徴の操作を通じて「国民化」が進行することがさまざまに指摘されました。この「国民化」は、人びとに規範をもたらし、多様性や存在を切り捨てさせ、画一化を進行させたとします。また、「国民化」は文明／野蛮の対比のもとで進行し、一八九〇年代以降には、多様な民族・言語を持つ「帝国」へと転換することも指摘されます。

ベネディクト・アンダーソン『想像の共同体』やエドワード・サイード『オリエンタリズム』などの著作が援用されますが、一九八〇年代後半から進行する国民国家の相対化の感覚がこうした研究潮流を推進しました。

いくつかの著作を挙げてみましょう。イ・ヨンスク『「国語」という思想』(一九九六年)は、国語学者上田万年《かずとし》、保科孝一を取り上げ、「国語」理念の歴史を探り、「国語」概念の成立が「日本語」の確定と併行していたことを指摘しました。そのほかにも言語と国民国家・

日本との関係を考察する研究が続きました（子安宣邦『近代知のアルケオロジー』一九九六年、長志珠絵『近代日本と国語ナショナリズム』一九九八年）。言語が持つ歴史性に着目し、日本語を国語とする操作が、日本人＝日本語を使用する国民という等式をつくり出すと論じられました。

身体面については、文明＝衛生の作法という観点からのものが目を引きます。安保則夫『ミナト神戸　コレラ・ペスト・スラム』（一九八九年）は、急性伝染病－コレラ、ペストへの対策としての公衆衛生により、社会的差別がつくり出されるとしました。近代は、身体規範を実践できない下層社会の人びとに対する差別を生み出したという指摘です。近代の制度が人間関係に入り込み差別をもたらすのですが、国民国家の境界の創出とも関連します。「不潔な外国人」と「衛生的な日本人」という対比も、行われるようになります。

さらに、軍隊で教え込む身体作法、時間で区切り教授する学校、工場での身体教育など、新たな文明に対応する身体にも関心が寄せられました。いま自明のものとしていることばと身体作法が、国民国家形成と並行して進んだという知見を日本を対象に論じたのです。

「家」は日本の特殊性ではない

家族についても転換が見られました。小山静子『良妻賢母という規範』（一九九一年）は良妻賢母の考えが日本だけのものではなく、イギリス・ビクトリア朝をはじめ、広く近代女性への規範だったとします。近代日本の家父長制が、特殊日本のものではないとするのです。

こうした主張は、上野千鶴子『家父長制と資本制』『近代家族の成立と終焉』(一九九〇、九四年)も行っています。上野は、「家内領域と公共領域の分離」や、「家族成員相互の強い情緒的関係」などの指標を挙げながら「近代家族」を定義し、これまで家制度として論じてきた対象を、新たに「近代家族」として論じ直します。日本の特殊な女性差別形態である家ではなく、近代の普遍的な女性差別として家—「近代家族」を論じました。近代家父長制の摘出と批判が、家制度に対して向けられたのです。

また、地域をめぐる議論の動きもあります。河西英通『東北』『続・東北』(二〇〇一、〇七年)は、それぞれ「つくられた異境」「異境と原境のあいだ」という副題を持ちます。とくに前者は、国民国家形成期の「〈東北〉論」をたどり、東北の「自己認識と他者認識の相克」を探ります。東北という名称が、近世から近代への移行期に登場してきたことを明らかにし、東北の多様性や相違性、対立性や分裂性に着目し、東北各地の歴史に見え隠れする「国内外の他地域とのネットワーク」に目を向けるように言います。

河西は旅人たちの東北論から、数々の東北振興策、あるいは東北への差別などを、いくつもの事例を紹介しながら論じていきます。こうした試みを通じて河西は、東北の一体性はむろん、各県の一体性も自明とはせず、他者としてのアイヌ史を自覚するよう促します。東北論を、国民国家・日本の自明性を解体させるものとして論じたのです。

一九九八年に刊行がはじまった、「ニューヒストリー近代日本」（全二〇巻予定）は、こうした第三期の歴史学の試みとして企画されました。ジェンダーやエスニシティ分析の視点を持ち、宗教や軍隊、家族や植民地、文学や歴史の学知などを対象とし、近現代日本史の書き替えを試みたシリーズでした。私も、国民国家と（都市）空間の関係を「故郷」という概念の誕生を手がかりに『「故郷」という物語』を書きました。

天皇制から天皇像、そして個性探究へ

天皇制の研究も同様の傾向を指摘できます。きっかけは、一九八九年の昭和天皇の死前後の出来事でした。天皇の病いの報道と自粛、さらに天皇の交代に関わる一連の出来事は、天皇制という制度を支える儀式や天皇像といった領域への関心を呼び起こしました。

大づかみな言い方をすれば、天皇制から天皇像へと関心が向かいます。そこでは飛鳥井雅道『明治大帝』（一九八九年）、多木浩二『天皇の肖像』（一九八八年）、T・フジタニ『天皇のページェント』（一九九四年）などが著されました。いずれも明治天皇を対象に、制度ではなく、天皇像がいかにつくり出されていったかを論じています。明治天皇の公的な生活と私的な生活を対比したり、天皇の巡幸や御真影などを手がかりにしていますが、方法意識と問題意識が明確で、さらに史料的な工夫に富んでいます。天皇をめぐる新たな研究として魅力あるものとなっています。

飛鳥井は、明治天皇が二重生活を行い、表向きの公生活では西洋の風習を取り入れながら、私生活ではそれを排除していたことをはじめ、幼い公家育ちの少年が、威風堂々たる大帝へとなる過程を政治を踏まえながら論じました。

多木は、明治天皇の三枚の写真に着目します。近代に入り肖像写真である御真影が誕生しますが、少年の面立ちを残し公家の装束を着た写真ではなく、「理想の君主像」となった髭を生やし軍服を着用した写真が採用され、それをイタリア人画家・キヨソーネが描き直したものが御真影となったことを明らかにしました。

フジタニは、天皇の巡幸の持つ歴史的意味を論じます。その際に帝都の儀礼の空間がつくり出されることにも言及し、政治権力の空間と文化による政治、伝統と記憶の創造について論じていきました。ロシアにおけるサンクトペテルブルクとモスクワの関係を、東京と京都になぞらえ、東京―京都―伊勢（神宮）という首都―儀礼―起源の空間関係も指摘しています。

いずれの著作にも、天皇制と天皇を特殊日本に固有なものとせずに、歴史や民俗、民族のなかで考えようという考え方がみられます。

もっとも、天皇をめぐる関心は、いまや明治天皇、大正天皇、昭和天皇の評伝を素材にした天皇の個性探求にあるようです。原武史『大正天皇』『可視化された帝国』（二〇〇〇、〇一年）、ハーバート・ビックス『昭和天皇』上下（吉田裕他訳、二〇〇二年。原著 *Hirohito and the Making of Modern Japan*, 2000）は、刊行時に大きな話題になりました。なかでも、原の『大正天皇』は、病弱で指導力を発揮することができなかった大正天皇像を書き替えたため、論争を引き起こしています。

また、天皇個人に関心が及ぶなか、その論点を組み込みながら、近代日本史像を書き直そうとした動きもありました。講談社版の『日本の歴史』（全二六巻、二〇〇〇〜〇三年）や中央公論新社版『日本の近代』（全一六巻、一九九八〜二〇〇一年）のなかに、こうした見解をうかがうことができます。政治史のなかの天皇をあらためて書き直すべく、ここでは個性を持った天皇の政治的な主体性の復権というニュアンスが強く出されています。天皇制への批判ではなく、いかに天皇が政治に関与したかが描き出されるのです。

こうした傾向は、安田浩『天皇の政治史』（一九九八年）にも見られます。安田は、天皇制国家という枠組みを前提としたうえで、政治的事件に即しながら「国家としての意思決定の過程」に天皇が果たした具体的役割を叙述します。さらに皇后についても、若桑みどり『皇后の肖像』（二〇〇一年）、片野真佐子『皇后の近代』（二〇〇三年）など、皇后が時代のシンボルとして製糸工場を訪れ、慈善事業を主宰し、一夫一婦制や良妻賢母を体現してみせたと指摘します。この潮流は、二〇一一年には、古川隆久『昭和天皇』、加藤陽子『昭和天皇と戦争の世紀』、伊藤之雄『昭和天皇伝』、高橋紘『人間 昭和天皇』上下、と評伝の形式をとった昭和天皇論を生み出していくことになります。生誕一一〇年ということが背景にあったでしょう。

第三期の特徴をよく示すのは、民衆思想との関連で天皇制を解明しようとした安丸良夫『近代天皇像の形成』（一九九二年）です。安丸は、第一期・第二期の前提だった絶対主義権力としての天皇制という規定を外したところから議論します。近世と近代の天皇論を区別しながら、民俗や宗教意識の次元から説き起こし、天皇の持つ権威に着目し、政治的カリスマとして、あるいは文明のシンボルとしての天皇を描き出します。

また、国民国家・日本の形成を目配りよく論じた著作として、成沢光『現代日本の社会秩序』（一九九七年）があります。成沢は暦、祝祭日、時間割などの国民的時間の創出や、明るさや人工的な近代的空間に着目します。徴兵検査や公衆衛生により、身体もまた健康的で規律的なものとされ、そのことは集団の人間関係にも及んでいくことを論じます。

第三期の歴史学は、第一期や第二期の見解とは、しばしば切断されています。歴史学研究として認知されることはなかなか難しく、第一期や第二期の歴史学を大切にする歴史家のなかには、ここで紹介したような研究の無視や排除の姿勢もみられます。

第6章　日清・日露戦争の時代——一八九四～一九一〇年

1894

3　朝鮮、甲午農民戦争（東学の乱）
7　日英通商航海条約（領事裁判権撤廃など一部法権回復）
8　日清戦争開始（～95.4）
9　黄海海戦

1895

2　日本軍、遼東半島占領
4　下関条約
4　三国干渉

1897

10　朝鮮、国号を大韓帝国に

1900

3　治安警察法公布
6　義和団事件、日本出兵（北清事変）
9　立憲政友会結成

1901

5　社会民主党結成（翌々日禁止）
9　八幡製鉄所、操業開始
12　伊藤博文、日露協定交渉開始
12　田中正造、足尾鉱毒事件を天皇に直訴

1902

1　日英同盟

1903

8　対露同志会結成
11　平民社結成

1904

2　日露戦争（～05.9）
8　第一次日韓協約

1905

1　旅順のロシア軍、降伏
5　日本海海戦
7　桂・タフト協定
9　日露講和条約
11　第二次日韓協約（日本、外交権奪取）

1906

1　日本社会党結成

1907

7　第三次日韓協約（日本、内政掌握）
7　日露協約

1910

5　大逆事件（11.1、12名処刑）
8　韓国併合

「帝国主義」なき帝国主義による記述

高校の世界史教科書では「帝国主義」という用語が章のタイトルや本文に用いられ、帝国主義とそれに対する民族的な抵抗が記されます。しかし日本史教科書の場合、帝国主義の用語が使われることは少なく、これまで参照してきた山川出版社の教科書にもありません。あらためて帝国主義について簡単に述べれば、軍事・経済的に他の国家や民族を支配し巨大な国家をつくろうとする傾向です。

教科書に用語の記載がないものの、日清戦争後からの日本の歴史はどの教科書でも、事実上、帝国主義論として叙述され、侵略戦争として日清・日露戦争、大日本帝国による植民地領有が記されています。

近代日本の本格的な対外戦争である日清・日露戦争については、①戦争の原因を東アジアの情勢のなかで説明し、②日清戦争と日露戦争の差異に触れ、③日清・日露戦争の結果と東アジアの国際関係の関わりを記します。さらに、④日本の植民地領有の開始、⑤日清・日露戦争にともなう国内政治や社会の変化が記述されます。

教科書では、日清戦争の原因として、朝鮮の支配権をめぐる日本と清国との対立が上げられます。西洋のもたらした国民国家体制をいち早く取り入れた日本と、旧秩序との折り合いをつけようとする清国との間で、朝鮮がどのような方策をとるかが問われます。

日清戦争（一八九四〜九五年）は、その延長上に認識されます。朝鮮の甲午農民戦争（東学の乱）の際に、朝鮮政府の要請を受け清国が派兵し、日本も対抗して兵を送ります。農民軍は朝鮮政府と和解するものの、日清両国が朝鮮の内政改革をめぐり対立を深め交戦状態に入ったとします。教科書での日清戦争の記述は淡々と記されますが、開戦とともに政党が政府批判を中止し、帝国議会では戦争関係の予算や法律案をすべて承認したことが述べられます。

教科書が重視しているのは戦争の結果です。日本全権・伊藤博文と清国全権・李鴻章との間で結ばれた下関講和条約の内容はていねいに記述されます。要点は、清国が朝鮮の独立を認めること、領土と賠償金について、遼東半島、台湾・澎湖諸島を日本に譲り、杭州など四港を開き、二億両《テール》を日本に支払うことです。賠償金は当時の日本貨で三億円余り、国家予算の四倍であったことが注記されます。また、遼東半島の割譲をめぐり、ロシアをはじめフランス、ドイツによる三国干渉があったことも強調されます。そして圧力に抗することができず、遼東半島を返還し、日本国民の間で「臥薪嘗胆」という標語が広まったとします。

日清戦後・日露戦後の記述

日清戦争後、東アジアの秩序が大きく変わりはじめます。教科書の記述をもとに、その動きをたどってみましょう。清国を中心とする華夷秩序の動揺のなか、一八九七年に朝鮮は、清国や日本と対等であると国号を大韓帝国とし改革に乗り出します。清国では、一九〇〇年に義和団が「扶清滅洋」を唱え、北京の外国公使館を包囲しました。清国政府も、このとき列国に対し宣戦を布告します。日本は、ロシア、イギリス、アメリカ、フランスなどとともに軍隊を派遣し、義和団を鎮圧しました。いわゆる北清事変です。

北清事変後、ロシアは満州に兵を置き、その独占的権益を清国に認めさせ、日本との緊張が強まります。ロシアとの協調政策が探られ、伊藤博文らが日露協商論を唱え、ロシアの満州経営と引き換えに、日本の韓国への優越権を認めさせる満韓交換を図ります。しかし結局、イギリスと同盟し（日英同盟）、ロシアと対抗する強硬方針が採択されます。

こうしたなか日露戦争が起こります。教科書では、原因を韓国と満州の支配権をめぐる日露の対立とします。東アジア地域に帝国主義の基本的な構造がつくられ、日露戦争は代理戦争的な性格があったとされます。

旅順要塞の攻防戦、奉天会戦、そして日本海海戦にさらっと触れた後、教科書では日露戦争後のポーツマス講和会議を記します。日本の韓国への指導・監督権、清国の長春以南の鉄道敷設権、旅順・大連の租借権を得ることをロシアに認めさせたことを記します。あわせて、北緯五〇度以南のサハリン譲渡、沿海州とカムチャツカの漁業権は認められたものの、賠償金はなく、国民は期待が外れたとしました。

こののち日本は、アメリカとイギリスに、韓国の保護国化を承認させ、植民地化していく過程を記す一方、韓国は万国平和会議に密使を送ったり、義兵運動を展開したこと、そして結局は韓国の抵抗を押し切り、日本が韓国を植民地にすることが記されます。

日清・日露戦争という二つの戦争を経て日本は大きく変わり、台湾に続き南樺太、そして朝鮮半島を植民地にします。教科書では、東アジアが世紀転換期に帝国主義の闊歩する地域となり、帝国主義のもとで再編成されていったとしています。この世紀転換期は、日本国内の政治も再編成され、社会が大きく変容する時期でもありました。東アジアの帝国主義化にともない、日本も政治・経済・社会、そして文化でも帝国主義的再編が行われるのです。

日清戦争の賠償金をもとに資本主義が確立する一方、全国鉄道網を統一すべく鉄道国有法が出されます。鉄鋼の国産化のために、官営の八幡製鉄所が設立されるほか、民間の鉄鋼会社も次々につくられます。

政治では、一九〇〇年に伊藤博文を総裁とする立憲政友会が結成され、藩閥による統治から政党による政治が模索されます。その後、伊藤の後を受けた西園寺公望が率いる立憲政友会と、藩閥・軍部・官僚・貴族院を基盤とする桂太郎とが政界を二分し、交代で内閣を担当する桂園時代となります。伊藤や山県有朋らは元老として内閣に影響力を行使しますが、新たな統治へと移っていきます。

こうした日清・日露戦争の時期を教科書では、先述したように帝国主義の語を用いず、東アジアにおける帝国主義の流れのなかで把握し叙述するのです。

第一期――帝国主義下の戦争

では、教科書のもとになった第一期の日清・日露戦争研究はどうでしょうか。

第一期は、日清戦争を世界的な帝国主義体制に規定された戦争とするのが一般的でした。たとえば、遠山茂樹「東アジアの歴史像の検討」(『歴史学研究』一九六三年一〇月号)です。日清戦争は資本主義の要求ではなく、政府・民党の議会での対立の国内矛盾の回避とされます。

第一期は、社会経済史的な考察が色濃く、経済面を重視し、近現代日本史を資本主義の発展を軸に理解しようとします。帝国主義といった場合には、独占資本主義を念頭に置きます。独占資本主義とは、金融資本が国の経済を支配している資本主義の発展段階です。このことは、第一期の日清・日露戦争研究が、戦争の性格規定――日本帝国の侵略戦争はいかなる権力によるものかという問題意識に基づいていることと連動しています。

日清戦争時は資本主義が成立しはじめた時期であり、日清戦争後に確立します。まだまだ独占資本主義とは程遠い状況ですが、日清戦争は朝鮮支配をめぐる侵略的――帝国主義の要素を持った戦争とするとき、東アジアの帝国主義体制という要素を持ち出すことになりました。また、天皇制絶対主義の領土に対する侵略性を指摘します(中塚明『日清戦争の研究』一九六八年)。日露戦争についても同様です。日清戦争と日露戦争は、その性格をめぐって論争と議論が行われました。

これらの論点を盛り込み、第一期にまとまった歴史像を提供したのは、井上清『日本の軍国主義Ⅰ』（一九五三年）です。井上は、日本の帝国主義への転化を一九〇〇年とします。対外的には、北清事変に出兵し「極東の憲兵」となったこと、対内的には、集会・結社・言論を抑圧し、社会運動を取り締まる治安立法である治安警察法の制定、陸軍大臣・海軍大臣の任用資格を現役将官に限定したことを根拠とします。井上はとくに、最後の点の軍部大臣武官現役制の実施を「画期的指標」として、日本帝国主義への転化を主張しました。

井上は日清・日露戦争を侵略戦争としますが、双方は質的に異なり、この二つの戦争の間に帝国主義に転化したと言います。日清戦争では経済的にまだ未熟でしたが、日露戦争は日本資本主義が満州の市場独占を要求した帝国主義戦争と把握するのです。

背景にあったのはレーニンの『帝国主義論』です。レーニンによる帝国主義の定義——独占資本主義による「領土分割」という定義を、日本に適用したのです。そのため井上は、いつ日本が独占資本主義になったかを探り、先述したようにそれを一九〇〇年としたのです。

この井上の見解については、藤村道生や下村富士男が反対し論争となります。藤村や下村は、日露戦争を絶対主義戦争とし、帝国主義転化を日露戦争後の一九〇六年以降としたからです。この論争の具体的な争点は、日露戦争で満州が主たる問題だったかどうかにあります。帝国主義を独占という経済的観点から把握することを前提とした論争です。

ただし、井上自身も見解を変えていきます。井上は『日本帝国主義の形成』（一九六八年）

で、「井上新説」と呼ばれる修正を行い、藤村、下村同様に日露戦争後に独占資本主義が形成されたとしました。

しかし、そのうえで日露戦争＝帝国主義戦争を主張します。井上は『日本帝国主義の形成』で、独占段階に到達しなくても、「帝国主義世界体制」に組み込まれ「近代帝国主義的搾取や支配」に参加すれば、その国は帝国主義国となると言います。早熟的独占という日本帝国主義の特殊性を指摘したことになります。

明治維新によって絶対主義が成立したという国家権力の規定を前提とし、その転化を国際関係から説明しようとするのです。明治維新の開国論と同様に、国際的契機を重視し、東アジアのなかで日本を捉えようとした議論でもありました。

井上は、天皇制が持つ侵略主義、軍国主義と近代帝国主義との関係を考察するのですが、具体的な出来事より、レーニンに基づく理論を優先します。その結果として、日本帝国主義が未熟で独占資本主義が形成されず、資本の要求にはよらないまま侵略するとしました。井上新説は「軍部」の成立を指摘し、「独自の政治活動」をすることが強調されました。しかし、戦争を描く際に、戦闘の状況や戦場についての観点はありませんでした。

日本独特の帝国主義

このほかにも、日清・日露戦争について戦争の性格が探られます。第一期では、外交史が中心となり、国際関係論的な考察が研究を主導します（前掲、中塚『日清戦争の研究』、信夫清三郎他編『日露戦争史の研究』一九五九年）。

先述したように第一期は、日清・日露戦争が帝国主義戦争かどうかが、大きな関心を占めていました。この動向は、高橋秀直『日清戦争への道』（一九九五年）、井口和起『日露戦争の時代』（一九九八年）とその後も引きつがれます。国際関係のなかで戦争を把握し、軍部と政府に着目しながら国家の性格を解明しようとするのです。

この時期の研究で見逃せないのは、江口朴郎『帝国主義と民族』（一九五四年）です。民族やナショナリズム、あるいはそこに存在する不均等な発展や封建的要因など、日本帝国主義を考察する際のさまざまな論点を提供し、帝国主義は「それぞれの特殊な形」で現れているとします。

また、資本主義の段階を基礎としながらも、そのことだけで帝国主義を考えることはできないとし「国際的契機」を重視することを提起しました。さらに帝国主義が「本来帝国主義国内の民衆や、また内外の従属的民族の抵抗を抑圧するための体制」であると言い切ります。「近代強国の内部」では社会主義勢力の抑圧が課題となるとし、軍事力の持つ意味も論じています。江口の問題意識の根底には、「現在われわれの当面する民主主義革命の歴史的な意義」があり、当時の時代状況が強く打ち出されたものでした。一九五〇年代半ばの日本を歴史研究に重ね合わせ、現時の政治的な課題を導き出そうとする姿勢がみられます。

他方で、隅谷三喜男『日本賃労働史論』（一九五五年）は、資本主義の考察を労働者の観点から行い、雇用関係や労働条件、労働市場の様相から賃労働の形成と性格を解明しようとします。隅谷は、日本における資本主義形成期の労働者が長時間労働と低賃金を特徴としているとし、製糸業、紡績業の女工、機械工業の熟練工、炭鉱労働者などの労働状態を描きました。さらに労働組合の結成と争議について記し、日清戦争後の時期を「社会問題の登場」の時代として把握します。なお、大河内一男『黎明期の日本労働運動』（一九五二年）は、これと対応しながら、日本における労働運動のはじまりを描きました。

第二期――「戦後経営」の解明

第二期は、三つの面で議論が深められました。（1）日清・日露戦争それぞれの戦後社会に着目すること、（2）植民地、（3）兵士と戦場、戦闘についてです。

まずは（1）についてです。政府は、日清・日露戦後、陸海軍の軍備拡張を軸に、植民地・台湾の経営、鉄道や通信の整備などの産業の育成、土木治水事業の促進の政策を行います。それを「戦後経営」と称しますが、国家財政が膨張し人びとに負担がかかります。この時期の農村は、地租の増徴など増税の負担に加え、戦争により働き手をとられ、生産が停滞し困窮していました。凶作も起こります。他方都市でも、日雇・人足、職人といった都市雑業層が生活苦にみまわれます。こうした状況を考察するときに、「統合」に力点を置く研究と、「抵抗」に軸を置く研究とが出されます。

「統合」については、日本帝国主義の社会的基盤をつくり上げる政策として、地方改良運動に着目します。地方改良運動とは、町村財政を立て直すことを目的とし、「町村是」を作成させ、「模範村」を設定するといった官制の運動です。鈴木良・佐々木隆爾「日本帝国主義の成立と構造」、佐々木隆爾「日本軍国主義の社会的基盤」（『日本史研究』一九六三年三月号、六四年三月号）は、地方改良運動を通じての新たな統合を考察しました。

宮地正人『日露戦後政治史の研究』（一九七三年）は、日露戦後に力点を置きますが、一九〇八年に戊申詔書が出され、地方改良運動が本格化していく時期の歴史像を包括的に描きます。帝国主義の解明を課題とし、宮地は地方改良事業講習会の継続的開催をはじめ、在郷軍人会、産業組合などの組織に言及し、報徳会が報徳社となり、青年会が青年団となるなど、自主的な要素を有していた団体が官制化されることを指摘します。地域の有志者に焦点を当て、自然村と行政村を一致させ、町村制と町村財政を立て直すことを目的とした動きの一環として、神社統合や部落所有林野の統一などの事例も論じました。

ここでの問題意識は、日本帝国主義が国民の自発性をいかに引き出し組織化していったか、帝国主義体制の町村レベルでの基盤をなす中間層、すなわち中小地主と自作農上層がいかに国家＝帝国主義に把握されていったかです。第二期の研究は、人びとの主体的な営為も、統合への道として括りあげます。地域に見られた勤労・至誠を教義とする報徳運動や、地域青年の鬱屈を改善しようと山本滝之助が創始した青年会も統合の一翼を担ったとします。

また、日本帝国主義への転化が見られた時期を、新たに「日清戦後経営」論として考察する研究もみられました。戦後経営はその当時に使われた用語ですが、日清戦後に国内の政治的対抗関係が変わったことを言います。とくに地租増徴法案を地主とブルジョアジーの「階級的命運をかけた政治的決戦」としました。また、藩閥官僚制から新たに専門性を持った官僚が登場するなど、権力の転換とそのもとでの支配機構の整備を言います(中村政則「日本資本主義確立期の国家権力」『歴史学研究』大会特集号、一九七〇年)。加えて、日露戦後の時期を新たな支配―統合の確立と把握するか、再編と把握するかという論点もみられます。

初期社会主義研究の進展

「抵抗」を軸にする視点では、先に挙げた宮地『日露戦後政治史の研究』はこうした要素を持っていました。都市部に目を向けながら、日露戦争後に職人層が解体し、そのなかで頻発した都市雑業層による都市民衆騒擾を描きます。宮地は「都市民衆騒擾期」として、日露戦争後の状況を規定し、さらに騒擾を背景に政府批判を行っていく政治集団を「国民主義的対外硬派」としました。

また社会運動史の観点からも、「抵抗」を軸に日清・日露戦後期は考察されます。この時期を社会問題の登場と社会運動の開始・展開期としています。労働組合の結成と労働運動の開始が強調され、安部磯雄、片山潜、木下尚江らの初期社会主義の運動が注目されました。

初期社会主義運動について触れておきましょう。社会民主党（一九〇一年）や日本社会党（一九〇六年）の結成、日露戦争が迫るなかでの幸徳秋水や堺利彦らによる平民社の結成と、『平民新聞』を発行しての反戦・非戦の運動です。

初期社会主義の研究は、第一期から第二期にかけて活発でした。当初は、幸徳秋水に社会主義運動の概要を重ねて多くの言及がされます。糸屋寿雄『幸徳秋水研究』（一九六七年）などが代表作です。多分に、幸徳が大逆事件で連座したことが大きかったでしょう。この無政府主義者による明治天皇の暗殺計画が、全国の社会主義者・無政府主義者に罪を着せ、一二名に死刑が執行された大逆事件についても多くの考察があります。天皇制国家の強権発動の象徴として関心を集めたと言えます。

第二期は、堺利彦、木下尚江、片山潜、管野スガら、初期社会主義の人物群像への考察が進みます。また地域の活動家も、主として地元の研究者によって発掘され、初期社会主義者の拡がりが明らかにされます。さらに一九八六年には、『初期社会主義研究』という雑誌が刊行され、平民社とその活動も丹念にたどられました。初期社会主義研究会を主宰する山泉進は、『平民社の時代』（二〇〇三年）を著し、史料に基づき実証的に社会主義研究を行っています。

初期社会主義者の思想面の研究では、飛鳥井雅道『近代文化と社会主義』（一九七〇年）、松沢弘陽『日本社会主義の思想』（一九七三年）が、方法に工夫を見せ論点を出しています。飛鳥井は、日清・日露戦争を重視し、この時期は天皇制思想が変質する流動的な時期としま す。そして、「日本型のブルジョワ思想」の代表としての夏目漱石と、社会主義者の幸徳秋水を対比しこの時期の思想と文化を捉え、「国民文化」成立の可能性を探ります。しかし、それは帝国主義に吸収され挫折し、日本には国民文化に代わる帝国主義の文化が生み出されたとしました。知識人の文化、被支配者の大衆文化とに分裂するかたわら、帝国主義がはびこると「帝国主義思想としての天皇制」の文化を論じるのです。このとき飛鳥井は、一九〇〇年代の民主主義運動を高く評価する認識も示しました。

また松沢は、社会主義と労働運動の思想を、方法に留意しながら分析を行います。ともすれば、社会運動史の研究には論者の思い入れや思い込みが強く現れてしまうことへの警戒からでした。「志士仁人的社会主義者」として幸徳を把握し、片山潜を対比的に捉えるなど、歴史過程の叙述ではなく、「発想の諸類型」を析出し社会主義者たちの思想構造を分析しました。

田中正造の〝発掘〟

この時期の運動家として注目されたのが田中正造です。教科書では、一九七〇年代初めに登場します。それまでの教科書には田中は登場せず、長い間忘れられていた存在でした。しかし公害運動の先駆者、環境問題に先鞭をつけた人物として一躍注目を集めるのです。

田中正造の研究が集中したのも第二期で、多くの研究が出されました。東海林吉郎『共同体原理と国家構想』（一九七七年）、林竹二『田中正造の生涯』（一九七六年）などが先駆的なものです。西洋型ではなく土着的、論理的と言うより行動的であり、さらに共同体の思想を持つという「義人」として、田中正造の像を描き出しました。他方で、大著の小松裕『田中正造の近代』（二〇〇一年）は、共同体の思想を強調する林や東海林の見解を批判しています。また、渡良瀬川研究会による雑誌『田中正造と足尾鉱毒事件研究』も出されます。

日清・日露戦後の、「統合」の視点と「抵抗」の視点とは、それぞれ農村部と都市部を対象とし対応するようにみえます。農村部と都市部の双方に目を配る宮地『日露戦後政治史の研究』が、統合される農村と、抵抗する都市に力点を置いた考察となっていることは、このことをよく示しているでしょう。日清・日露戦後に困窮する人びとが、「問題」に主体的に向き合う態度を示したときに、農村では地方改良運動という政策に呼応し、都市では民衆暴動で応対したと分析してみせるのです。

史料に基づいた韓国併合の分析

次に第二期に議論が深められた（2）、つまり植民地の研究です。山辺健太郎『日韓併合小史』（一九六六年）は、一八七六年の江華島条約から一九一〇年の韓国併合までの過程を記します。山辺は古くからの社会運動家でしたが、戦後は、社会主義運動史と近代朝鮮史を研究しました。山辺は『日韓併合小史』後の時期を扱った『日本統治下の朝鮮』（一九七一年）を続けて著し、日本の支配のあり方と朝鮮民族の抵抗を実証的に記します。

山辺の著作には、多くの史料が引用されています。山辺は類書が「たいていは資料〔ママ〕にもとづかないものが多い」とし、「日朝歴史学界の交流のかけはし」として、宗主国であった日本の史料を多用したと述べます。厖大な史料から日本と朝鮮の関係を明らかにした点で、大きな研究の基礎がつくられたと言えるでしょう。山辺の枠組みは、東アジアの国際関係のなかでの日本と清国の対立、ロシアの進出を軸としたうえで、日本帝国主義をすべての出来事の起因とします。大日本帝国の行為への自己批判となりますが、反面、朝鮮側の主体的な対応や模索はほとんど触れられず、朝鮮は受け身の歴史のみが記されています。

また、中塚明『近代日本と朝鮮』（一九六九年）も、通時的な著作で帝国主義対民族独立という視角によるものです。東アジアの新たな関係に目を向け、日清・日露戦争を考察する観点は、その後も朴宗根『日清戦争と朝鮮』（一九八二年）、大江志乃夫『世界史としての日露戦争』（二〇〇一年）などが続いています。

さらに海野福寿『韓国併合』（一九九五年）は、日本が朝鮮を植民地化した過程を、外交史の史料を駆使して跡づけました。海野の著作をめぐっては、海野が「韓国併合は形式的適法性を有していた」と言うのに対し、主として韓国の歴史家が批判し論争となっています。なお、海野は日本による植民地化を歴史的に把握し、「韓国併合」と呼びました。「日韓併合」「朝鮮併合」などとされてきたなかで、海野は一つの見識を示しています。

沖縄学の祖・伊波普猷

他方で、沖縄からの視点もみられます。沖縄に徴兵令が実施されたのは、一八九八年のことで、日清戦後経営を通じての国民統合のなかでのことでした。我部政男『明治国家と沖縄』（一九七九年）は、政府による沖縄の同化政策とそれへの抵抗を考察します。沖縄の同化政策に対する対抗を見るとき、伊波普猷《いはふゆう》が一つの焦点となりました。

沖縄学の祖とされる伊波に対する歴史的な関心は、一九七〇年頃から見られ、比屋根照夫『近代日本と伊波普猷』（一九八一年）は、丹念に史料に当たり、社会思想家として伊波を把握し直しました。「没主体的な他者志向」として同化を拒否、沖縄の「旧物」を介し、沖縄人のアイデンティティの回復をめざし、自立を構想する人物として描き出します。

本土の歴史家としては、鹿野政直『沖縄の淵』（一九九三年）が、ヤマトと沖縄をめぐる支配・侵略と固有性、自立と従属という緊張関係のなかで、「琉球」に軸足を置く伊波像を出します。日本の思想史を「ヤマト思想史」と相対化し、そのうえで沖縄思想史と「ヤマト思想史」の双方に目を配り、伊波を語りました。

アジアとの交流も、第二期に扱われます。山崎朋子『愛と鮮血』（一九七〇年）は「エリート女性」が西洋志向を持っていたことに対応し、これまでの女性史研究が「西欧の眼・西欧の尺度」で描かれてきたと言い、かわって「アジア諸国の民衆と同じ立場・思想」に立つことを提唱します。「〈底辺女性史〉」の宣言でした。『愛と鮮血』は「アジア女性交流史」という副題を持ち、アジアに出かけるからゆきさんや、留学生であった中国の革命家・秋瑾《しゅうきん》とその日本での交流などを記しています。帝国主義国となった日本で、民間における女性たちのアジアとの関係が探られました。

『坂の上の雲』が投げかけたもの

さらに第二期に議論が深められた(3)、つまり兵士と戦場、戦闘についてです。古屋哲夫『日露戦争』(一九六六年)、藤村道生『日清戦争』(一九七三年)などが代表作です。

藤村(一九二九〜九九)は、日清戦争の三局面として、朝鮮に対する清の「宗主権」の排除、清と朝鮮の分割をめぐる列強との競争、出兵・占領地域の人びとへの抑圧を挙げました。最後の点では、旅順での日本軍による虐殺事件を取り上げています。

他にも大濱徹也『明治の墓標』(一九七〇年)は、軍隊と兵士の観点からこの局面に迫り、大江志乃夫『兵士たちの日露戦争』(一九八八年)は、兵士たちが出した手紙から日露戦争を描き出そうとします。

他方で、この時期の日清・日露戦争を描いたものとして人口に膾炙《かいしゃ》したのは、司馬遼太郎

『坂の上の雲』全六巻（一九六九〜七二年）でしょう。司馬遼太郎（一九二三〜九六）は、秋山好古・真之の兄弟、正岡子規を主人公としてこの時代を描きます。歴史家からは、司馬が日露戦争を「祖国防衛戦争」と描いているため、多くの批判が出されています。私もこの点は首肯できません。

しかし、『坂の上の雲』は、その後も日清戦争、とくに日露戦争の歴史像には大きな影響を持ち続けています。歴史学研究が踏み込まなかった戦争の戦闘の局面の描写に力点を置いたことは、その一つの理由でしょう（成田龍一『司馬遼太郎の幕末・明治』二〇〇三年）。

司馬は『坂の上の雲』で、日本を「犯罪者」あるいは「正義の騎士」のように描き、「悪玉か善玉かという、その両極端」でしか捉えない「歴史科学」の「不自由さ」と「近代精神の不足」を指摘し、歴史学を痛烈に批判しています。「後世のある種の歴史家たちは、一種の幻想をもって庶民史を権力からの被害史として書くことを好む傾向がある」とも言います。

戦後歴史学に対し司馬は、はっきりと一線を画し批判しています。歴史家たちも、同様に司馬に対し、批判を繰り返し行っています。司馬の数多い作品のなかで、司馬が最も歴史に接近したのは『坂の上の雲』であり、歴史家たちも少なからず言及しています。そして、厳しい批判を投げかけています。

たしかに『坂の上の雲』では、朝鮮は受け身のかたちでしか描かれず、記述の分量も多くありません。また、戦場となった地の朝鮮、中国の人びとは記述されず、日本国内で困窮する生活を送る人びとも登場しません。しかし、『坂の上の雲』は、一九六〇年代後半から七〇年代にかけての司馬の問題意識によって書かれた作品です。第二期に位置づけながら、この作品を読む必要があるでしょう。

さらに、第二期の歴史学と『坂の上の雲』の対立は、この時期の冷戦体制のなかでもたらされていたことにも注意を払いたいと思います。『坂の上の雲』を歴史的な文献として扱い、司馬と戦後歴史学の対抗についてもまた、第二期の文脈で解釈することが求められています。

第三期——日清戦争の見直し

第三期には、国民国家の形成、帝国という概念から、日清・日露戦争期の出来事を解釈しようとします。帝国主義ではなく帝国とするのは、第一期のような社会経済史的な観点から帝国—植民地関係をみることを避けるからです。また、帝国—植民地は、非対称の関係ですが、それを固定したものとせず、動態的な関係性のなかで描こうとの意図もあります。

こうして、第三期の研究は東アジア地域の国民国家体制の進行、帝国と植民地の創出、戦争を通じての国民の形成と社会の再編成などを、世紀転換期の出来事としました。焦点は、日清戦争の見直し、東アジア史への眼、帝国論による新たな歴史像と言えるでしょう。

まずは、日清戦争の見直しです。檜山幸夫『日清戦争』（一九九七年）は、副題「秘蔵写真が明かす真実」が示すように写真を用いるほか、軍事郵便や従軍日記、戦争記念碑や戦没者墓碑などを新たに史料とした作品です。地域の名望家の動向を探り、日清戦争を支えた国民的な基盤を明らかにしました。

また、大谷正・原田敬一編『日清戦争の社会史』（一九九四年）や、大谷正『兵士と軍夫の日清戦争』（二〇〇六年）は、日清戦争に軍夫の視点を提供しました。軍夫とは、戦地で補給業務を担当する臨時雇いの軍属で、日清戦争には一〇万人以上が加わっています。軍夫の死者は七〇〇〇人から八〇〇〇人ですが、日清戦争の死者に数えられることは、これまでほとんどありませんでした。彼らの死を入れると、日清戦争での死者数は、教科書などで記されてきた数のほぼ倍となり、二万人を超えることになります。

『日清戦争の社会史』は共同研究ですが、「国民の戦争」として参戦熱を探り、さらに死者の様相を考察します。日清戦争では戦病死が多いことが知られていましたが、戦死の様子を分析しながら、軍夫に焦点を当てます。

『兵士と軍夫の日清戦争』は、その軍夫を一つの軸に、戦闘経験の視点から日清戦争を描く著作です。日清戦争への義勇軍志願が、かたちを変え軍夫としての従軍となります。洋装で靴を履く兵士に対し、軍夫は和装で草鞋《わらじ》ばきでした。軍夫には俠客や博徒が加わり、帯刀している者もおり、本来は馬で行うべき作業を肩代わりさせられた存在でした。軍夫は日清戦争以降の戦役にはみられません。こうしたことを指摘しつつ、大谷は、「正義の文明戦争」とされた日清戦争のもう一つの像を描き出しました。

さらに大谷は、従軍記者の報告や、しばしば、地域の新聞に掲載された兵士・軍夫の手紙を紹介しながら、戦場の光景を含む日清戦争像を記します。多様な清国・台湾観をみせつつ、中国への蔑視が形成され、赤痢やマラリアに怯《おび》え、戦闘以外の時間に芝居などを楽しむ兵士・軍夫の姿を紹介しました。凱旋歓迎の祝賀会や招魂祭、銃後組織としての兵事義会の結成と活動など、日清戦争にともなう地域の動向も記され、この時期の社会状況が明らかにされる著作となっています。

日清戦争については、中塚明『歴史の偽造をただす』(一九九七年)がこれまでの通念と叙述を、新たな出来事と隠されていた出来事の発掘という手法で書き替えようとしています。第一期・第二期では、日露戦争が重視されたのですが、近年は、日清戦争が国民化を推進したという問題意識のもとで関心を集めつつあります。

日清戦争とその後の台湾征服戦争を一連の動きとして叙述することも定着してきました。『兵士と軍夫の日清戦争』が一章を「台湾の戦争」として割いているほか、原田敬一『日清・日露戦争』(二〇〇七年)が、通史のなかに台湾征服戦争を組み込んでいます。原田は、日清戦争が朝鮮半島、清国東部と台湾との三つの戦争から構成されたとします。

植民地研究の進展

これまで、戦争の引き金になったとのみ位置づけられていた東アジアの民衆運動にもメスが入れられます。趙景達『異端の民衆反乱』（一九九八年）は、民衆宗教運動としての東学と、その後の甲午農民戦争を考察しました。趙は「苦悶を深める朝鮮民衆の精神世界」に入り、東学のなかの異端派は、土俗的な知識や伝統的な価値を用い、そのことで甲午農民戦争へいたったとします。朝鮮の人びとの持つ「国王幻想」やユートピア思想に着目し、「民衆ナショナリズム」を重視する観点から、世紀末の民衆運動を描きました。

『岩波講座　近代日本と植民地』全八巻（一九九二～九三年）は、こうした関心を受け、アジアと日本の歴史的関係を、帝国—植民地の観点から考察しようとしました。第三期の特徴をよく示し、この時点での達成点の総括を試みました。植民地研究の進展を受け、多様な論点を提示しています。

第一巻「植民地帝国日本」と第八巻「アジアの冷戦と脱植民地化」を、日本帝国主義のはじまりと変容の時期に関わる通史的叙述とし、第四巻「統合と支配の論理」と第六巻「抵抗と屈従」を、帝国による統合と植民地の抵抗として配置します。第二巻「帝国統治の構造」と第三巻「植民地化と産業化」では、経済的・政治的な支配と植民地社会の変貌を記し、第五巻「膨張する帝国の人流」で人の移動に、第七巻「文化のなかの植民地」では帝国の植民地文化への視線を中心に大衆文化に表れる文化的対抗を考察しています。

経済史的な考察と国際関係論的な解析からはじまった植民地研究でしたが、さらに政治史的な対抗や文化史的な観点からの把握もなされ、近年のポストコロニアリズム、つまり現在に残る植民地時代の影響を探る研究や方法と通底する論稿が見られます。

また、帝国主義対民族主義という枠組みで解釈するのではなく、いわば帝国論として、民族主義が根拠とする民族の絶対性―民族＝国民国家の絶対性をも合わせて批判する視点からの分析が、少なからず見受けられます。

そして、考察の対象は神社、学校、さらに衛生、医療など多岐に及び、教育史として言語教育や言語政策にも目が向けられました。たとえば、一九〇三年に開かれた大阪での内国勧業博覧会の「学術人類館」で、アイヌ人、台湾の先住民、朝鮮人、そして沖縄人が見世物としてさらされた人類館事件に、さまざまな批判的な関心が寄せられたことが挙げられます。かつて井上清『日本帝国主義の形成』に書き留められていたのですが、第三期にいたり大きく取り上げられるようになります。

「韓国併合から一〇〇年」のなかで

また第三期の画期的なものとして二冊を紹介しておきましょう。岡本隆司『世界のなかの日清韓関係史』（二〇〇八年）は、日本と韓国、日本と清国という双方向の関係の組み合わせで考察されてきた東アジア史を、日本―清国―朝鮮（韓国）のトライアングルとして描き出します。清国を中心とした秩序が前提ですが、日本や朝鮮の側からの論理を記し、宗属関係・交隣関係の集積として東アジアを動態的に捉えようとしました。岡本は、西洋流の国際法とは異なる宗属関係による秩序が、一八八〇年代後半まで存続していたとします。

朝鮮は清国に属し、内政・外交は自主である「属国自主」とされますが、清国の圧力があることで事態は一筋縄ではいきません。とくに西洋の出現にともない、朝鮮内部に、「属国」に比重を置く派と「自主」派とが現れ姿勢が分かれます。このなかで日本は、朝鮮の「独立」を言います。

事態が動くのは一八九四年の東学の乱の際、清国が朝鮮政府に軍事的援助をしたことであり、日本が出兵したことです。さらに日本は、朝鮮の内政改革に踏み出し、清国と戦端を開きます。この前後には、ロシアも朝鮮に介入します。こうしたなかで日清戦争で清国が敗れ「属国自主」が終焉を迎え、一八九七年に朝鮮は「自主独立」の大韓帝国となります。二年後には清国との間に対等の条約が結ばれ、朝鮮（韓国）が各国からも自主独立国として承認されるという流れを岡本は描き出しました。

もう一冊は、駒込武『植民地帝国日本の文化統合』（一九九六年）です。駒込の研究もまた、帝国主義とは異なる帝国の考察です。駒込は、複数の植民地・占領地と日本国内の構造的連関、言い換えれば相互規定に目を配ります。民族や文化の概念が歴史的に形成されたことを強調し、これが植民地支配—「植民地帝国」をつくり出したと論じました。

駒込が着目したのは文化の領域です。植民地を日常的な回路から入り込む社会関係の次元で考察するために文化に焦点を当てます。とともに、駒込の著作では前提となっているはずの「日本」や「日本人」が問い直されることにもなりました。

この帝国研究の議論の焦点の一つは、「植民地近代」として議論されています。松本武祝『朝鮮農村の〈植民地近代〉経験』（二〇〇五年）は、帝国こそが植民地の社会形態を必要とし再編成することを強調し、「進んだ／遅れた」という時間軸を拒否します。近代の同時性を強調した議論ですが、国民主義と民族主義の「共犯関係」も指摘します。独立運動に還元せずに、植民地下の社会と、解放後の（韓国）社会との連続面を視野に入れた研究です。

東アジアの空間、植民地への新たな考察が進展するなか、歴史学界は二〇一〇年が「韓国併合」一〇〇年目に当たるとして、呼びかけを行いました。植民地意識が希薄であることへの警鐘です。

多くの学会誌で特集を組んだのをはじめ、二日間にわたる集会も催しました。そのときの記録は、国立歴史民俗博物館編『「韓国併合」100年を問う』（二〇一一年）として刊行されました。「近代の東アジアと「韓国併合」」から説き起こされ、植民地支配のありようや戦後日本における対応、あるいは歴史認識から「世界史の中の「韓国併合」」までが議論されました。植民地認識があらためて問われたということで大きな意味を持つ集会でした。ここでは、かつて、日本の歴史学が植民地支配を正当化する役割を担っていたこと、また戦後の歴史学がそうした植民地主義から脱却しているかについても議論されました。

第7章　大正デモクラシー期——一九一〇年代〜二〇年代

1912

7　明治天皇死去。大正天皇即位

12　第三次桂太郎内閣成立
　第一次護憲運動

1913

2　桂内閣総辞職。山本権兵衛内閣成
　(大正政変)

1914

7　第一次世界大戦勃発（〜18.11）

8　日本、ドイツに宣戦布告

11　日本軍、青島占領

1915

1　対華二十一ヵ条要求

1916

1　吉野作造、民本主義を主張する論
　を発表

1917

11　露、十月革命。最初の社会主義革

1918

8　シベリア出兵（〜22.10）

8　富山県で米騒動起きる。全国へ波

1919

1　パリ講和会議始まる

3　朝鮮で三・一独立運動

5　中国で五・四運動

6　ヴェルサイユ条約締結

1921

11　ワシントン会議で九ヵ国条約、海
　軍縮条約調印

1922

3　全国水平社結成

1923

9　関東大震災

1924

1　政友会・憲政会・革新倶楽部によ
　第二次護憲運動開始

6　加藤高明首班の護憲三派内閣成立

1925

4　治安維持法公布

5　普通選挙法公布

1928

2　国政での最初の男子普通選挙

普通選挙法成立まで

日清・日露戦争を経た大日本帝国は、韓国を植民地とし、さらに一九一五年には中国に利権を拡大しようと二十一ヵ条要求をつきつけるなど、帝国として拡張していきます。第一次世界大戦に英仏などの連合国側に参加し、地中海に艦隊を送り、中国・青島や太平洋上のドイツ領を攻撃します。この結果、第一次世界大戦後には、赤道以北のドイツ領南洋諸島を委任統治領として獲得しました。

また、一九一七年のロシア革命には、米英仏などとともに干渉し、多くの兵士をソ連領に送りました(シベリア出兵、一九一八〜二二年)。大日本帝国は、ますます帝国主義を先鋭化させますが、第一次世界大戦後成立した国際連盟では、英仏伊とともに常任理事国となります。

しかし国内では、普通選挙を求める運動や青鞜社・新婦人協会などを結成した女性の自己解放、社会参加の要求が起こります。被差別部落の解放をめざす全国水平社の結成(一九二二年)や、労働者や小作人たちの活動も盛んでした。社会主義者、無政府主義者の活動も見られる一方、米価の高騰に対して米騒動(一九一八年)が起こるなど、多様な人びとを担い手とするさまざまな社会運動も展開されます。

他方で民本主義、つまり天皇主権の枠内での民主主義の追求が主張され、「民衆」を主体とした政治と社会を求め、吉野作造や石橋湛山らが『中央公論』『改造』『大阪朝日新聞』などを舞台に活動をしました。民本主義者が集まった黎明《れいめい》会、学生の組織である新人会、建設者同盟など多くの社会運動組織もこの時期につくられます。

政治の世界でも政党が躍進し、たとえば一九一二年には藩閥による議会の軽視に対し、倒閣運動が起こりました。立憲政友会の尾崎行雄や立憲国民党の犬養毅らが「閥族打破、憲政擁護」を唱え、ジャーナリストや実業家を巻き込み、第一次護憲運動を展開します。そして、時の第三次桂太郎内閣はこの運動により一九一三年に退陣しました（大正政変）。

一九一八年には立憲政友会総裁・原敬が首相となり、本格的な政党内閣をつくりました。紆余曲折があったものの、議会内で多数を占める政党による内閣結成という政党内閣の時代がはじまります。政党内閣による政党政治は、第二次護憲運動を経た一九二四年に誕生した加藤高明内閣から八年間続きました。加藤内閣は、衆議院議員選挙法を改正、財産による制限を撤廃し、二五歳以上の男性に選挙権を与える、いわゆる普通選挙法を制定します。もっとも、国体の変革、私有財産制度の否認を目的とする結社の禁止などを定めた、治安立法である治安維持法と合わせての制定でした。

大正デモクラシーの揺れる評価

ほぼ「大正期」（一九一二～二六年）に重なるこうした社会運動の展開と政党政治は、「昭和期」には戦争の進展のなかで姿を消していきます。そのためこの時期を「大正デモクラシー」と呼び、一九一〇年代と二〇年代を中心とする歴史像が描かれてきました。序章で紹介した岩波新書版『シリーズ日本近現代史』でも、第四巻を『大正デモクラシー』（二〇〇七年）として私が執筆しています。

大正デモクラシーという歴史用語は、教科書では必ずしも確定していません。たとえば山川出版社の教科書では、大正デモクラシーの用語は、本文ではなく注で記され、軽い扱いです。ここでは「第一次護憲運動から男性普通選挙制の成立までの時代思潮や社会運動を、「大正デモクラシー」とよぶことが多い」とし、「市民的自由」の拡大と「大衆の政治参加」の進展を内容とすると説明されます。

しかし、三省堂の教科書では、章のタイトルに大正デモクラシーが用いられ、一九一〇〜二〇年代を把握する柱となっています。大正デモクラシーの概念を用いて歴史が叙述されています。

このように大正デモクラシーの扱いは教科書によって異なります。しかも始期と終期、時期の範囲や具体的内容は、まだ共通の認識があるとは言いがたい状況が続いています。

教科書が依拠する第一期の研究は大正デモクラシーの概念が確定せず、第二期からの研究によって大正デモクラシーの様相が明らかにされ、固められてきたと言えるでしょう。第一期には、大正デモクラシーという概念の有効性をめぐり議論があり、日本史辞典にこの語を採択するかの検討もされました（『シンポジウム日本歴史二〇　大正デモクラシー』一九六九年）。そこには元号とカタカナによる造語への違和感もあったと思います。

造語者・信夫清三郎の低い評価

そもそも大正デモクラシーの用語は、政治学者・信夫清三郎《しのぶせいざぶろう》（一九〇九～九二）が、『大正政治史』全四巻（一九五一～五二年）、『大正デモクラシー史』全三巻（一九五四～五九年）という大著で使用したところにはじまります。

名古屋大学教授だった信夫は、大正デモクラシーを近代日本の「第二の民主主義運動」とし、日露戦争後からの三〇年ほどの時期を、日比谷焼打ち事件と憲政擁護運動から書き起こしました。東京市電や足尾銅山での争議をはじめ、米騒動にいたる民衆運動、活性化する労働運動や農民運動、無産階級運動などを軸に、普選運動にも章を割いて叙述します。「第一の民主主義運動」である自由民権運動後の人びと――「労働者」「農民」「小作人」「小市民」、「社会主義者」のようにも書き分けられます――による社会運動を、この時期の政治史のなかで描き出しました。信夫の当初の構想では、大正デモクラシーを「現代日本政治史」の出発とし、「満州事変史」「ファッショ運動史」「日華事変史」「太平洋戦争史」などの続刊を考えていたようです。

信夫の大正デモクラシーへの評価は決して高くありません。信夫は、大正デモクラシーの思想を「民本主義」としたうえで、「日本帝国主義の鬼子」とします。そして、大正デモクラシーは戦争を阻止しえなかったと言います。

吉野作造の民本主義を紹介するとき、社会主義と対決したことを強調し、信夫は、吉野の主張が「変革の論理」ではなく「改良の論理」とします。吉野は専制政治には反対したが、「日本の「軍国化」には、かならずしも反対していなかった」と否定的な評価を下すのです。

こうした見解は、信夫以外にも広く見られます。吉野は帝国主義のイデオローグと言う論者もいます（宮本又久「帝国主義としての民本主義」『日本史研究』一九六七年五月号）。大正デモクラシーは、普遍的な価値や規範の提供をなしえず、制度化もされなかったと否定的に論じる傾向も見られます（藤田省三『維新の精神』一九六七年）。

第一期では、大正デモクラシーは批判にさらされました。歴史の結果として、一九三〇年代から日本は戦争に邁進《まいしん》します。一九一〇〜二〇年代の動きはそれを阻止できなかったと否定的に捉えられたのです。戦後民主主義―戦後のデモクラシーの源流ではあるが、弱点を有しているとの評価です。この第一期の研究では、弱点はしばしば大正デモクラシーが階級的視点を欠いていたことにも求められました。

第二期――松尾尊兊の再定義と評価

大正デモクラシーを再評価、再定義し、その研究を一気に推進したのが、京都大学教授を務めた松尾尊兊《たかよし》（一九二九〜）です。第二期の代表的な歴史家である松尾は、民衆運動の展開を軸に、政党政治への動きを視野に入れ、社会運動史と政治史をつなぎました。松尾は次のように大正デモクラシーを定義します。

大正デモクラシーとは、日露戦争がおわった一九〇五年から、護憲三派内閣による諸改革の行われた一九二五年まで、ほぼ二〇年間にわたり、日本の政治をはじめ、ひろく社会・文化の各方面に顕著にあらわれた民主主義的傾向をいうのであるが、これを生み出したものは、基本的にいって、広汎な民衆の政治的、市民的自由の獲得と擁護のための諸運動であった。

（『大正デモクラシー』一九七四年）

のちに終期は、満州事変勃発の一九三一年に修正されますが、いずれにせよ、大正デモクラシー研究は、松尾によって第二期に定着したと言ってよいでしょう。

『大正デモクラシー』は、松尾の見解をよく示す著作となっています。まず第一部「大正デモクラシーの初期段階」で日露戦争講和反対運動や悪税反対運動、石橋湛山ら東洋経済新報社のグループが「急進的自由主義」として取り上げられます。民衆運動が新たな時代を切り拓いたこと、都市雑業層と中小商工業者（「非特権資本家層」）の活動が記される一方、吉野作造以外の民本主義者の言論活動が紹介されます。

第二部「民本主義の底辺」では、大正デモクラシーの拡がりが、地域や人間関係のなかで探られます。都市中間層の政治組織である「地方的市民政社」や、同じ都市中間層によって支持された『第三帝国』という雑誌が発掘され紹介されました。

第三部「大正デモクラシーの展開」は、労働者・農民・市民の組織が定着するなか、被差別部落民による自主的組織化が考察されます。また、社会主義者の普通選挙運動への参加と治安立法への反対運動、民本主義者の朝鮮論という、それぞれの「アキレス腱ともいうべき」問題にもメスが入れられました。

社会主義者は普通選挙運動や治安立法の反対運動に冷淡であり、民本主義者は植民地問題に鈍感であったのですが、松尾はあえてそこに踏み込み、社会主義者である堺利彦や平沢計七の活動、民本主義者としての吉野作造や石橋湛山の議論のなかに、大正デモクラシーの進展と可能性を見出そうとします。

第一部は日露戦争後からの一九〇〇年代後半、第二部は一九一〇年代前半、そして第三部は米騒動以降の一九一〇年代後半から二〇年代初めを中心の時期としながら、九本の個別論文による「やや体系的な集成の体裁」をとった著作です。限界を指摘するのではなく、最大限の可能性を見出し、一九〇〇年代から二〇年代を大正デモクラシーという民主主義運動の展開した時期として描き出しました。

『大正デモクラシー』が刊行された一九七〇年前後は、学生運動や市民運動が活性化した時期ですが、そのなかで戦後民主主義は批判にさらされていました。松尾は、社会主義を前面に出すことなく、デモクラシーを大切に扱います。大正デモクラシーと戦後民主主義を重ね合わせ、戦後民主主義を性急に批判するのではなく、その持つ成果と可能性を検討することを主張するようにみえます。

民本主義者たちの復権

松尾の登場により、大正デモクラシーは、時期、内容、評価について共通了解が提示されました。当初の「内には立憲主義、外には帝国主義」という大正デモクラシーの指導理念が、社会主義と自由主義の絡み合った展開により、第一次世界大戦後に「内には国民主権主義、外には非帝国主義」の主張へと進展するという研究が積み重ねられるようになります。

こうしたなか吉野作造への解釈も変わります。この牽引者も松尾でした。

吉野は、日露戦争に同調的で、中国侵略の二十一ヵ条要求も支持していました。しかし、一九一六年に『中央公論』誌上で「憲政の本義を説いて其有終の美を済すの途を論ず」を発表し、民本主義者として国民の育成を図り、よりよき国家の運営のためのデモクラシーを主張します。同年、中国革命を支持し、日本の中国政策を批判する論文も発表します。植民地統治としての日本の憲兵政治も批判し、吉野は段階的に主張を変えていきます。そして三・一独立運動（朝鮮）や五・四運動（中国）に共感を示すまでに変わっていくのです。松尾はこうした吉野像を描き出し、大正デモクラシーの柱に据えました。

吉野にとどまらず、天皇機関説を唱えた美濃部達吉、「国民」意識から歴史を考察する津田左右吉、朝鮮美術に目を向けた柳宗悦、「常民」を発見し民俗学を唱えた柳田國男らが、民本主義者として注目されました。人びとの活動をそれぞれの学問の現場に反映させ、学術の場で彼らの力を認識し、これまでの学問の枠組みに修正を迫る人びとです。

また吉野が執筆した『大阪朝日新聞』『中央公論』とともに、『東洋経済新報』『第三帝国』などの雑誌が、デモクラシーのメディアに加えられました。とくに『東洋経済新報』とそこで論陣を張った石橋湛山には、歴史的に高い評価が与えられます。

松尾を含む共同研究として、井上清・渡部徹編『大正期の急進的自由主義』（一九七二年）は、『東洋経済新報』を分析しました。「急進的自由主義」として石橋湛山と『東洋経済新報』を捉える視角は、大正デモクラシーの可能性を最大限に評価するものとなっています。

さまざまな社会運動の探究

第二期は、こうして松尾の作品に代表される多様な社会運動の存在と動向が、大正デモクラシーとして紹介されることになります。政府や体制に批判的な社会運動をめぐり、社会主義や無政府主義の立場、自由主義的な運動、国体や伝統をかざす運動があるなかで、前二者に力点が置かれました。

その運動を分類し立ち入ってみましょう。まずは担い手として以下の四つがみられます。（1）広い意味での「民衆」、（2）思想家、（3）社会主義者及び労働者、農民、（4）女性や被差別者。さらに、運動が生まれた時期を米騒動以前／米騒動以降で区分してみましょう。たとえば松尾が力を入れたのは、時期としては米騒動以前でした。担い手は民衆、社会主義者や労働者、農民を前提としつつも、思想家ということになります。

松尾以外の論者の議論を探ってみると、まずは米騒動以前の（1）民衆運動について分厚い考察が行われました。中村政則・江村栄一・宮地正人「日本帝国主義と人民」（『歴史学研究』一九六七年八月号）は日比谷焼打ち事件から米騒動へといたる動きに注目します。社会運動は本来ならば労働者階級が軸となり労働運動が起こるはずだが、日本の資本主義が未発達だったため、日雇、人足、職工など都市雑業層が一連の騒擾を起こしたとします。

この騒擾は、ロシアとの講和反対など排外主義的な要素を含んでいたが、その根底には生活の困窮があり、政府批判の運動だったと中村らは指摘します。とくに米騒動は、米価急騰が人びとの生存に関わり、全国で騒擾が展開されたという理解です。ちなみに米騒動については、井上清・渡部徹編『米騒動の研究』全五巻（一九五九〜六二年）という大部の研究があります。米騒動は、民衆運動のピークとして認識されています。

米騒動の各地域での発掘は、一時、地域の歴史教育のなかで大きな課題でした。現在では米騒動は、二県を除く全国一道三府四五県であったとされています。このため、先に触れたように一九〇〇年代後半から一〇年代前半にかけてを「都市民衆騒擾期」(宮地正人)と呼ぶ者も現れます。

他方、「非特権ブルジョアジー」の階層の動きへの着目もあります。たとえば江口圭一『都市小ブルジョア運動史の研究』(一九七六年)です。都市部では、基層をなす「非特権ブルジョアジー」という階層までもが、政府批判に向かったと指摘するものです。地殻変動のように、都市部では広汎な政府批判の運動が展開されたとします。

(2)の思想家の活動も新たな論点や多くの発掘が行われ、積極的に紹介されました。たとえば『白樺』の同人で美学を説いた柳宗悦です。柳の「民芸」の発見と植民地批判には高い評価が与えられます。柳は植民地朝鮮の工芸に民衆的美を見出し、ここから大日本帝国の朝鮮統治を批判する主張を紡ぎ出します(鶴見俊輔『柳宗悦』一九七六年)。

また教育では「大正自由教育」が評価され、自由画や綴り方、児童文学などが論じられます。自由学園や文化学院、池袋児童の村小学校など、民間における自由教育の実践も紹介されました。中野光『大正自由教育の研究』(一九六八年)はこうした動きを追います。山野晴雄らを中心とする自由大学研究会は、長野県をはじめ全国につくられた自由大学を発掘し、自己教育運動として把握しました(自由大学研究会編『自由大学運動と現代』一九八三年)。第二期の研究の拡がりがうかがえます。

(3)は主に米騒動以降に活性化した、階級理念に基づく運動です。米騒動以降、大逆事件で打撃を受けていた社会主義者が復活し、同時に新しい世代の活動家が登場します。友愛会（のち日本労働総同盟と改称）や日本農民組合組織が結成され、賃上げや待遇改善を求め争議が行われました。小作権や小作料の減免を要求する運動も見られます。松尾の『大正デモクラシーの研究』（一九六六年）や、金原左門『大正デモクラシーの社会的形成』（一九六七年）が要をなします。

松尾は友愛会を手がかりに、協調的な労働団体が階級的な組合になる過程を分析しました。他方で、金原は農民組合を取り上げ、農民運動と「大正デモクラシー状況」との関連を探ります。厳密な階級意識を出発点とした階級運動ではなく、緩やかにその周縁に目を配り考察をするところに、第二期の研究の関心がありました。

ヘンリー・スミス『新人会の研究』（松尾尊兊・森史子訳、一九七八年。原著 ***Japan's First Student Radicals***, 1972）も同様です。吉野作造の強い影響力のもと発足した新人会は、急進化し階級意識を前面に押し出すように変化します。スミスは、吉野の影響下、自由主義的な前期新人会と、階級運動となった後期新人会のうち、前者に軸を置きます。そして、メンバーに聞き取りを行うなどの調査を行い、その実証を踏まえて後期新人会も論じます。

社会主義については、堺利彦のほか、運動の大衆化を主張した山川均、過激社会運動取締法案への反対運動を行った平沢計七のような、状況に即して柔軟な態度をとる社会主義者に関心が向けられました。

（4）の研究は、米騒動前・後に、差別を受けている人びとが大正デモクラシーの思想を手がかりとして、平等と権利、自立を要求した運動です。全国水平社の結成を軸とする運動史は多くの蓄積があり、また平塚らいてうや伊藤野枝ら思想家、さらに『青鞜』にはじまる女性運動が多角的に考察されました。第二期は、差別を問題とする運動史研究を促進させます。たとえば、馬原鉄男『水平運動の歴史』（一九七八年）は、水平社の無産階級運動への進出を到達点と主張しました。堀場清子『青鞜の時代』（一九八八年）は、伝聞に基づくことが多かった青鞜社の全容を、丹念な史料発掘から実証的に明らかにしました。さらに、民族運動についても三・一独立運動や五・四運動の考察がなされます。朴慶植『朝鮮三・一独立運動』（一九七六年）は、その過程を伝えました。

（4）については、浩瀚《こうかん》な史料集が編まれたことを特筆しておく必要があるでしょう。『近代部落史資料集成』全一〇巻（一九八四〜八七年）、『部落問題・水平運動資料集成』全三巻＋補巻二（一九七三〜七四年、七八年）、『日本婦人問題資料集成』全一〇巻（一九七七〜八一年）、朴慶植編『朝鮮問題資料叢書』全一五巻＋補巻（一九八二〜九一年）などです。研究の成果であると同時に、これら史料集の刊行で考察がおおいに進みました（なお、水平運動史、女性史、民族運動史には膨大な研究の蓄積があるが、ここでは立ち入らない。ただし、被差別部落史、女性史について、第一期に井上清が通時的な概説『部落の歴史』〈一九五六年。北原泰作と共著〉、『日本女性史』〈一九四九年〉を書き先駆的な仕事をしたことは、明記しておく必要があるだろう)。

政党政治の確立期として

大正デモクラシー研究として、むろん、政党政治に関わる考察も多く出されました。原敬による政党内閣の実現にいたる過程と、原内閣の考察が第二期の焦点になります。

東京大学助教授だった三谷太一郎(一九三六～)は、『日本政党政治の形成』(一九六七年)で「大正デモクラシー状況」という概念を用いながら、「明治国家の解体過程及び政党政治の確立過程」を論じました。原敬が政友会を率いながら、郡制廃止問題や鉄道広軌化問題などで、藩閥勢力と「対抗と妥協」を行ったことが論じられます。

さらに三谷は、『大正デモクラシー論』(一九七四年)で、「政党内閣制確立過程」とともに「合法無産政党形成過程」(一九一八～二六年)を合わせることにより「日本における政党制の確立過程」として、一九〇〇年代から二〇年代半ばまでを描きました。

升味準之輔『日本政党史論』全七巻(一九六五～八〇年)も、明治初年から昭和期の近衛文麿による新体制の時期までを扱いますが、第三巻「大正デモクラシーと大陸政策」、第四巻「原敬の時代」の二巻が、大正デモクラシーの考察に当てられています。

第二期の大正デモクラシーは、日比谷焼打ち事件―米騒動(都市民衆騒擾)―社会運動の多様化という動きと、桂園内閣―原敬内閣(政党政治の本格的な開始)―政党内閣制という流れが併行して紹介されます。帝国主義のもとでのデモクラシーの課題と実践が歴史的に問われるということが、第二期の研究の焦点となりました。

第一期は、階級運動重視の社会主義が軸とされたために、民本主義は改良主義として一蹴されました。しかし一九六〇年代から七〇年代にかけて、幅広い民主主義の運動が模索されており、このことが大正デモクラシーの再評価となって現れてきたと言えるでしょう。もっともこの幅広さは、一方では労働者、農民を核とする統一戦線の考え方であり、他方では急進的自由主義の可能性の追求が根底にあり、単純ではありません。

さらに、社会運動の動きと政党政治とを架橋する試みも出されました。第6章で紹介した宮地正人『日露戦後政治史の研究』(一九七三年) は「国民主義的対外硬派」というグループを見つけ出したほか、松尾は普通選挙運動を介在させ(『普通選挙制度成立史の研究』一九八九年)、三谷はあらためて吉野作造に着目します。それぞれ、社会運動史と政治史を総合的に把握し、一九一〇～二〇年代の歴史像を豊かに捉えようとしていました。

大正デモクラシー崩壊の模索

さらに第二期に現れた重要な論点を、四つ付け加えておきましょう。

一つは、なぜ大正デモクラシーがすぐに崩壊してしまったかという問いです。早稲田大学教授だった鹿野政直(一九三一～)は、『大正デモクラシーの底流』(一九七三年)で、一九一〇年代のデモクラシーの高揚にもかかわらず、一九三〇年代に急速にファシズム化したという認識から、一九二〇年代に何が起こったかを明らかにしようとします。鹿野は「土俗的精神」に着目し、大本教、地域の青年団運動、中里介山の長編『大菩薩峠』という大衆文学を取り上げ考察します。

そこでは「大正デモクラシーが敢然とかかげたかにみえる〝合理〟と〝理性〟と〝西欧〟の旗のもとで、〝非合理〟ないし〝情念〟〝土着〟の伏流は、底ぶかくまた幅ひろく、ゆるがしがたくあった」とし、大正デモクラシーにみられる近代の理念が、人びとを解放するのではなく抑圧したとします。

鹿野はこの時期のデモクラシーの軸となる思想を「「改造」思想」とし、一九一〇年代の主潮流である民本主義と区別します。鹿野は、「「改造」思想」に、北一輝（『国家改造案原理大綱』）も加え、一九二〇年代の社会秩序に対する多様な批判が複雑な様相を呈すことを描きます。

松尾が一九〇〇～一〇年代、つまり米騒動以前の民本主義に力点を置き、大正デモクラシーを把握するのに対し、鹿野は米騒動以後の一九二〇年代を軸に大正デモクラシーを描きました。鹿野はデモクラシーの屈折により関心を示しましたが、ここには一九七〇年前後に戦後民主主義が厳しく問われたことの投影がみられます。『大正デモクラシーの底流』の「あとがき」には、「戦後民主主義イコール受験体制という抑圧感にみずからをしばりつけた若者たちに〔自分は―註〕向いあっている」という一文があります。

第二は以上のことに関連します。すなわち、大正デモクラシーを、米騒動を境に二つの時期に分けることとの提起です。後半期は、鹿野の命名にならい「改造の時代」と呼ばれることが多いのですが、いったん時期区分をしてみると、この時期の複雑なありようが浮かびあがってきます。第三期になると、一九三〇年代との新たな関連を意識しながら、「改造の時代」が探られるようになります。

都市、農村の解明へ

第三は、社会運動の昂揚の結果、新たな統治が現れたという見解です。労働運動や小作争議の動きを見ながら、内務省の新官僚が労働組合法案や小作組合法案を構想し、社会へ介入することを紹介します。国家主導の統制が、商工省の設置や労働組合法案となったとし、ここに、人びとの要求を吸収し包摂する新たな統治形態が生まれたとするのです。

この議論は第三期に本格的に展開されますが、まずは普通選挙法と治安維持法をセットとした体制が成立したことを指摘し、双方を関連づけます。「普選―治安維持法体制」（渡辺治「日本帝国主義の支配構造」『歴史学研究』別冊特集　一九八二年一一月）は、政党が国家意思決定の中心となり、国民の自覚をもとに国家との一体化を促し、それに従わないものは排除するという新たな体制であることを指摘します。大正デモクラシー期を考察するときに、「統合」と「排除」による国民の選別に目を向けています。

そこでは、政党政治もまた国民統合の新たな方式とされます。金原左門『大正期の政党と国民』（一九七三年）は、松尾や三谷が政党政治を大正デモクラシーの達成とするのに対し、政党による支配にほかならないとします。支配体制―統治機構からみるか、人びとの生活や運動からみるかという違いであり、戦後民主主義への評価の違いがうかがえます。つまり金原には、戦後民主主義が体制化しているという認識があったようです。

第四は、都市史研究と農村史研究の進展です。大正デモクラシー研究は、当初は国家論、とくに国家権力論に着目しましたが、第二期では社会の次元に関心を寄せます。言い換えれば、地域に立脚し、そこに生活する人びとの生活改良と社会運動に着目して、大正デモクラシーを描きます。

岡田洋司『大正デモクラシー下の〝地域振興〟』（一九九九年）、大門正克『近代日本と農村社会』（一九九四年）は、一九〇〇～二〇年代にかけての愛知県や山梨県の農村のありようを細かに記し、そこに生きる農民の生活・運動を歴史のなかで描き出そうとします。

農村問題―農民運動―農村改造を段階的に追い、農民運動にとどまらず、農会やムラの寄合いなどを通じての自治の動き、農村改革・改良の営みを、農村青年や地域のサブリーダーたちの動きを介しながら論じます。

他方、都市史研究は、東京や大阪といった大都市が対象でしたが、都市の選挙制度を通じての人びとの政治参加、学区や町内会など都市の人びとの組織化、そして都市問題―都市社会事業―都市住民運動などが扱われました。

いまではなかなか考えにくいことですが、近代日本研究では長い間、農村研究が圧倒的であり、都市を対象としたものは数少ない状況でした。こうしたなか都市史研究は、第二期の大正デモクラシー研究と重ね合わされながら登場してきました。小路田泰直『日本近代都市史研究序説』（一九九一年）、原田敬一『日本近代都市史研究』（一九九七年）、芝村篤樹『近代都市の成立』（一九九八年）などが刊行され、私も主として東京を対象とした『近代都市空間の文化経験』（二〇〇三年）を刊行しました。

また社会に着目するとき、関東大震災が新たな画期として浮上します。震災以後の都市部でのモダニズムの展開という観点からは、南博編『大正文化』（一九六五年）が研究の基礎をつくり出しました。

第三期――揺らぐ大正デモクラシーの概念

一九六〇年代半ばから七〇年代半ばに活況を呈した大正デモクラシー研究ですが、第三期には、新たな動きがみえてきます。まずは、この時期の出来事や人物についての調査が進み、詳細に叙述されるようになりました。政治史のレベルでは、立憲同志会などの非政友会について論じられます。また、地域利害が中央に吸い上げられるメカニズムを解明しようとし、護憲三派内閣以降の政党内閣の政治過程の考察も進みます。とくに加藤高明・護憲三派内閣は多く論じられるようになりました。大正デモクラットとして、大山郁夫、長谷川如是閑《にょぜかん》、市川房枝らが考察されてもいます。植民地への関心も深まり、満州研究、植民地の官僚制度、植民地統治と抵抗運動、植民地文学などが史料発掘をともないながら論じられました。

また、普通選挙に関わる議論も、松田利彦『戦前期の在日朝鮮人と参政権』（一九九五年）などをはじめ、植民地の人びとの観点からの考察が進みました。同時に被差別部落解放運動である水平運動も、朝治武『水平社の原像』（二〇〇一年）が実践するように、一つひとつの出来事に対し、史料に即した見直しがなされます。

文化研究では、今和次郎、柳田國男、南方熊楠《みなかたくまぐす》らが論じられ、雑誌『キング』の本格的な分析が行われ、豊かな歴史像が提供されています。

とともに、第三期は、とくに一九二〇年代を中心に、新たな問題関心と多彩な方法による個別の研究が一挙に提供されることにもなりました。これまで見てきた、他の近現代日本の時期の研究の第三期に共通する動向ですが、なかでもジェンダーとエスニシティに関わる論稿が目につき、第二期で論じられた個々の論点が新たな展開を見せていきました。

たとえば、『青鞜』に対し多角的な読み方が提供され、同誌に掲載された小説が、これまでの男性的な基軸によらずあらためて評価されます。さらに、この時期の差別は封建的残滓ではなく、近代的な関係のなかからつくり出されたものとし、被差別部落への差別をマイノリティ論の立場から考察しようとした黒川みどり『異化と同化の間』（一九九九年）や、ジェンダー論の立場から女性運動を捉え直した藤目ゆき『性の歴史学』（一九九七年）が出されます。マイノリティ、ジェンダーという視角の導入により、これまでの議論の枠組み自体を問うており、近代日本の枠のなかで論じられていた議論を近代の問題として把握し直し、その射程を一挙に開くものとなっています。

しかし、大正デモクラシー研究にとって重要なことは、再び大正デモクラシーの概念の有効性が問われてきたことでしょう。近年刊行された通史では、この時期を扱う巻から「大正デモクラシー」の表題が消えます。講談社版『日本の歴史』では「政党政治と天皇」（伊藤之雄）、中央公論新社版『日本の近代』では「「国際化」の中の帝国日本」（有馬学）、そして最新の小学館版『全集　日本の歴史』では「「いのち」と帝国日本」（小松裕）です。

岩波新書版通史の一冊として、私が担当した『大正デモクラシー』は、この意味では第二期の姿勢を保っていると言えますが、この傾向が進むと、再び大正デモクラシーの概念は消えるかもしれません。実際、中央公論新社版『日本の近代』でこの時期を担当した有馬学は、大正デモクラシーの「概念」ないし「枠組み」を検討する意味はほとんどないと言い切ります（「「大正デモクラシー」論の現在」『日本歴史』二〇〇六年九月号）。有馬は、そもそも第二期の研究でも、大正デモクラシーの概念が定着したのではなく、「民主化」「社会化」「国民化」の論点が提供されたとするのです。

総力戦論の登場

第三期の動向は、複雑で論点は絡み合っています。焦点は一九二〇年代後半と三〇年代との関係をいかに説明するかです。ことばを換えれば、大日本帝国のもとで、デモクラシーと戦争、社会運動と政治体制、さらに植民地主義をどのように把握するかということです。帝国主義とナショナリズム、モダニズム、さらにマルクス主義との関連も、いかに一九二〇年代と三〇年代とを関係づけ、統一的な歴史像を構成するかという点から問われています。

ハリー・ハルトゥーニアン『近代による超克』上下（梅森直之訳、二〇〇七年。原著 *Overcome by Modernity*, 2000）は文化研究の領域から、新たな一九二〇〜三〇年代像を提供しました。ハルトゥーニアンは一九二〇年代と三〇年代を断絶ではなく連続、逆接ではなく順接として描きます。一九二〇年代の営みが挫折して三〇年代の戦争とファシズムが現れたのではなく、二〇年代の生活や文化への着目が、三〇年代の状況をつくり出しファシズムへの移行がなされたと言うのです。これは、ファシズムは人びとの生活の内部から自生的に生じてきたという見解ともなっています。

一九二〇〜三〇年代の考察には、総力戦論——戦時動員体制論の考え方もあります。総力戦論は、第一次世界大戦を画期とする戦争の新たな形態に着目する議論です。簡単に言えば、第一次世界大戦で創出された戦時動員体制を、新たなシステム統合のはじまりとし、それが現代的システムとなるとする考え方です。日本では第二次世界大戦の時期になりますが、総力戦論は戦時期に社会の再編を見出します。対象の設定が、方法の問題と重ね合わされています。

総力戦論は、近代がつくり出した対抗関係——労使関係、民族対立、ジェンダー編成が戦時動員体制のなかで問題化され、①近代による階級などの差異に代わり、国民としての「社会的平準化」がもたらされたとします。戦時動員の過程で人びとを国民として平準化し「国民化」が進行したとするのです。

このとき、戦時動員体制のもとで、②人びとの主体的な営みが、システムに取り込まれたとします。「国民化」により、階級、民族、性別の差異の解消が図られるのですが、代わって、自発的な社会参加を通じた統合がなされるとするのです。

したがって総力戦論では、近代的矛盾の解決を試みた「国民化」が、新たに現代的矛盾を構成するとします。しかも、「国民化」は近代（＝国民国家）の理念ですから、近代の徹底が現代システムへと転化したという議論ともなります。

総力戦論では、第一次世界大戦後のデモクラシー状況とされた「戦間期」が、戦時動員体制というシステムの作動する時期として描き出されます。デモクラシーの論理を前提とした歴史像——単線的な大正デモクラシーという把握が困難となるのです。さらに、一九四五年の敗戦後も戦時動員体制システムは継続し、戦時と戦後が連続するという指摘もされました

20世紀以降の時代区分と総力戦論

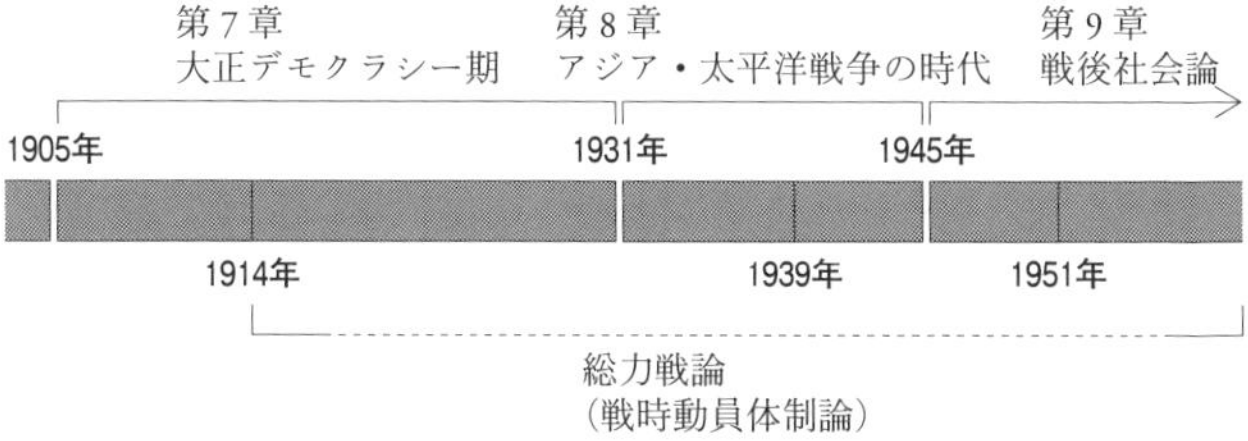

（山之内靖他編『総力戦と現代化』一九九五年）。

デモクラシーゆえのファシズム

他方で、国家による社会への介入という「現代化」という視点から、一九二〇年代後半から三〇年代を描く試みも出されます（坂野潤治他編『シリーズ　日本近現代史　構造と変動』第三巻、第四巻、一九九三、九四年）。また、森武麿（一九四五年〜）は、大正デモクラシーのなかでの大衆化、自律化、自主化を「下からの社会の現代化」とします。「下から」の契機を組み込みながら、日本はファシズムにいたったという見解です。

森は農村に立脚し、小作争議の進展により小作権や耕作権が認知されるなか、これらの社会権を取り込んだ新たな支配体制が模索されたとします。実際にはこの構想は挫折しますが、森はここに近代社会の論理とは異なる社会編成としての「現代社会への旋回」を指摘しました。森は、デモクラシーの達成を前提とした一つの帰結としてファシズムを遠望し、一九三〇年代を大正デモクラシーの成果に基づく社会の再編成として認識します（『戦間期の日本農村社会』二〇〇五年)。一九二〇年代後半と三〇年代とを連続と順接で描き、さらに現代への「旋回」を主張するのです。もっとも、森は、総力戦論には批判的です。「国民化」や「社会的平準化」はスローガンであり、それを戦時社会の分析軸にすることはできないとします。

また都市については、普通選挙の運動を手がかりに一九三〇年代が探られます。首都大学・東京に務める源川真希は、新官僚が主導する選挙粛正運動や愛市運動に着目し、政治腐敗を一掃するために優良候補を推薦する運動が、実際には既成政党の基盤を掘り崩し、翼賛市政をもたらしてしまったとします(『近現代日本の地域政治構造』二〇〇一年)。

第二期の研究が、一九二〇年代後半と三〇年代との関連を「断絶」に力点を置いたのに対し、第三期は「連続」に置きます。デモクラシーからファシズムへ、より正確にはデモクラシーにもかかわらずファシズムへ移行したとする歴史像に対し、デモクラシーゆえのファシズム——デモクラシーの達成を踏まえての戦争体制へという方向性です。

ここでは運動の論理が、体制への統合と妥協へと推移するとし、源川は、普選体制が一九四〇年代に定着し、普選体制こそが戦時体制・戦後政治を支えたという見解を出しました。

山之内靖らの総力戦論が一九三〇年代を戦争の時代と把握し、戦時動員体制を強調したのに対し、森や源川はさらに一九四〇年前後までを見越し、ファシズムを念頭に置き、下からの契機がいかに組み込まれているかに力点を置きます。しかしいずれも、一九二〇年代後半と三〇年代、デモクラシーと戦争体制・ファシズムとを連続的に把握しようとする試みとなっています。両者は、この点から第二期とは異なった歴史像を提供したと言えるでしょう。

第三期は、一九二〇年代後半の時期区分の不安定なことを指摘し、普通選挙の実施という状況のなかで、政党政治の動向、階級運動の激化などを視野に収め、一九三〇年代への移行を論じました。こうした歴史像は、大正デモクラシーの終期として論じられてきた議論の見直しにもなっています。

第二期は、護憲三派内閣による政党政治の確立に大正デモクラシーの帰結を見ることがふつうでした。しかし第三期に入り、一九二〇年代後半の大正デモクラシーの終焉を、一九三〇年代の歴史像とどのようにつなげて考えるかが、新たに設定されました。このとき、大正デモクラシーの概念が再び問われることになったのです。

第8章　アジア・太平洋戦争の時代——一九三一～四五年

1930

4　ロンドン海軍軍縮条約（36.1脱退）

1931

9　柳条湖事件、満州事変勃発

1932

1　第一次上海事変
3　満州国建国
5　五・一五事件

1933

2　国際連盟、日本に満州撤兵勧告
3　国際連盟脱退
4　日本軍、華北へ侵攻
5　中国と塘沽停戦協定

1935

2　美濃部達吉の天皇機関説、貴族院で攻撃される

1936

2　二・二六事件
11　日独防共協定

1937

7　盧溝橋事件、日中戦争へ
12　南京事件

1938

4　国家総動員法公布

1939

5　ノモンハン事件
9　第二次世界大戦始まる

1940

9　日独伊三国同盟
10　大政翼賛会発足

1941

10　東条英機内閣発足
12　英米に宣戦、アジア・太平洋戦争

1942

6　ミッドウェイ海戦

1943

2　日本軍、ガダルカナル島で敗退

1944

7　サイパン島の日本守備隊、全滅

1945

3　米軍、沖縄上陸（6月占領）
5　独、無条件降伏
8　ポツダム宣言受諾

呼称と連続・非連続性

一九四五年八月に敗戦を迎えた戦争を、どのように呼ぶかについては、さまざまな議論があります。同時代的には「大東亜戦争」であり、敗戦後は「太平洋戦争」、さらに一九五〇年代半ばには、評論家鶴見俊輔によって「十五年戦争」の呼称も提起されました（「知識人の戦争責任」『中央公論』一九五六年一月号）。

「太平洋戦争」の呼称には二段階の過程があります。まずは、連合国軍総司令部（GHQ）民間情報教育局による「太平洋戦争史」が一九四五年一二月の各新聞に連載され（翌年、書籍化し、刊行）、同月にGHQは「大東亜戦争」などの用語を公文書に使用することを禁じます。こうして「太平洋戦争」という呼称が広く用いられるようになりました。ただ、命名の仕方、つまり戦争の把握の仕方は太平洋を軸とし、アメリカ中心であることは否めません。アジアでの戦争という視点は見られないのです。

鶴見俊輔の提起は、このことと連関します。鶴見は当時、満州事変、日支事変、大東亜戦争などとバラバラにニュースが伝わってきたが、それらは一連のものであり、太平洋でのアメリカとの戦争に限られたものではないと考え「十五年戦争」の呼称を提起したと説明しています（『戦時期日本の精神史』一九八二年）。歴史学界ではこの提起を正面から受け止め、「十五年戦争」と呼ぶことが多くなりました。

1931年以降の日本の戦争

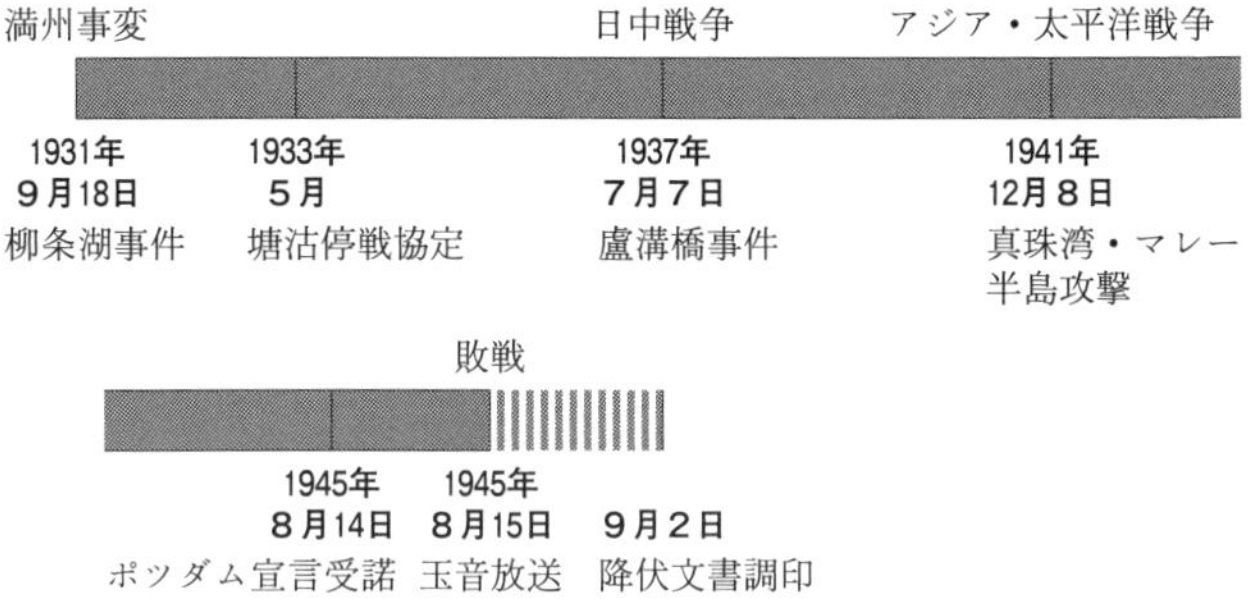

もちろん十五年戦争の言い方に批判的な論者もおり、その批判は一九三三年五月に締結した塘沽《タンクー》停戦協定により満州事変がいったん終了したとし、以降の動きと区別しようとします。しかし、満州事変は終結せずに華北分離工作としてさらに進められ、盧溝橋事件（一九三七年）の要因となったとするのが十五年戦争の見解です。

教科書では、この戦争を第二次世界大戦の一環とします が、戦争をめぐる呼称はバラバラです。山川出版社の教科書では、一九三一年九月一八日の柳条湖事件に端を発する「満州事変」、一九三七年七月七日の盧溝橋事件を発端とする「日中戦争」の全面化、一九四一年一二月八日のハワイ真珠湾と英領マレー半島攻撃にはじまる「太平洋戦争」という区分と名称を用いますが、全体を通しての名称は与えていません。他方、三省堂の教科書では「日中全面戦争」「アジア・太平洋地域の戦争」という語句を用いて説明しています。

このように、この戦争にはいくつもの呼称が併用されていますが、理由は後述するとして本書では「アジア・太平洋戦争」と呼んでいきます。近年では、一九四一年一二月以降のイギリス・アメリカなどの連合国と戦端を開いた戦争を、「アジア・太平洋戦争」と表記するようにもなってきていますが（「アジア太平洋戦争」と「・」抜き表記をする論者もいる）、これは狭義の「アジア・太平洋戦争」としておきましょう（木坂順一郎「アジア・太平洋戦争の呼称と性格」『龍谷法学』第二五巻第四号、一九九三年）。

日中戦争と狭義のアジア・太平洋戦争との関連は、論点の一つです。言い換えれば、「十五年戦争」としての把握では、連続性を強調し、両者の差異は見えにくいものです。評論家・竹内好《よしみ》は、対英米戦の開始の意味を追及し、開戦以後、多くの知識人が「戦争肯定」に向かった「抵抗から協力への心理の屈折の秘密」（「近代の超克」『近代日本思想史講座』第七巻、一九五九年）をここに探ろうとしました。竹内の問題提起の意味を、再び考える必要があるでしょう。

教科書での開戦経緯の記述

さて、高校の教科書では、開戦への経緯をたどった後、戦争の拡大する過程、戦局の転換、戦争遂行のための体制の形成、そして戦時の人びとの生活の悪化が記されます。

まずは軍部の台頭により政党内閣が崩壊します。そして、ナショナリズムが高揚するなか社会運動が衰退し、政党の力が弱まります。教科書では、皇道派の青年将校たちがクーデターを企て、斎藤実内大臣、高橋是清大蔵大臣らを殺害し、東京・永田町一帯を占拠した二・二六事件が一つの画期とされます。

対外的な出来事は、教科書では中国への武力進出とアメリカ・イギリスとの国際関係の悪化が記されます。満州事変後、満州国を建国させ日満議定書をとりかわし実質的支配を行った日本は、国際的な批判を浴びます。国際連盟から満州国の承認取り消し、日本軍の撤退の勧告を受けた日本は、国際連盟を脱退しました。日本軍は満州にとどまらず、中国華北にも侵攻し、中国との全面的な戦争へと踏み込みます。しかし、中国国民政府軍の抗戦により、日中戦争は長期化し、戦線は膠着しました。

他方、日本軍は満州・モンゴルの国境のノモンハンで、ソ連軍・モンゴル軍と衝突し大敗します（一九三九年、ノモンハン事件。近年では、「ハルハ河戦争」とも呼ばれる）。このときヨーロッパではドイツがポーランドを攻撃し、第二次世界大戦が勃発したとされますが、日本は、勝ち進むドイツとイタリアと三国同盟を結びます。教科書では、武力による南進論につながり、日中戦争の行き詰まりを打開しようとしたと説明されます。

対内的には戦時統制を図り、一九三八年に国家総動員法を制定して、国家主義・軍国主義を鼓吹し国家総動員運動を展開し、配給制が実施されたことが記されます。戦局の展開と併行して一九四〇年には、近衛文麿内閣のもと新体制運動が大政翼賛会として結実したことも合わせて叙されます。さらに続けて、「敗戦」にいたる過程が国民生活の崩壊を軸に描かれます。総じて教科書では、戦争への批判と反省を基本的な姿勢としています。

しかし現行の教科書には検定制度があり、執筆者の考えがすべて教科書に記されているわけではありません。高校の教科書に限っても、家永三郎は自ら執筆した教科書が不合格（翌年、条件付合格）とされたため、一九六五年に裁判に訴えました。

また一九八二年には、原稿段階で日本軍が中国華北へ「侵略」したという記述が、検定で「進出」と改められたことなどで、中国や韓国が抗議し外交問題となりました。二〇〇七年にも教科書の沖縄戦の記述中、日本軍による沖縄県民の「集団自決」の個所が削除され、沖縄県民を中心に大規模な抗議運動がみられました。逆に、「新しい歴史教科書をつくる会」（一九九六年結成）により、アジアへの「侵略」という認識を拒否する中学校教科書が出版されることもありました。

こうした歴史教科書の記述をめぐる問題は、アジア・太平洋戦争に関わる事項が多く焦点となっています。アジア・太平洋戦争がいまだ歴史的過去の出来事ではなく、歴史化されていないことを示しています。またアジア・太平洋戦争に関する歴史認識が、日本国内のみならず、東アジアをはじめ、国際的に問われていることにほかなりません。アジア・太平洋戦争を論じるときには、こうした状況を念頭に置く必要があります。

国際関係史と軍事史による開拓

アジア・太平洋戦争の研究は戦後に進展しますが、当初は、戦時中に隠されていた真相を暴き、新たな史料を提供するなど、戦争の事実をめぐる議論が中心でした。戦争体験記や読み物風の作品が多く刊行され、歴史学的な考察は遅れます。歴史的な出来事とするには、アジア・太平洋戦争はまだあまりにも生々しい出来事だったのでしょう。

一九五〇年代の研究では、外交を軸とする国際関係史と軍事史の比重が高く、そこからアジア・太平洋戦争を解明しようとする試みがはじまります。それは、開戦をめぐる状況を論点とする研究が中心でした（日本外交学会編『太平洋戦争原因論』一九五三年）。

以後のアジア・太平洋戦争研究を見るとき、出発点は、二つのシリーズと、政治思想史の面からの戦時期の考察と言えるでしょう。まずは、歴史学研究会編『太平洋戦争史』全五巻（一九五三〜五四年）です。「満州事変」「中日《〔ママ〕》戦争」「太平洋戦争前期」「太平洋戦争後期」「講和条約」と区分し、幅広い視点から歴史過程を追います。これに対し、日本国際政治学会編『太平洋戦争への道』全七巻＋別巻（一九六三年）は、さまざまな立場が混在していますが、外交面からアジア・太平洋戦争の原因を探りました。

他方、戦時の思想は、丸山眞男により、超国家主義として分析されました。丸山は一九四六年から四九年にかけて、雑誌『世界』に「超国家主義の論理と心理」「日本ファシズムの思想と行動」「軍国支配者の精神形態」などの論文を、次々に発表していきます。

丸山は日本のファシズムの特殊性という角度から、その担い手による「無責任の体系」

「抑圧移譲の原理」などをえぐり出します。近代日本の歪みから、戦時日本の姿の特殊性を導き出す点に、丸山の議論の特徴が見られました。さらに、丸山学派の流れを汲む、橋川文三『日本浪曼派批判序説』(一九六〇年)は、戦時に青春期を送った橋川の思想経験をもとに戦時日本の思想を論じます。

現代史の場合、体験者が多く存在する時期の歴史研究は通史からはじめられます。それぞれの出来事の重要度、出来事と出来事との因果関係は見極めづらく、出来事を通時的に記述することが最初の踏み出しになるからです。

個々バラバラに提供された体験を、通史という一つの器に入れ叙述するのですが、むろん、この作業も容易ではありません。アジア・太平洋戦争については、児島襄《のぼる》『太平洋戦争』上下(一九六五~六六年)が、最初のまとまった通史であり、しかも軍人以外の手によって書かれたものです。児島は、日本とともに連合国軍側の史料を照合し、「戦争の実相」に迫りました。アジア・太平洋戦争を考察するとき、逸することのできない作品ですが、中国戦線は扱われていません。文字通りの「太平洋戦争」史となっています。

第二期――戦時の権力と体制の解明

アジア・太平洋戦争の研究に画期がみられるのは、ベトナム戦争が激化するなか、世界的に二〇世紀前半の歴史が問われた一九七〇年前後です。本書で言う第二期ですが、この時期に歴史学界で考察された対象は、戦時の権力と体制です。戦時体制がいかなるもので、どのような権力であったかの解明に関心が向かいました。

歴史学研究会の一九七〇年度大会（現代史部会）の報告は象徴的です。木坂順一郎「日本ファシズムと人民支配の特質」、森武麿「日本ファシズムの形成と農村経済更生運動」（『歴史学研究』別冊特集　一九七〇年一〇月）の二本が並んでいます。ともに戦時における国民の組織化が、戦時動員体制のもとで形成されていく状況を、地域の次元から追跡したものです。国民精神総動員運動やさまざまな翼賛団体の活動を、史料発掘を行いながら考察しました。

戦時日本の権力については、第一期で「天皇制ファシズム論」と「二重の帝国主義」という考え方が出されていました。戦争を遂行した戦時体制をどのように考えるか、その理論的枠組みの探求です。前提は、まだ経済的な発展が不十分な段階の日本が、なぜあれだけの大規模な戦争を行ったのか、その際の権力をどう規定するのかということでした。

前者は寄生地主などの「半封建」的な性格を持つ天皇制が、ファシズム化したという考え方であり、後者は日本の帝国主義が軍事的・封建的帝国主義（＝天皇制）と、近代的・資本主義的帝国主義という歴史的に異なる二つの帝国主義からなっているとする議論です。これは、権力に対抗する側が、どのような戦略を立てるかと結びついています。戦時の理解は、そのまま戦後の解釈—権力規定に直結し、直面する変革の戦略と関わっていました。

第二期の歴史学では、さすがに戦略の点からの議論は退き、戦時日本における体制の歴史的段階を測定するという学問的姿勢になります。また木坂や森のように、その体制をファシズムと把握する論者が多数でした。しかし、ファシズムという用語はミスリードしやすく、学問的に相応しくないという議論も出されます（伊藤隆「昭和政治史研究への一視角」『思想』一九七六年六月号）。

一九六〇～七〇年代は冷戦体制のただなかであり、イデオロギー対立が厳しくみられた時期です。歴史学もこの状況を離れては存在しえず、対立がそのまま噴出しました。戦時日本の体制をファシズムと言えるかどうか検討しようという姿勢と、ファシズムという概念を用いるべきではないという議論の間には、大きな隔たりがあります。

同様に南京事件（南京虐殺）をめぐる対立と論争は、イデオロギー的対立が影を落としています。一九三七年一二月に、日本軍が国民政府の首都南京を陥落後、南京で市民に対して行った暴行や殺害、略奪に関わる論争です。発端は、新聞記者・本多勝一と、ジャーナリストである鈴木明やイザヤ・ベンダサン（山本七平のペンネームとされる）との論争です。南京虐殺は「まぼろし」とまで言われたため、歴史家たちも南京虐殺の解明に乗り出します。歴史学は実証性で応じ、洞《ほら》富雄『南京大虐殺「まぼろし」化工作批判』（一九七五年）は、論拠を記しながら議論を展開し、そのために改訂を繰り返しています。

論争の推移は、笠原十九司《とくし》『南京事件論争史』（二〇〇七年）が追っていますが、アジア・太平洋戦争をめぐっては、しばしば歴史学の世界を超えた政治問題となります。こうした状況は、第三期になっても継続します。

家永三郎による太平洋戦争の規定

こうしたなか、第二期にはアジア・太平洋戦争の総体に迫り、それを包括的に論じようとした二つの作品と一つのシリーズが生まれます。まずは、「十五年戦争」の発想に立ち、その過程と様相を総合的・通時的に明らかにしようとするものです。

一九六八年に刊行された『太平洋戦争』で家永は、当時の新聞や戦後二〇年以上を経て次第に増えてきた戦争の証言を用い、柳条湖事件（一九三一年）から敗戦（四五年）までの「一連不可分」の戦争の持つ論点を軸に、アジア・太平洋戦争像を描き出しました。冒頭で家永は書名に触れ、「厳密には「十五年戦争」と呼ぶべき」だが、この名称は一部で使用されてはいるものの、まだ一般に理解される通用性を持っていないので「太平洋戦争」をタイトルとしたと述べています。

家永は、戦争をどうして阻止できなかったかを問い、戦争の経過とそれがもたらした被害を明らかにしていきます。家永は日本の社会構造、対中国・朝鮮政策への歪み、強力な治安立法、画一的な公教育、そして軍部・軍隊の持つ反民主制と非合理性を指摘し、近代日本の欠陥の集積がアジア・太平洋戦争へ行き着いたとしました。

さらに家永は、戦時における民主主義の破壊、人びとの戦争への便乗と協力を指摘し、戦争の惨禍、わずかではあれ存在した戦争への抵抗を、人びとの手記を用いながら明らかにします。アジア・太平洋戦争が「日本の歴史上に前例のない汚辱の歴史であり、人民惨苦の歴史であった」ことを綴りました。膨大な文献を使い、緻密に戦争への過程と戦時の惨状を描き出すのですが、その目配りと実証性、論点の提示、そして具体性と総合的な叙述によって、歴史家によるアジア・太平洋戦争として、一つの画期をなす作品となっています。

また家永は、中国侵略こそがアジア・太平洋戦争の核心であり、主戦場は一九四一年一二月以降も、依然として中国にあったと強調します。日本はアメリカの物量戦術に敗れる前にすでに、「共産軍の民主主義の力にうちかちえなかった」とし、中国—中国共産党に敗北したと言います。日本はアメリカではなく、中国に負けたという歴史認識を示しました。

家永のここでの見解は『太平洋戦争』の初版でのものです。一九八六年の第二版では、数百箇所に手が入れられ文献が付け加えられたほか、天皇および国民の戦争責任について論点の変化が見られますが、ここでは立ち入りません。

帝国主義に対抗する民族主義

他方、愛知大学教授だった江口圭一(一九三二〜二〇〇三)は『十五年戦争小史』(一九八六年、新版九一年)で、戦争の推移をたどることに主眼を置きました。江口も、中国への侵略戦争からはじまり、その対象が満州から華北、中国全土、さらに東南アジア、太平洋へと拡大していった戦争として把握しています。鶴見による「十五年戦争」という問題提起を受け、江口は「満州事変」「日中戦争」「アジア太平《（ママ）》洋戦争」という「三つの段階＝戦争」を指摘し、政治の動向と軍部の動きを軸にその過程を描き出します（第一段階は、さらに塘沽停戦協定で、二つの小段階——狭義の満州事変と華北分離工作——に分ける）。

　同時に江口は、現代史を帝国主義研究として開拓していきます。『十五年戦争小史』では、日本帝国主義の二面性——対英米協調路線と反英米の膨張路線（アジア・モンロー主義）の対立・抗争・妥協を背景に、一九三〇年代からの複雑な国内外の政治状勢を記します。江口は、①英米を中心とする帝国間の国際的な関係、②中国内での国民党と共産党の動向、傀儡政権の樹立、③日本の侵略の具体的な様相、④政府、軍部、政党による国内の政治と体制といった要素を見据え、これらが複雑に絡み合いながら推移していく過程を、⑤人びとの意識も視野に入れながら考察します。『十五年戦争小史』は、満州事変をめぐる政府の不拡大方針と関東軍による戦線の拡大という対立から書き起こし、満州国の成立、華北支配を狙った分離工作の動き、さらに国内での排外主義的・軍国主義的風潮、五・一五事件から二・二六事件へという動きで描きました。

　基本的には政府と軍部の動向—政軍関係によっていますが、この著作が石島紀之『中国抗日戦争史』（一九八四年）と同時期に出されたことは、帝国主義とそれに対抗する民族運動を合わせ叙述することが、第二期のもう一つの大きな枠組みであるということを示しています。

当初、排外主義と戦争への動員を分析の要としていた江口は、一九八二年の教科書問題を転機に、「中国侵略・加害の実態解明」に向かったと述懐しています。

問われる日中戦争の記述

では、次にシリーズを挙げましょう。シリーズ『昭和の歴史』全一〇巻＋別巻（一九八二～八三年）です。一人一巻を担当し、その時期の歴史叙述を行う通史の体裁を持ちます。江口『十五年戦争の開幕』、藤原彰『日中全面戦争』、木坂順一郎『太平洋戦争』はこのなかの一冊でした（ほかに、大江志乃夫『天皇の軍隊』、粟屋憲太郎『昭和の政党』など）。

このシリーズでは、まずは大局的に、外交、軍部の動き、国内の政治体制を、戦闘の画期と組み合わせながら、大陸への侵攻の開始、戦線の拡大、連合国軍との開戦、戦況の推移、そして敗戦という流れとして描き出します。現代史研究の核心が、戦争研究に凝縮されていることがうかがえるでしょう。もっとも十五年戦争と言いつつ、一九四一年一二月八日に対英米戦が開始されると、そちらの比重が重くなり、太平洋での動きが重視されます。

他方で、臼井勝美『日中戦争』（一九六七年、新版二〇〇〇年）は、中国大陸での戦線に視点を据え、終章を「太平洋戦争下の中国大陸」とし、一九四一年一二月八日以降の中国大陸での作戦と戦闘に約六〇ページの紙数を当てます。全面的に書き改められた新版では、さらに明確に、一九四四年七月から九月の雲南省とミャンマー国境付近―拉孟《らもう》や騰越《とうえつ》での激戦、四五年一月に計画され日本軍が敗北した湖南省での芷江《しこう》作戦について記します。

こうした叙述のうえで、一九四一年一二月を境に日中戦争を前期と後期に分けたとき、日本軍の戦死者、戦傷病者ともに後期が多いことを臼井は指摘します。中国大陸での戦闘がこの時期にも多くの死傷者を出していたのですが、ことは戦後における日中戦争の認識に関わります。臼井の見識をうかがうことができるでしょう。

戦争研究と戦争責任論の連動

アジア・太平洋戦争研究の大きな特徴の一つは、戦争研究と戦争責任論とが対をなしてきたことです。家永は『太平洋戦争』の刊行後に、『戦争責任』（一九八五年）を著しました。戦争責任論では多くの研究領域が浮かび上がってきました。

第一に、昭和天皇の戦争責任をめぐる議論です。井上清は『天皇の戦争責任』（一九七五年）を刊行し、昭和天皇の戦争への関与について、対英米戦の決定、指導、降伏の役割を歴史的に検証し、批判的に考察しています。昭和天皇の戦争責任論は、敗戦後、および昭和天皇の死の前後に議論となりますが、井上は昭和天皇が訪欧の際に受けた批判をみて、昭和天皇の戦争責任がいまだ過去のものとなっていないと認識しました。そして、昭和天皇の戦争責任をめぐって、歴史的な考察を行いました。

第二に、戦時における言論や行動の検証です。山中恒《ひさし》『ボクラ少国民』全五巻＋補巻（一九七四〜八一年）は、戦時に教育を受けた山中が、戦後に膨大な史料を収集し、教育者や言論人が、戦争を煽ったことを逐一、書き留めたものです。執念の塊ともいうべき著作で、巻を追うごとに大部になり、最終巻などは七〇六ページにもなっています。規則や法令、小学生の作文から雑誌の論文、単行本まで、あらゆる戦争賛歌の史料が引用され告発されていきます。

また鈴木裕子『フェミニズムと戦争』（一九八六年）は、羽仁説子、高良とみ、奥むめおといった戦前・戦後の女性運動のリーダーたちが、戦時に動員体制や国策遂行に関与していたこと、しかし戦後にその行動を隠していたことを論じました。鈴木の記述はいささか声高な告発調ですが、女性運動リーダーの戦時の言動の批判的言及としては、最も早い作品の一つです。ただ分析方法について、のちに上野千鶴子に批判されました。

上野の批判は、鈴木が戦後の位相から女性リーダーたちの戦時の言動を批判していることについてです（『ナショナリズムとジェンダー』一九九八年）。侵略戦争としてアジア・太平洋戦争を批判する戦後の価値観で、当時の行動を裁断しているという批判です。一般化して言えば、出来事が終了した事後の立場と視点から、出来事の評価と批判を行うことが、歴史家として適切な行為であるかという歴史学の根幹に関わる論点です。これまで歴史家は史料収集にエネルギーを注ぎ、歴史認識の正しさを最優先し、認識論的な方法や叙述の次元については軽視しがちでした。上野の指摘は、こうした歴史家たちの作法に対する厳しい批判と問いかけでもありました。

第三には、人びとの戦争責任についてです。吉見義明『草の根のファシズム』（一九八七年）と藤井忠俊『国防婦人会』（一九八五年）は、「民衆」の戦争責任を問うた議論です。吉見は、多数刊行されながら言及されてこなかった従軍記を史料とし、記述されたこと／記述されなかったこと、さらに意識化されずに、記述しなかったことに踏み込みます。当人への聞き取りを行い、（戦後の認識を押さえながら）戦時期の人びとの内面に入ろうとします。

他方で藤井は、史料が乏しかった国防婦人会を対象に、女性たちの行動に分け入りました。カッポウ着とタスキを身につけ、女性たちを組織化する庶民女性を主人公とした銃後形成史——戦争における「民衆の支持体系」の解析です。吉見も藤井も、外部から一方的に断罪するのではなく、当事者の内面に入り、その世界の論理と倫理を明らかにし、人びとの戦争責任への歴史的な評価を行いました。

また、女性の戦争参加を考察した「女たちの現在《いま》を問う会」による『銃後史ノート』（一九七七年）が創刊されたことは見逃せません。この会を主催した加納実紀代は、『女たちの〈銃後〉』（一九八七年）を著し、兵士を送り出した加害者としての女性を論じました。指導者にとどまらず一般の女性に対しても批判は及びます。

先述しましたが、こうした問題意識の背景にはベトナム戦争がありました。一九六〇年代半ば以降、ベトナム戦争が激化し、アメリカの影響下にある日本が、ベトナムの人びとに対し加害者であるという認識を各自は有していました。この意識が、アジア・太平洋戦争の認識転換をもたらしたと言えるでしょう。さらに、吉見や加納にとっては、両親の世代の戦争責任を問う行為ともなっています。

他方で、戦時下の抵抗運動の史的追及も、第二期の重要なテーマでした。同志社大学人文科学研究所編『戦時下抵抗の研究』全二冊（一九六八〜六九年）は、その代表的な著作で、キリスト者と自由主義者による軍部への抵抗の諸相を論じました。

そのほか、個人に焦点を当てたものでは、清沢洌《きよし》（「暗黒日記」）、正木ひろし（「近きより」）、桐生悠々（「他山の石」）らの営みが、史料と合わせ紹介されました。仏教やキリスト教によって非戦を貫いた、妹尾義郎や灯台社の明石順三の行動も論じられます。

また、北一輝、大川周明ら超国家主義者、権藤成卿《ごんどうせいきょう》、橘孝三郎ら農本主義者——これまで右派とされ、ファシズムに接近したと見られていた思想家・運動家にも関心が寄せられます。国家改造という観点から北一輝を見直した、松本健一『若き北一輝』『北一輝論』（一九七一年、七二年）は、そうした潮流の一冊でした。ゾルゲ事件に関与し、スパイとして処刑された尾崎秀実《ほつみ》もアジア認識に焦点を当てながら言及されました。抵抗と翼賛の微妙な領域で活動した思想家・運動家たちへの関心ということができます。

他の時代と異なる二つの点——史料と人びととの経験

アジア・太平洋戦争をめぐる議論は、これまで見てきた第1章から第7章までの研究とは異なる面があります。一つは史料に関わる点であり、もう一つは人びとの経験の直接的な投影・導入という点に関連しています。

第一の史料については、アジア・太平洋戦争が第二期に入ってても歴史になりきっていない部分が多くあるということと対応しています。第二期でも、公開されない公文書が少なくありません。戦後に防衛庁（現防衛省）をはじめ諸官公庁に引き継がれた文書群、アメリカに保管されていた陸海軍関係の史料や占領軍が収集した文書などを調査し解読することが、現代史研究の基礎的な作業となりました。ここには、聞き書きという史料作成も含まれます。

みすず書房が刊行した、二期にわたる膨大な『現代史資料』全四五巻＋別巻（一九六二～八〇年）、『続・現代史資料』全一二巻（八四～八六年）は、史料の共有とともに、現代史の史料の性格を提示したことにより、研究のうえで大きな礎石を築きました。

また、立教大学教授だった粟屋憲太郎（一九四四～）は、アメリカが押収し保管している史料群を調査し、そこから新たな出来事を発見し、通説を修正する研究スタイルを定着させました。粟屋がアメリカの公文書館で見出した史料は、しばしば新聞などのメディアで新たな歴史的出来事の発見として報道されました。こうした現代史の史料をめぐる動きが、史資料としての公文書の公開要求と連動していることは重要です。

第二の点は、一九七〇年前後に人びとの戦時生活に焦点が当てられ、これまで書き留められることが少なかった経験を文字化していくという作業として現れます。母体となったのは、自治体史や自治体の社会教育、学習サークル、あるいは市民運動などの社会的活動でした。さまざまな運動と連動しながら、それぞれの人びとにとっての戦争経験が書き留められました。

アジア・太平洋戦争の領域では、学界と在野、研究と運動が相互に乗り入れし、そこから論点を発信するという特徴があります。詳述しませんが、歴史学とドキュメンタリー、ルポルタージュ、ノンフィクションの関係も親密になります。南京大虐殺の証言を収集した本多勝一『中国の旅』(一九七二年)や、細菌戦の研究を行った七三一部隊を追及した森村誠一『悪魔の飽食』(一九八一年、八三年)などは、その好例でしょう。

人びとの証言を紡いで

さらに、人びとの戦争経験の意味を探る考察も見られます。先に紹介した家永『太平洋戦争』はこうした証言を束ねて、アジア・太平洋戦争を論じた著作ですが、このほかにも個々の経験や個別の出来事のなかに入り込み総合化を図る作品や、認識論的な提起を行う著作が出てきます。たとえば、小山仁示『大阪大空襲』(一九八五年、改訂版八九年)、今井清一『大空襲5月29日』(一九八一年、新版九五年、二〇〇二年)は、改訂のたびごとに調査の結果を書き替えています。ひとりの死者をもおろそかにしない姿勢を見せています。

さらに、アジアの民衆へのまなざしも打ち出されます。第二期は、植民地、満州、あるいは満蒙問題に注目し、アジアの視点から戦争を語る作品——朴慶植『朝鮮人強制連行の記録』（一九六五年）や宮田節子『朝鮮民衆と「皇民化」政策』（一九八五年）などが刊行されました。

他方、国策として展開された南満州鉄道や満州への農業移民については、原田勝正『満鉄』（一九八一年）、岡部牧夫『満州国』（一九七八年）など、比較的早い時期から研究が見られます。アジア侵略を理念として語った「東亜共同体」や「大東亜共栄圏」については、小林英夫『「大東亜共栄圏」の形成と崩壊』（一九七五年）が社会経済史と重ねながら考察しています。もっとも植民地と戦争の考察には史料の発掘と合わせ、いまだ時間が必要でした。南洋についても、矢野暢《とおる》の先駆的な『「南進」の系譜』（一九七五年）などの一連の作品を除いてはほとんど研究はありません。

こうしたなか茨城大学教授だった吉沢南（一九四三〜二〇〇一）は、ベトナム戦争研究のなかから戦時の日本軍の動きを探り、一九八六年に『戦争拡大の構図』『私たちの中のアジアの戦争』の二冊を刊行しました。アジアの視点からアジア・太平洋戦争を捉える姿勢を打ち出した作品です。

前者は文献に基づく考察、後者は多様な経歴を持つ四人の人物の聞き書きで構成されています。後者に登場するのは、アジア・太平洋戦争期にベトナムに関わり、日本の敗戦後もそのままベトナムに留まった人たちです。彼らのライフヒストリーの集積により、戦闘以外の戦争史、敗戦で区切られない歴史、そして国境で分断されない歴史がたどられます。

吉沢はオーラル・ヒストリーと文献史学の関連を追及する姿勢を見せ、アジア・太平洋戦争を描く際の史料と方法に注意を払っています。人びとの側の第一次資料の提供と、アジアでの戦争をその経験に即して明らかにしようとしました。このことは当然、戦争認識にも関わります。吉沢は日本の研究者として、加害者の立場から「アジアの戦争における庶民」を描こうとしたと述べています。アジア・太平洋戦争研究における第二期の研究の一つの達成点を見ることができるでしょう。

第三期——戦後責任論追及と歴史修正主義

アジア・太平洋戦争の直接の経験者が徐々に姿を消していくなか、一九九〇年前後には、冷戦体制が崩壊する世界史的な激動が起こります。湾岸戦争やイラク戦争など、新たな形態の戦争が登場し、戦争研究と現状との緊張関係が強まりました。こうしたなかでの第三期は、これまでの研究が緻密になる一方、記憶や戦争の語り方という新たな関心が登場します。

まず、東アジアのなかでの戦争として、アジア・太平洋戦争がより厳しく問われるようになります。戦争が過去の出来事ではなく、現時のアジアの人びととの関係のなかで、戦争責任、戦後処理・戦後責任を焦点として問われます。これまで戦争責任を果たしてこなかったことが、戦後の責任として突きつけられたのです。

吉見義明『従軍慰安婦』（一九九五年）は、こうした事態を真正面から切実に受け止めた一冊です。吉見は、一九九一年に日本政府に対し謝罪と補償を求めて裁判に訴えた韓国人の元従軍慰安婦から受けた衝撃をきっかけにして、この本を書いたと述べています。従軍慰安婦の存在は知られてはいましたが、「この問題が女性に対する重大な人権侵害であり、国家犯罪・戦争犯罪につながる性格をおびているものであったことを、わたしたちはどれほど気づいていただろうか」と問いかけます。

こうした吉見の認識をはじめ、歴史学は新たな戦争／戦後責任論を追及することになり、戦争を媒介としたアジアとの関係も再考することとなります。二〇〇〇年に東京で開催された国際女性戦犯法廷は、そうしたなかでの出来事でした。また日本の戦争責任資料センターが「アジアへの加害責任を果たそう」と発足し、機関誌として『季刊・戦争責任研究』を一九九三年から刊行します。

また第三期には、歴史修正主義との対立という特徴があります。日本軍の従軍慰安婦への関与や、彼女たちに対する強制性の有無をめぐり、歴史修正主義と歴史学界とが厳しく対峙します。アジア・太平洋戦争が、欧米の植民地主義からの民族解放戦争であったとする解放史観も根強く残るなか、従来の論点が残されながら、冷戦崩壊という新しい状況下で新たな争点がつくり出されたのです。歴史修正主義に対しては、第一期、第二期の歴史学の研究で積み上げられてきた論点が有効で従来の批判が通用する局面と、それが機能しない局面とが現れます。考慮すべきは、歴史修正主義も冷戦体制崩壊に対応した認識と叙述を採用しており、従来の批判方法そのままでは、歴史修正主義に対抗できず、新たな方法が要請されたことでした。

帝国論のシリーズ

他方で、第三期の新しい展開として帝国論を踏まえた戦争研究が現れました。代表的なものとして『岩波講座 アジア・太平洋戦争』全八巻（二〇〇五〜〇六年）があります。本書で「アジア・太平洋戦争」と表記するのは、このシリーズに拠っています。ここでは、十五年戦争として把握されてきた戦争研究を整理し、あらためて冷戦体制後――戦後後の問題意識、方法、認識によって、戦争を考察しようとしています。

「なぜ、いまアジア・太平洋戦争か」（第一巻）と問いかけ、「二〇世紀の中のアジア・太平洋戦争」（第八巻）と長い射程のなかに、アジア・太平洋戦争を位置づけます。そして戦争にいたる政治過程を追い（第二巻「戦争の政治学」）、その「動員・抵抗・翼賛」（第三巻）と「支配と暴力」（第七巻）を考察します。

ここでは時間的には戦闘の時期に限らず、空間的にはアジアと太平洋の戦線に目を向けようとしました。十五年戦争と言ったときの時間的・空間的な限定に対し、その拡大を図ったのです。また、戦争は一九四五年八月で完結せず、戦後に課題が残され、戦後を規定する冷戦体制のもとで、新たな矛盾が加わったとの認識を持ちます。そのうえで、アジア・太平洋戦争を、植民地を有していた帝国（間）の戦争として把握しました。

さらに、ジェンダーのありようやマイノリティの動員に着目し、抵抗と協力、支配と翼賛の微妙なありようにも踏み込みます。銃後に力点を置くとともに（第六巻「日常生活の中の総力戦」）、前線の事態にも目を向けます（第五巻「戦場の諸相」）。こうして、植民地を巻き込んだ「帝国の戦争経験」（第四巻）を取り出し、帝国と植民地間にとどまらず、植民地間でも頻繁に行われた移動、および巨大な社会変動をもたらした戦争を多角的に考察しました。

総力戦論については第6章で触れましたが、この議論で欠けていた植民地論を取り入れ展開されるのが帝国論による戦争研究です。この帝国論のなかで、大東亜共栄圏論を軸とする新たなアジアと植民地・占領論が出されます。倉沢愛子『「大東亜」戦争を知ってますか』（二〇〇二年）は、これまでの東アジア中心であった目を、東南アジアに向けさせました。インドネシア、ミャンマー、フィリピンなどで傀儡政権がつくられますが、そこでは各国の状況があり、占領にとどまった場合もあることが論じられています。後藤乾一は、日本軍政下のインドネシアを長く考察していますが、『近代日本と東南アジア』（一九九五年）では、インドネシアを含むさらに巨大な地域を対象としました。

倉沢も後藤も、西洋による植民地化からの脱却と大日本帝国の戦争との関連、日本による占領・統治による社会秩序の変容に踏み込み、単線的ではない議論を展開しています。

沖縄への注目——屋嘉比収の試み

第三期では、沖縄戦にあらためて焦点が当てられました。沖縄戦については、第二期からの研究の積み重ねがあり、大城将保『沖縄戦』（一九八五年、改訂版八八年）をはじめ、委曲を尽くした著作が少なくありません。しかし、教科書記述で沖縄住民の集団自決への日本軍の関与について議論がされるなかで、あらためて沖縄戦を考察する動きが起こります。

沖縄大学准教授だった屋嘉比《やかび》収（一九五七～二〇一〇）は、『沖縄戦、米軍占領史を学びなおす』（二〇〇九年）で沖縄戦を語る意味を追及し、どの位置から沖縄戦を語るかについて厳しく問いかけます。沖縄ではアジア・太平洋戦争での唯一の地上戦があったという不用意な言い方が、硫黄島での戦闘に注意を促しながら斥《しりぞ》けられるとともに、屋嘉比は、アジアの戦場では地上戦が大半であり、地上戦を経験しない地域のほうが少数だとします。

また、屋嘉比はガマ（自然洞窟）のなかで行われた「日本軍の上意下達の構造的強制」による「住民同士の殺害」を集団自決としたうえで、集団自決を免れたガマがあったことを紹介します。この事例を通じ、屋嘉比はあらためて沖縄における共同体と個との関係を批判的に言及し、それを集団自決の要因の一つとしました。

屋嘉比は、こうして沖縄戦を再考しながら、歴史のなかで「誰の声」を聞くかが問われると言います。どの立場から、誰に誰の声を届けるのか――このことこそが沖縄戦の語りにほかならないとして、屋嘉比はその実践を試みたのです。しかし屋嘉比は、この著作を出版後に急逝し、その営みは途絶してしまいました。

植民地内の移動と動員

他方、東アジアのなかでの人の移動もまた正面から扱われました（杉原達『中国人強制連行』二〇〇二年、西成田豊『在日朝鮮人の「世界」と「帝国」国家』一九九七年、など）。加藤聖文『「大日本帝国」崩壊』（二〇〇九年）は、「東アジアの１９４５年」という副題を持ちますが、大日本帝国の崩壊を、朝鮮半島や台湾、樺太などの地域に目配りしながら論じます。敗戦にともなう人の移動が論じられることになりました。移動という視点は、帝国と植民地を単純に二分するのではなく、相互の影響に目を向け、植民地内の移動を見据える姿勢でもあります。

植民地からの動員については、内海愛子『朝鮮人ＢＣ級戦犯の記録』（一九八二年）が早くに論じていました。内海は、俘虜収容所の監視要員であった朝鮮人に着目し、彼らが軍属としてタイやマレー、ジャワなどの収容所に配属され、戦後に捕虜虐待の容疑で、シンガポールやバタビアの法廷で裁かれたことを紹介します。彼らの多くは服役後は日本に来るのですが、植民地の人びとが戦時・戦後に日本に翻弄されながら移動を繰り返していたことを明らかにしました。また、内海は、ジャワで連合国捕虜の監視をし、戦後に戦争犯罪人とされた金完根《キム・ワングン》の足跡を軸とする『キムは、なぜ裁かれたのか』(二〇〇八年)を刊行します。内海はタイトルについて、「キム」という名は、朝鮮人戦犯一四八人、なかでも捕虜収容所監視員一二九人を象徴する名前として使用している」としています。

内海の問題意識は、「朝鮮人が日本の戦争責任を問われて戦争犯罪人になっている」ことへの衝撃と反省です。植民地出身でありながら、BC級戦犯として死刑に処せられた、朝鮮人、台湾人がいたのです。内海は文書史料を収拾する一方、聞き取りを何度も行い、彼らの個人史を明らかにします。そして、ここで、裁かれた戦争犯罪とはいったい何であったかを追及します。これは、日本の戦争がアジアの人びとに強いたことを問い、戦争責任を再考する議論にほかなりません。日本の戦争責任と戦後責任、さらに植民地責任を合わせて問う姿勢が見られます。

このほか姜徳相《カン・ドクサン》は、時間をかけた調査により『朝鮮人学徒出陣』(一九九七年)を出し、日本人の経験としてのみ論じられていた学徒出陣に対し、朝鮮人学徒の経験を掘り起こしました。

昭和天皇をめぐる政治史の進展

第三期は、史料の公開により、敗戦をめぐる政治史が深まります。戦時と戦後の連続/非連続を検証しようという問題意識も登場しました。昭和天皇が死去したこと、その後に公開された天皇周辺の複数の史料が、その一つの牽引となりました。

とくに宮内省官吏の遺族のもとにあった史料は、『昭和天皇独白録』（一九九一年）として刊行されますが、天皇が戦時を回顧したものと報道されて評判を呼びました。吉田裕『昭和天皇の終戦史』（一九九二年）はこの記録を解読し、昭和天皇が自らの戦争責任を回避するために作成したものと意味づけます。吉田は、さらに近衛文麿、木戸幸一という天皇の側近や重臣たち、いわゆる「宮中グループ」と呼ばれる集団に着目します。宮中グループは、当初は東条英機の政権を支える役割を担いますが、戦局が悪化すると、軍部（陸軍）に反対し、天皇制を温存した戦争の終結をめざします。吉田の議論は、戦後の支配構造を見据えたものとなっています。

雨宮昭一『戦時戦後体制論』（一九九七年）も、戦前・戦時—戦後の移行を探ります。陸軍統制派などの「国防国家派」、近衛文麿の周辺に集まったブレーンなど「社会国民主義派」、既成政党勢力である「自由主義派」、陸軍皇道派らの「反動派」と、四つの政治潮流を抽出し、前二者が総力戦体制を担い、統制経済などの政策を通じて社会の「平準化」—「下降的均質化」を図るのに対し、後二者はそれに対抗したと主張します。

敗戦までの過程は、後二者による反東条英機連合が前二者を制し、早期和平路線が唱えられたとします。敗戦後—占領期には「自由主義派」が政治の主流になりますが、雨宮はすでにその勢力が敗戦前＝占領前に存在していたと言います。あわせて、総力戦体制（戦時動員体制）によって変革された社会の存在も指摘しました。占領・改革と総力戦体制が対立するのではなく、占領・改革が、総力戦体制の方向を引き継ぎ完成させたという認識です。

吉田や雨宮は、戦時と戦後の政治勢力、戦時体制と戦後政治の関係について、昭和天皇の政治力と宮中グループの存在に目を配り、一つの解答を出しています。

兵士と軍隊への眼差し

他方で兵士と軍隊が、アジア・太平洋戦争研究の新たな対象となりました。藤原彰は、現代史研究を開拓した研究者の一人で、次章で触れる『昭和史』（一九五五年）の執筆に参画しますが、晩年に著した『餓死した英霊たち』（二〇〇一年）で、兵士の餓死に焦点を当てました。そして栄養不足による狭義の餓死者と、栄養失調で体力をなくし感染症などで病死した広義の餓死者は、なんと日中戦争以降の軍人・軍属の戦死者の六割に当たる一四〇万人に達するとします。『餓死した英霊たち』のなかで、藤原は次のように述べます。

悲惨な死を強いられた若者たちの無念さを思い、大量餓死をもたらした日本軍の責任と特質を明らかにして、そのことを歴史に残したい。大量餓死は人為的なもので、その責任は明瞭である。そのことを死者に代わって告発したい。

軍隊については、荒川章二『軍隊と地域』（二〇〇一年）が、軍隊施設による地域の開発という視点を打ち出しました。

体験・証言から記憶へ

メディアと戦争の関連の追及も新しい論点となります。一ノ瀬俊也『戦場に舞ったビラ』（二〇〇七年）は、ビラ、宣伝、あるいは軍隊マニュアルから戦争と軍隊を描きました。また、映画や雑誌の図像などが人びとを煽り、戦争へと動員するという観点からの考察も行われます。戦時の感情が、メディアによってつくり出され増幅されていくとするのです（ピーター・ハーイ『帝国の銀幕』一九九五年、若桑みどり『戦争がつくる女性像』同年）。

他方で、戦後において、戦争がいかに語られてきたかをメディアのなかで探る試みもなされます。福間良明『「反戦」のメディア史』（二〇〇六年）、『殉国と反逆』（〇七年）はこの観点から描かれています。

こうした作品にみられるのは、戦争研究にとって、いまや映画や小説など、戦後の過程でメディアによって語られてきたものを無視することはできないという認識です。

戦後の戦争認識の推移を、戦争責任を軸にたどった吉田裕『日本人の戦争観』（一九九五年）も、こうしたなかにおける一冊でしょう。『日本人の戦争観』は政治的な動向を主眼としていますが、戦記、軍人の評伝、少年に提供された戦争話など多くの対象に目を配り、さらに世論調査も用いて考察します。吉田は、戦後日本の戦争認識が、対外的には「必要最小限度」の戦争責任を認める一方、国内に対しては事実上それを否定する「ダブル・スタンダード」となっていることを指摘します。

メディアの観点から戦時を論じた作品のなかで、ジョン・ダワー『人種偏見』（斎藤元一訳、一九八七年）（タイトルを変更し『容赦なき戦争』二〇〇一年。原著 ***War without Mercy,* 1986**）は、タイトルどおり「人種」をめぐる対抗を描き出します。ダワーは、欧米人から見た戦争と日本人から見た戦争の双方に言及します。そして、多くの図像を用い、日米双方が相手を互いに人種化し、排外主義的なナショナリズムを煽っていく様相を描き出しました。戦争に参加した人びとにとってアジア・太平洋戦争は「人種戦争」であり、互いにむき出しの偏見をさらけ出し、「人種的プライド」をぶつけあうさまを明らかにしました。

ダワーが描くのは、日米双方の人種偏見です。ともすれば、国際法に違反し、毒ガスを使用し、生物兵器を開発しようとする日本軍の特異性が指摘されるなか、ことはアメリカ軍でも同様であったという認識です。日米をともに批判する歴史認識を、ダワーは提供します。

第三期のこうした新たな動向は、戦時と戦後の連続／非連続、体験から証言へと論点を移行させてきたアジア・太平洋戦争研究が、記憶の領域に向きあおうとしていると言うことができるでしょう。戦後の過程で考察されてきた戦後の戦争像の検証を包み込みながら、考察が行われています。

他方、植民地を論ずる際に、帝国主義と民族主義の対抗に議論を集約せず、しばしば植民地人が「日本人になること」を問題とする視点を持ち込む研究も目立つようになりました。デューク大学でアジア研究を行っているレオ・チンの著した『日本人になる』（*Becoming "Japanese"*, 2001）は、植民地台湾の台湾人たちが、日本人として死ぬことで差別が解消されてしまうかのような錯誤を持ってしまうアイデンティティをめぐる政治を描き出します。帝国―植民地をアイデンティティの観点から把握し、その複雑なありようを記しました。序章で触れた、酒井直樹が早くから提唱していた議論ですが、この問題意識が歴史学のなかでも共有されてきたことを示しています。

第9章　戦後社会論

——同時代史の解明

1945

9　降伏文書調印
10　マッカーサー、五大改革指令
12　農地改革指令
12　衆議院議員選挙法改正公布（女性の参政権獲得）

1946

1　天皇人間宣言
1　公職追放始まる
5　極東国際軍事裁判（東京裁判）開廷（〜48.11）
11　日本国憲法公布（47.5施行）

1950

6　朝鮮戦争勃発（〜53.7　停戦協定）
8　警察予備隊設置

1951

9　サンフランシスコ平和条約・日米安全保障条約調印（52.4発効）

1952

5　メーデー事件

1955

11　自由民主党結成、55年体制

1956

10　日ソ共同宣言
12　日本、国際連合に加盟

1959

4　皇太子結婚
4　安保改定阻止運動始まる

1960

5　新安保条約強行採決（6月自然
認）

1964

10　東京オリンピック開催

1965

6　家永三郎による第一次教科書裁判
6　日韓基本条約調印

1967

8　公害基本法公布

1968

4　小笠原返還協定（6月実現）
　　ＧＮＰ、資本主義国第二位に
　　全国で大学紛争激化

1969

1　東大安田講堂封鎖解除

1971

6　沖縄返還協定調印（72.5実現）
8　ドル・ショック。米、ドルと金の
換停止。変動為替相場制へ（73
〜）

1972

2　浅間山荘事件
9　日中共同声明により、日中国交回

1973

10　第一次オイル・ショック

1976

7　ロッキード事件、田中角栄元首相
捕

1985

9　プラザ合意。円高懸念から低金利
策へ

1987

　　バブル景気始まる（〜91）

1989

11　ベルリンの壁崩壊

1991

1　湾岸戦争
12　ソ連解体

「戦後」の三区分と歴史の流れ

アジア・太平洋戦争の敗戦後に、「戦後」と呼ばれる時代が続きます。戦後の歴史過程は、(1)敗戦後から一九五一年サンフランシスコ平和条約の締結頃、(2)保守と革新の対立というわゆる五五年体制と高度経済成長の時代、(3)一九七〇年代以降の「経済大国」からバブル経済を経ての現在と、区分しながら叙述されるのが一般的です。以下、歴史の流れを簡単に触れておきましょう。

(1)は、戦後日本の秩序の形成が、日本の占領・改革と並行して行われた時期です。GHQ/SCAP(連合国軍最高司令官総司令部)は、旧日本軍の武装解除、戦犯に対する裁判などの非軍事化政策を行います。一九四五年一〇月には人権指令を出し、治安維持法の廃止、特高警察の解体、政治犯・思想犯の釈放などを行いました。また、五大改革指令として、参政権付与による女性の解放、労働運動の助長、教育の自由化・民主化、圧政的諸制度の撤廃、経済機構の民主化政策も行います。

さらに、翌一九四六年一月には、政界・財界や言論界などの公職から、戦争協力者、職業軍人らを追放します。いわゆる公職追放です。寄生地主制から小作人を解放し、自作農を創設する農地改革や、財閥の持ち株を公売する財閥解体も行われました。こうした一連の非軍事化・民主化政策のなかで政党政治が復活し、労働組合が結成され労働運動が活性化します。

日本国憲法や教育基本法も制定されます。

しかし、社会運動が展開されるなかで占領政策が転換します。一九五〇年に朝鮮戦争がはじまり、警察予備隊がつくられ公職追放も解除されます。冷戦体制の現れです。講和が議論され、平和条約にソ連や中国を含める全面講和論と、一部の国との締結でもやむを得ないとする片面講和論との間で激しい対立が起こります。そして、一九五一年九月にサンフランシスコ平和条約が結ばれ、日本は主権を回復します。このとき同時に、日本の防衛のためにアメリカ軍を駐留させる、日米安全保障条約も調印されました。

（2）は、新安保条約の改定をめぐる大規模な反対運動（安保闘争）後、池田勇人首相によって所得倍増政策が採られ、一九五五年頃からはじまる高度経済成長が本格化し、消費革命が進行する時期です。新幹線の開通、東京オリンピックや大阪万国博覧会開催などの出来事が相次ぎ、中流意識を持つ人びとが多くなります。政治的には保守—革新の対立のもとで、保守一党優位の状況であり、しばしば「五五年体制」と呼ばれます。公害などの高度成長の歪みがあり、ベトナム戦争への反戦運動が見られた時期でもありました。

（3）は、一九七一年にアメリカが金・ドル交換を停止し、各国の為替レートの引き上げを要求したドル・ショック、一九七三年に石油価格が急騰し物価騰貴をもたらした第一次オイル・ショックがきっかけとなり、日本が経済大国化から低成長時代へと向かう時期です。高度成長の終焉と保守政権の動揺の時期と言うこともできます。

もっとも、一九八〇年代後半は円高で、地価と株価に依存したバブル経済がみられました。しかしバブル経済がはじけた一九九一年以降、日本経済は長期の不況に入ります。他方で一九九〇年前後は、ベルリンの壁が崩壊してドイツが統一されました。東欧諸国で共産党の支配体制が崩れ（東欧革命）、ついにはソ連も解体します。冷戦体制の崩壊という世界史的な激動が起こりました。

また国民国家相互ではなく、集団を相手にする新たな戦争の形態も登場し、これまでの世界の秩序が大きく変わろうとします。グローバリゼーションと呼ぶことが多いのですが、冷戦体制後――「戦後」後の時代に入ります。

こうしたなか、二〇一一年三月一一日に起こった東日本大震災とそれに誘発された原子力発電所の事故は、それ以前の光景を一新する大きな出来事でした。戦後に対する捉え方、評価や時期区分にも再考を迫ってもいます。

教科書記述と戦後史・戦後論の混成

教科書ではこうした「戦後」は、どのように書かれているでしょうか。一九四五年から数えると六五年以上の時間が経ち、記述の量も増えてきました。教科書では、「平和」「民主」や「豊かさ」を志向し、軍国主義のもとで侵略を行い、貧困であった「戦前」とは異なった価値を持つ時代として描き出されます。敗戦からの出発、連合国軍による占領とそのもとでの改革、理念としての平和・民主主義と人権の追求、そして国際的には冷戦体制と重なるという四つの認識が、教科書では共有されています。

時期区分は、先に挙げた（2）（3）が一括りにされることもあり、教科書の叙述はおおむね、（1）と（2・3）、あるいは（1）（2）（3）という二部ないし三部構成になっています。（3）の部分については、年ごとに簡単に増補されます。言い換えれば、（1）（2）の部分が教科書でも固まってきており、（3）はまだ現象を記すのみということになります。具体的には（1）は国際情勢と政治、（2）では経済が軸となる叙述傾向が見られますが、（3）は叙述の枠組み自体、まだ模索の状況です。

そもそも「戦後」については、早くは一九五六年の『経済白書』で「もはや戦後ではない」と記され、その後もたびたび終焉が宣言されました。しかし戦後意識はなかなか払拭されません。しばしば「長い戦後」（キャロル・グラック）と言われ、（3）の時期でも戦後意識は存在していました。しかし冷戦体制が崩壊し、明らかに異なる時代感覚が誕生したと言えるでしょう。

こうした「戦後」を歴史として論ずるときに、まずは同時代史として把握することに着目する必要があるでしょう。戦後とは、これまで本書で第一期としてきた時期そのものが叙述の対象です。このため、のちにも触れるように戦後を対象とした叙述は、戦後論と戦後史とが重なるように存在し、もっぱら概説や通史として描かれます。出来事の歴史的な位置づけがなかなか確定せず、現在進行形の状況のなかで記されるために「論」と「史」とが分かちがたく結びついているのです。戦後論と戦後史の二つながらの混成が戦後叙述の一つの特徴となります。

また、政治学、経済学、さらには国際関係論、社会学などの戦後への言及も活発です。一人ひとりの歴史家は、当然、目の前の出来事に対して各自の認識を持っていますが、そのことを歴史的な事象として、いかに叙述するかは作法が分かれるところです。歴史家であっても、現在に関わる出来事については、状況への発言として発する人もいます。

『昭和史』による同時代史的解明

戦後を歴史的な時期として扱い、叙述を試みた作品に、遠山茂樹・今井清一・藤原彰『昭和史』（一九五五年）があります。最も早く提供された戦後を扱う通史の一つですが、「昭和の新政」（第Ⅰ章）からはじまり、第Ⅵ章にいたり「戦後の日本」として「占領政策の推移」（一九四五〜四九年）、「戦争の力と平和の力」（四九〜五五年）までを叙述しています。ページ数は多くありませんが、戦後を通史のなかに組み込み、同時代史として論じました。

もっとも一九五五年の時点では、戦後はもちろん、アジア・太平洋戦争の記憶もいまだ生々しく、『昭和史』はすぐに「昭和史」論争と呼ばれる論争を引き起こします。その内容は多岐にわたりますが、同時代史をいかに描くかが焦点となり、『昭和史』は新版（一九五九年）が出されます。『昭和史』の旧版と新版とでは歴史認識に差異があります。このこと自体、同時代史の歴史記述の揺れを示していますが、ここでは旧版をみてみましょう。

『昭和史』は、国民の「平和と民主主義を目指す努力」に「ほんとうの方向と自信」を与えたいと述べます。戦時に民主主義がいかに抑圧されていたかを綴り、戦後のいまに新たに民主主義を開花させること――戦後民主主義の育成に問題意識の根幹を置いています。

同時代史として描き出される『昭和史』の戦後史像は、敗戦直後の国民の立ち上がりが一歩遅れ、そのため占領軍の政策に「先手をうたれた」こと、その克服は困難をきわめたけれども、「国民の前進が著しかった」と言います。戦争の結果生み出され、そこから再出発した時代として、戦後一〇年間の過程が描かれます。

さらに同様の認識では、歴史学研究会・日本史研究会編『日本歴史講座』全八巻（一九五六～五七年）の第七巻が「戦後十年史」として刊行されます。「序論」の「現代史の主要な特徴と段階」を執筆した井上清は、「戦後日本を特徴づける根本的なこと」として、「人民大衆」が「国家と民族の進路」を決める直接の積極的な力として登場したこと、「わが国の運命」が世界の運命と直接に一体に結びつけられていると記しました。

井上は戦後日本の歴史を五段階に分けます――①降伏から二・一ゼネスト禁止（一九四七年一月）、②四七年二月からレッド・パージの全面的な強行（四九年七・八月）、③四九年九月からサンフランシスコ平和条約発効（五二年四月）、④平和条約締結から第五次吉田茂内閣の倒壊（五四年一二月）、⑤五四年一二月以降。政治体制と社会運動、日本の「独立性」に視点を据え、世界、とくにアメリカとの関係に目を配った時期区分となっています。

同時代史であることは、叙述が歴史学のみの特権ではないということになります。たとえば、松本清張『日本の黒い霧』全三巻（一九六〇～六一年）のような著作が、早い時期に提供されています。松本はノンフィクションの体裁をとりながら、帝銀事件、松川事件、下山事件をはじめ、朝鮮戦争まで占領期に起こった「怪事件」を占領軍の謀略として描き、戦後の政治構造に接近しようとしました。人びとは、松本の議論にある種のうさんくささをみながら、しかし大きく惹きつけられます。

こうした一九五〇年代の同時代史の熱っぽさに比べ、現在では近い時期の動きを歴史として捉える思考と志向が薄れてきているようにみえます。

第二期――史料の整理と整備

戦後の歴史的な叙述は、世相や文化に着目する戦後論が先行し、戦後の価値観で戦後を描くことが続きました。これに対し、戦後史研究は、もっぱら通史や概説として叙述されます。『昭和史』以後も、歴史学研究会編『戦後日本史』全五巻（一九六一年）をはじめ、多くの概説書が出ました。

社会運動史をはじめ、経済史や政治史など、領域ごとに戦後の展開を探る著作が刊行されます。この時期に刊行された著作のなかでは、久野収・鶴見俊輔・藤田省三『戦後日本の思想』（一九五九年）が、戦後思想史研究のスタイルを枠づける著作として重要でしょう。『戦後日本の思想』は、戦後思想の柱として「知識人」「大衆」「反体制」「社会科学」「保守主義」「戦争体験」を取り出し、『近代文学』や『心』、民主主義科学者協会やサークル運動、大塚久雄や丸山眞男、清水幾太郎ら、その代表的なグループや思想家、作品をめぐって討議します。とくに戦後思想の底流に戦争経験を置き、そことの緊張関係で個々の作品や思想家に接近しました。戦後思想の潮流を整理し、その総体を見据える鼎談で示唆に富んでいます。

第二期の戦後史研究を論ずるに当たり、あらかじめ二つのことを述べておきましょう。第一は、研究が史料集の編纂と同時並行のようにして進んだこと。第二には個別の問題の歴史学的な考察は、戦後史そのものの展開の後追いとして行われたことです。

第一については、一九六六年から翌年にかけ『資料戦後二十年史』全六巻が刊行され、『戦後日本思想大系』全一六巻（一九六八～七四年）も刊行されました。同時代史では、史料が蓄積されにくく、何が重要な史料か判断も困難です。しかし、史料の整理と整備が、歴史認識と歴史叙述の条件であることに変わりはありません。

『資料戦後二十年史』は、「政治」「経済」「文化」などに巻割し、オーソドックスな構成ですが、中野好夫編『戦後資料　沖縄』（一九六九年）の一巻を続けて刊行しました。『戦後日本思想大系』は、「戦後思想の出発」をはじめに置き、「国家」「人権」「日常」「平和」「革命」「現代人間論」「現代日本論」などを主題とし、「戦後文学」や「教育」、「学問」「美」や「保守」にも目を配っています。

こうした動きは、一九六〇年代後半〜七〇年前後に、新たに戦後が問われたことを背景としています。敗戦から二五年を経て、戦後民主主義が定着したかという問いと、戦後民主主義そのものに疑念を持つ動向が出てきて、あらためて戦後を総括し、戦後に関わる資産目録をつくる試みがなされたと言えます。

第二については、たとえば半世紀以上の時間を経過した占領期の研究が、ようやくその体裁を整えたということが挙げられます。占領研究は、一九七二年に発足した占領史研究会（竹前栄治、袖井林二郎、天川晃、福島鑄郎ら）が積極的に史料発掘を行い、研究を推進しました。労働と教育の改革の追究が大きな柱でしたが、GHQ内部の主導権争いと冷戦のなかでの政策の転換（いわゆる「逆コース」）が指摘されます。前者は、G2（参謀第二部）とGS（民政局）が、それぞれアメリカの保守派とニューディール派の対立を反映しているとします。また、後者は、一九四八年頃をそのはじまりとし、官公庁労働者の争議権剝奪（政令二〇一号）、公職追放の解除などを指標として掲げました。

占領史の解明——袖井林二郎・竹前英治

戦後改革の歴史的意味を問い、戦後の出発点としての占領期に関心を寄せながら、戦後史研究は次第に本格化していきます。

本章の冒頭で示した（1）の時期を対象とした作品では、袖井林二郎『マッカーサーの二千日』（一九七四年）と竹前栄治『占領戦後史』（一九八〇年）が、占領の歴史像を描き出します。

法政大学教授だった袖井林二郎（一九三二〜）の基本的な認識は、マッカーサーが日本占領に絶対的な権力を持っていたというものです。袖井はそのマッカーサーを軸に日本占領を描き、それが「日本の戦後史の鋳型」になったとします。マッカーサーを「征服者」であるとともに「改革者」とし、マッカーサーの戦略を「天皇を通じて日本国民を支配する」こととしました。

さらに、袖井はマッカーサーの姿が日本の人びとの心のなかに入り込んだとも言います。アメリカは、日本を「米国式民主主義」でつくり直そうとし、多くの日本人はマッカーサーに魅せられ民主化指令を心から受け入れていったとするのです。

袖井は、マッカーサーのもとでの占領を、民主化と非軍事化の筋道で叙述します。政治犯の釈放や社会運動、東京裁判やフィリピンなどでの戦争犯罪を裁く裁判、日本国憲法の制定、農地改革や女性解放、公職追放から労働政策、そしてマッカーサーが「変身」する朝鮮戦争まで、占領期の多岐にわたる出来事を取り上げ、エピソードを交え、それぞれに歴史的意味づけを与え叙述します。聞き書きを用いながら、厳密に史料に当たることを基本にするのが袖井の手法でした。

同時に、袖井は「日本人がみごとに占領に順応した」という認識を持ち、『マッカーサーの二千日』は、マッカーサーを鏡とした「日本人の姿」を描き出しています。日本政府が関与した「性の防波堤」である特殊慰安施設協会（RAA）の存在や、占領軍が行った検閲、国際基督教大学の設置などにも目配りし、占領政策とこの時期の社会を描き出します。

他方、東京経済大学教授だった竹前栄治（一九三〇〜）による『占領戦後史』は、公開されたアメリカの公文書史料を用いながら占領行政を明らかにした草分け的な著作で、「沖縄と北方四島からの視点」を強調します。「日本占領」は、沖縄に軍政が敷かれた一九四五年四月にはじまり、五二年四月のサンフランシスコ平和条約発効による北海道、本州、四国、九州の占領解除を経て、奄美群島（五三年）、小笠原諸島（六八年）の返還から七二年の沖縄返還までを対象として考える必要があると言います。さらに、北方領土が返還されない以上、占領の終期は「未確定」とも述べました。

竹前は、アメリカによる単独の間接占領という認識を斥けます。ソ連の占領のほか、沖縄の軍政・北方領土の領有があるためです。また、戦後改革の基本的性格を非軍事化と民主化とする見解に対し、竹前は沖縄にこうした改革がなされたかと問いかけます。そしてこの観点から、対日占領政策の決定過程を述べ、本土、琉球列島・小笠原諸島、北方領土という三つの占領と、その管理機構の組織形成を通した「占領体制の成立」を論じます。象徴天皇制への軌跡や政治犯の釈放をめぐる問題、占領軍による政治改革、労働政策、教育改革などが、竹前の論の要となりました。

なかでも竹前は、GHQの組織構成や命令系統、地方軍政の機構と政策に関し、その推移も含めて詳細に論じました。GHQ／SCAPとGHQ／USAFPAC（アメリカ太平洋陸軍総司令部）の二重構造と対立にも言及します（竹前栄治『GHQ』一九八三年）。

竹前は、こうした分析の結果、占領体制は「「日本的近代化」＝「日本的民主化」への方向と速度を決定するハンドルとアクセルの役割」を果たしたと言います。袖井、竹前には「戦後民主主義」を鍛えようという問題意識がありますが、それを誕生させた土壌として占領体制の歴史的な検証を行ったということができるでしょう。

このほか五百旗頭真《いおきべまこと》『日米戦争と戦後日本』（一九八九年）は改良派を軸に占領政策を描き、ジョン・ダワー『吉田茂とその時代』上下（一九八一年。原著 *Empire and Aftermath*, 1979）は、吉田茂を軸に二〇世紀初めから一九四五年をはさみ、五〇年代半ばまでの政治史を描ききっています。

占領は「変革」か「改革」か

占領期を、変革を軸に描く著作もあります。大江志乃夫『戦後変革』（一九七六年）は通史シリーズの一冊ですが、教育改革、農地改革、財閥解体などのほか、労働改革や政治制度の諸改革を含め、芦田均内閣期までを「戦後改革」の時代とします。占領軍、日本政府と社会運動という三者の対抗関係のなかで、戦後改革が「なしくずしの実現」をしていく過程を描いています。前項で紹介してきた二著が上からの改革に論及していたのに対し、大江は下からの動きに拠り、変革に力点をおきます。

大江は、この時期を変革の主体と内容によって、「民主化」「戦後民主革命」「戦後改革」と三つに分けます。三つはこの順序で推移し、戦後は占領政策としての「民主化」から、労働組合や農民組合の結成、民衆運動の展開などによる「戦後民主革命」が試みられるというのです。しかし、占領軍が介入したために民主革命は足ぶみし、以後は民主化と民主革命の二つの動きが複合した「戦後改革」が行われたとします。

戦後史研究の問題意識は、第二期でも戦後民主主義の考察が根幹にあります。戦後民主主義の課題を探るとき、主体と目的、対峙する権力の規定が問題となります。歴史研究でもまた、占領期の社会運動の歴史的な位置づけを行う際に、このことが問われることになりました。論点となるのは、占領軍による改革と社会運動との関係であり、非軍国化（民主化）と革命運動への志向とを戦後の歴史像としていかに関連づけ、統一的に把握するかということでした。

こうしたなかでは、敗戦を機とする、連続／非連続の議論が再燃します。戦後直後の社会運動のなかで直面した課題ですが、歴史的な射程で第二期にも議論されることになります。

その一例として、東京大学社会科学研究所編『戦後改革』全八巻（一九七五〜七六年）をみてみましょう。『戦後改革』はタイトルにあるように、戦後の動きを「変革」ではなく「改革」と把握しました。正確に言えば、シリーズ内には非連続を主張する論者もおり、その見解も展開されています。また、それぞれ一面的に連続／非連続を断じているのでもありません。

しかし『戦後改革』に収められた、大内力「農地改革後の農業の発展」は、世界恐慌に対し管理通貨制度（一九三一年）を採用したことに国家独占資本主義の形成を見て、戦後の現代資本主義に連続すると論じます。戦後における変革の意義は過少となり、大内は農地改革に対し「戦前帝国主義段階の小農保護政策の連続」であり「反動的」とまで言います。第一期での評価はもちろん、第二期の大江の評価とも大きな隔たりがあります。

むろん戦前と戦後の関係は、単純に連続、断絶のどちらかではなく、連続面と断絶面をいかに総合的に把握するかが重要です。実際に論点は次第にその方向に推移していきます。

東京裁判研究から戦後責任問題へ

東京裁判の歴史的検討も、第二期に本格化します。「文明の裁き」として肯定するか、「勝者の裁き」として否定するか——政治的な言及が先行していたこの裁判を、実証的に検証し、歴史的な意義を解明しようとします。

きっかけは、一九八三年に開催された「「東京裁判」国際シンポジウム」でした（細谷千博・安藤仁介・大沼保昭編『国際シンポジウム　東京裁判を問う』一九八四年）。またアメリカ国防総省が撮影したフィルムをもとに、小林正樹監督による映画『東京裁判』が同年に公開されました。二七七分の長時間の作品です。

シンポジウムに出席した粟屋憲太郎は「〔東京裁判は―註〕戦前・戦中史と戦後日本史の連続と断絶を分析するには、格好のテーマ」と述べています（『東京裁判論』一九八九年）。東京裁判は、戦時の決算であると同時に戦後のはじまりでもあり、そこでの連続と断絶が戦後の〈いま〉を規定し、近代日本の総括にもなるという認識です。

しかし粟屋が続けて述べるように、東京裁判は「巨大で、かつ多義的」です。粟屋の視角は戦争責任論の深化にあり、手法としては基礎的資史料の収集と分析に置かれました。粟屋はアメリカを中心とする諸外国に保管される大量の文書を閲覧し、裁判官の選出、起訴する者の選定やその方針、裁判の進行過程などを詳細に論じます。そして、そのなかで政治的な取り引きが行われたことも具体的に明らかにしていきました。粟屋は、資史料を提示することにより通説の不正確さを指摘する一方、国際関係を背景とした各国代表の思想、旧支配者層の自己保身などに入り込みながら、政治史的な観点から論点を抽出し、以後の東京裁判研究を方向づけました。粟屋の研究は、まず東京裁判開廷の前史の解明に力が注がれ、週刊誌『朝日ジャーナル』に連載を開始し、のちに『東京裁判への道』上下（二〇〇六年）としてまとめました。

栗屋が東京裁判の研究により、「平和に対する罪」で裁かれたA級戦犯を考察したのに対し、「通例の戦争犯罪」「人道に対する罪」で裁かれたBC級戦犯への研究も見られます。前章で紹介した内海愛子はその先駆でしたが、その後、林博史『BC級戦犯裁判』（二〇〇五年）などが出されます。BC級戦犯は、ソ連と中華人民共和国を除き二二四四件が数えられており、およそ五七〇〇人が起訴されました。

裁判は、日本国内では横浜で行われたほか、中国、東南アジア、マレー半島など五〇ヵ所以上で開廷されます。捕虜や非戦闘員への犯罪が多数を占めますが、裁判時の通訳、命令に従った下級兵士が裁かれたなどの問題点が指摘されてきました。しかし林は、起訴された下級兵士は少なく、起訴されても死刑になった率はかなり低いとしています。

東京裁判とBC級裁判の二つの裁判をめぐる研究は、戦争責任の追及に関わる論点を浮き彫りにし、戦後責任問題にもつながりました。神奈川大学教授の尹健次《ユン・コンチャ》（一九四四〜）は、多くの著作で戦後日本の思想を厳しく点検しています（『異質との共存』一九八七年、『孤絶の歴史意識』九〇年、『民族幻想の蹉跌』九四年）。尹は近代日本と戦後日本を重ね合わせ、知識人の思想を検討しますが、戦後思想に欠落しているのは「民族」の検討であり、戦後思想は「民族」を棚上げしたと批判します。これは、歴史的には「植民地支配の忘却」であり天皇制を正面から批判せずにいる不誠実な態度としました。「異質」「孤絶」「蹉跌」という強い響きを持つ概念によって、戦後日本思想の無責任さを断罪しました。

高度成長の分析へ

一九八〇年代に入ると、高度成長を歴史的に扱った著作が刊行されはじめます。冒頭での時期区分（2）が、歴史的な考察の対象となってきたのです。「理念」と政策の同時代史」という副題を持つ、佐和隆光『高度成長』（一九八四年）や、「個人篇」「家庭篇」「社会篇」「列島の営みと風景」で構成される、高度成長期を考える会編『高度成長と日本人』全五冊（一九八五〜八六年）などが刊行されます。

京都大学教授だった佐和隆光（一九四二〜）は、一九五五年から六〇年代半ばにかけての民間主導型の高度成長が、七〇年にさしかかると公共支出主導型へ大きく転換するとの論点を出します。佐和は、政策―価値観―経済学の三者の相互依存の関係を読み解き、一九五〇年代末頃からこの三者が経済に向かい、世を上げて経済の時代へとひた走っていたことを前提とし、高度経済成長の解析に向かいました。しかし、一九七三年の第一次オイル・ショックが、その政策基調と時代の価値規範、さらに経済学を転換させ、公共支出主導型を早々に挫折に追い込んだとの見解をあわせて述べています。

大阪市立大学教授だった宮本憲一（一九三〇〜）は通史シリーズの一冊である『経済大国』（一九八三年）で、高度成長期に焦点を当てました。宮本の関心は、「企業社会」と特徴づけられるこの時期の日本社会の構造を明らかにする点にあります。宮本は、経済大国となった基盤を戦後改革に見出し、経済の仕組みが憲法体制（戦後改革）の枠組みを変容させながら進んできたことを論じます。宮本は高度成長を財界による主導とし、「財官複合体」の成立を指摘します。そして開発による成長と、そこから生じる公害という「経済大国の光と影」（「はじめに」の表題）を描き出しました。

宮本は『経済大国』というタイトルのもとに、高度成長期の政策と運動、公害の様相と原因、日本の様子と世界の問題などを取り上げ、それらをミクロとマクロ、状況的な把握と構造的な観点から論じます。さらに、農業の変貌と、都市化と大量消費社会を描き、生活スタイルの変貌や流通革命にも言及します。複眼的な視点で高度成長期を扱った戦後史像と言えますが、農村に力を入れた従来の通史に対し、都市を多く扱い、都市を時代の軸とした通史となりました。なかでも公害と都市問題には多くのページ数を割きました。住民運動を記し「異議申し立ての時代」として、その特徴も述べています。さらに宮本は、公害裁判を勝訴に導き、革新自治体を誕生させた住民運動の大きな力を指摘します。また、大学闘争や折からのベトナム戦争への反戦運動など、市民運動にも言及します。宮本は沖縄についても多く言及しますが、戦後史に沖縄への視点は不可欠になっていきます。この点は、第三期であらためて触れることにしましょう。

他方で、一九八〇年には、日高六郎が『戦後思想を考える』で「民主主義から、得体の知れない管理主義的全体主義へのなだらかな道を歩いているのかもしれない」という感覚のなかで、戦後を生かす道を探ろうとします。戦後の理念とは異なる新たな動きに、日高は緊張を持ちました。

また、戦後史研究の新たな動向として、近代の出発以上に、現代社会への変化を重視する見解も登場します。桜井哲夫『思想としての六〇年代』(一九八八年)は、若い世代の感性で一九六〇年代を思想史的に把握しようとしました。

近年では、大門正克・大槻奈巳・岡田知弘・佐藤隆・進藤兵・高岡裕之・柳沢遊編『高度成長の時代』全三巻(二〇一〇～一一年)が刊行され、高度成長の時期の考察が大きく進みました。開発にともなう経済的変貌を軸に労働や社会保障、都市社会と農村社会、家族と教育、女性の動向から文化に目を配り、歴史的な考察を行っています。一九五〇年代半ばから七〇年代初頭までが対象時期とされています。

第三期――新たな評価、通史の登場

戦後を対象とした歴史像は、一般的に言って時間の経過とともに詳細で豊かなものになります。新たな把握や評価が出され、多様なものともなります。占領史研究もまた、新たな「比較」や「地域」の視点から、袖井林二郎『世界史のなかの日本占領』(一九八五年)、豊下楢彦『日本占領管理体制の成立』(九二年)が出され、アメリカの資史料をふんだんに用

いた荒敬『日本占領史研究序説』（九四年）も生まれました。

こうしたなか、一九九〇年頃からは、戦後史研究の新たな動向が見られます。まずは、歴史家たちによる戦後史研究の総括です。『戦後史大事典』（一九九一年）の編集や、歴史学研究会編『日本同時代史』全五巻（九〇～九一年）、中村政則他編『戦後日本』全六巻（九五年）などが刊行されました。

新たな通史も登場します。一九五五年に出版された『昭和史』の執筆者たちが、いずれも一九一〇年代～二〇年代前半の生まれであったのに対し、一九二〇年代後半～三〇年代生まれの研究者による戦後史像が提供されます。たとえば、正村公宏『戦後史』上下（一九八五年）や中村隆英『昭和史』ⅠⅡ（九三年）は、戦後民主主義の考察に加え、経済の要素を入れ込み、経済史を基本に据えながら戦後史を通観しています。

中村政則と見田宗介の相違

一九三五年生まれで、一橋大学教授を長く務めた中村政則が著した『戦後史』（二〇〇五年）をみてみましょう。中村は、戦後の「成立」（一九四五～六〇年）、「定着」（六〇～七三年）、「ゆらぎ」（七三～九〇年）、「終焉」（九〇～二〇〇〇年）、そして戦後への「問いかけ」と、戦後の過程を時期区分します。切れ目ごとに岐路があったということになりますが、歴史家の戦後認識を示すものとして提供されました。戦後民主主義が「冷戦」と「天皇制」に規定されていたとの評価や、「終わった戦後」と「終わらない戦後」の二重構造を言うなど、バランスのよさが示されています。また、一九五五年の切れ目を強調するか、一九六〇年を重視するかという論点もつくり出しました。

中村は要所に自らの体験を書き込み、同時代史として執筆するとともに、統計資料を駆使して戦後社会の構造的な把握に迫るという歴史学の手法を基調としています。ともに章を追うにつれ、政治→経済→社会→世相の方向へと、叙述の重心がシフトしています。

中村は、一九六〇年代に力点を置き、戦後史のなかでの「躍動的な時代」とします。タイミングとスピードを持った高度成長を背景に、大衆消費社会が成立したことを指摘し、所得倍増・完全雇用の達成などの「功」と公害や過密過疎などの「罪」との両面から、その歴史像を描きました。新中間層の動向にも目を配り、新たな感性や生活革命、ベトナム戦争が日本社会に与えた動きも記されます。もっとも、一九六八年の動きは重視されていません。この時期の学生運動や、しばしば語られる文明への疑念に対する言及はありません。

他方で、一九三七年生まれ、東京大学教授だった社会学者・見田宗介は、『現代日本の感覚と思想』(一九九五年)で、「戦後」を「理想の時代」(四五〜六〇年)、「夢の時代」(六〇〜七〇年代半ば)、「虚構の時代」(七〇年代半ば〜九〇年)と把握し、三つの時代の推移として、戦後史総体の見取り図を提供しました。

ここでは、現代社会の形成という関心が前面に出ています。見田の枠組みを前提に、社会学の領域では新たな戦後社会論が提供されます。〈いま〉について、見田は「空気の薄くなった時代」（『朝日新聞』二〇〇八年一二月三一日）としています。

中村に代表される「史」と、見田に示される「論」とでは温度差がありますが、ともに戦後の崩壊や溶解が言われ、その行き着いた地平としての〈いま〉が捉えられています。第一期や第二期の延長線上にある認識であり、戦後に生きた人びとの認識がうかがえます。他方で、〈いま〉を生きる若い世代との意識の隔たりがはっきりするところでもあります。若者たちは〈いま〉を出発点とし戦後を歴史化する姿勢を持ちますが、中村や見田は戦後の変化、ないし推移を言うのです。

これは、新たな戦後史像が求められる時期がきたことを意味しています。戦後が特殊な時代であるとしてさまざまに論じられてきましたが、アメリカで日本研究を行うキャロル・グラックは、実はそのこと自体をナショナル・アイデンティティとしてきた過程であったと把握しました（「近代としての二〇世紀」『世界』一九九七年一一月号）。

総力戦論の浮上と八月一五日

こうして戦後史は、自らのアイデンティティとして戦後—戦後史を論じてきました。戦後がつくり出し、価値とする座標により戦後の過程をたどるのがこれまでの戦後史でした。この場合、一九四五年八月の光景が原風景となり、価値の基準となっていました。しかし、徐々にですが戦後を歴史化し、歴史過程として戦後を把握することが試みられることになります。アイデンティティとしての戦後から、歴史としての戦後への転換です。そうした状況のもとで出されつつある戦後史像の論点を、以下に五つ指摘しましょう。

第一は、戦前・戦後の連続と非連続に関わる新たな議論の登場です。先述したように、これまでの連続／非連続の議論は、戦後の改革と変革の歴史的意義に関わるものでしたが、総力戦論が、新たな議論を提唱します。総力戦論は、戦後という時代がワンサイクル終わったとし、現代社会のシステムから戦後日本を解明しようとします。そして、戦時の総動員体制という社会編成が戦後社会の原理となっているとし、総力戦論は戦時─戦後の連続性を主張します。

「ネオ連続説」とも言うべきこの議論では、戦時期の「強制的均質化」により社会の現代化が推し進められ、階級社会からシステム社会への転換が行われたとします。山之内靖は、ファシズムとニューディールの対決以上に、「総力戦体制による社会の編成替え」を強調し、新たな観点から戦時─戦後を一貫した歴史過程として捉えました（「方法的序論」『総力戦と現代化』所収、一九九五年）。

近年の通史では、必ずしも総力戦論の立場に立たない論者も、一九四五年八月で切断しないことが歴史意識として定着してきています。一九三一年から五一年までを一つの区切りとして描く通史が増え、戦争体制と占領期を合わせ、一つの時代とする認識が出されます。

同時に、敗戦の日とされる八月一五日にもメスが入ります。佐藤卓己『八月十五日の神話』（二〇〇五年）はそのことを検討しています。佐藤は、ポツダム宣言の受諾の通告は八月一四日であり、米戦艦ミズーリ号上での降伏文書への調印は九月二日であることに注意を促し、終戦が外交事項であるならば、このどちらかの日として認識されるべきと言います。八月一五日の玉音放送は自国の臣民に向けたものにすぎず、内向きなものとするのです。

言い換えれば、八月一五日を終戦記念日とするのは、「国内の政治的都合」でつくられたものだとし、佐藤はその創出過程を探っていきます。佐藤は当時の報道をはじめ、文学作品、世論調査、教科書の記述、ジャーナリズムの報道、国会での議論、あるいは靖国神社の例大祭まで広く検討し、天皇の決断で日本民族が破滅を回避し、軍閥支配からも解放されたという作為を見出します。そして、一九五五年の「終戦一〇周年」イベントから、八月一五日にスポットを当てる「八月ジャーナリズム」が定着したことをつきとめました。

興味深いのは、佐藤が「八月ジャーナリズム」に、進歩派と保守派の利害の一致を見出していることです。進歩派は、八月一五日に体制が一挙に変わった「八・一五革命」を主張し、保守派は、「御聖断」による国体護持をここに求めたとするのです。八月一五日を終戦とする歴史認識は左右のイデオロギーが寄りかかる均衡点であり、「記憶の五五年体制」と呼ぶことができると佐藤は言います。戦争の記憶を、戦後の記憶として論じ直した著作でした。

古関彰一による日本国憲法の解明

第二は、憲法論と新たな政治史です。和光大学助教授だった古関彰一(一九四三〜)による『新憲法の誕生』(一九八九年)は、日本国憲法の制定過程を政治的な対抗のなかで描きます。日本政府とGHQ、自由党、進歩党や社会党、共産党の憲法案のほか、憲法研究会(高野岩三郎、鈴木安蔵)や憲法懇談会(稲田正次)などの民間における憲法構想の動きも視野に収めています。また、国家対国家の観点ではなく、「国家を越えた憲法観、法思想の対決」として憲法の誕生を考察します。同時に、「日本国憲法には国家を超え、民族を超えた人々の、憲法観、人権思想が反映されている」とも述べます。ここには、日本国憲法がアメリカによって押し付けられたという議論への批判がありました。

古関は、日本側もGHQも決して一枚岩ではなく、憲法の理念においてGHQと日本の民間団体にかなりの共通性が見られると言います。GHQの憲法理念は、マッカーサー三原則に示された天皇の規定、戦争放棄、封建条項の廃止でした。

日本政府のもとに憲法問題調査委員会が設置され、憲法草案がつくられる一方、GHQも草案を作成します。後者を日本政府が検討し、日本案(政府草案)を作成しますが、古関はこの過程をGHQ草案の「日本化」としました。

古関は、第九条の戦争放棄、女性の権利・外国人の人権を含む人権規定をめぐる議論を記すとともに、条文の文語体から口語体への移行を「大衆化」として評価します。他方、日本国憲法普及の動きを紹介し、一九四八年以降には憲法が再検討されたことに触れ、憲法改正の機会があったこと、そして、その機会を自ら逃しておきながら「押しつけ憲法」論が語り継がれてきたことを強く批判します。

以上の問題意識と考察を通じて、古関は、日本国憲法が、GHQ案を受け入れた条項、「日本化」した条項、曖昧な表現を用いた条項、新たな人権規定を盛り込んだ条項などで構成されていたことを明らかにし、これを「モザイク模様」と呼びます。そして、このため、憲法は改憲と護憲の谷間を進むことになり、モザイク模様が消えてしまうことになると述べます。護憲は憲法を総体として守ることになり、これが戦後民主主義となりゆくのです。

同様に渡辺治は、日本国憲法をめぐる議論が戦後の過程であるとします。『日本国憲法「改正」史』（一九八七年）を記しますが、国家の次元と社会とを合わせて視野に入れ、改憲論を企業社会論とセットで論ずる点が特徴的でした。

新たな政治史の追究

中央公論新社のシリーズ『日本の近代』のなかで、本章に該当する『戦争・占領・講和』第六巻（二〇〇一年）では、一九四一年から五五年までを扱っています。著者の神戸大学教授だった五百旗頭真（一九四三〜）は、アメリカの公文書を駆使し、一九四五年をはさみ戦時と戦後を合わせて描きます。占領を構想の段階から記すことになりました。憲法体制、サンフランシスコ体制、そして五五年体制という「三つの体制」が重ね合わせられながら、戦後日本の政治社会が固まっていったという認識が五百旗頭のなかにあります。

『戦争・占領・講和』では、政治を担う勢力として、総司令部（占領軍）、政党と政治家といった集団が取り上げられ、保守派、改良派、革新派の軸が加えられ、それぞれの内部に入り込み、その政治構想と情勢判断を記します。勢力地図に目を配り、政局をめぐる確執を描く政治史です。

五百旗頭は、政策の決定と政局運営の分析を叙述の中心にし、これまでの研究では支配層として一元化されていた統治の差異を指摘します。たとえばアメリカの対日政策について、日本に厳しい「無条件降伏派」と、大西洋憲章に沿い、日本の再建を視野に収める「知日派」がおり、対日処理法案は六種あったことを示します。

第一期、第二期の歴史家たちが重視した変革の潮流とは異なる視角から、五百旗頭は戦後史に接近しています。より立ち入って言えば、社会運動はここではファクターとはされません。逆に、政界人たちは性格までもが言及され、五百旗頭は政治担当者の動きに焦点を当てています。政治集団の対立と妥協、交渉と決断により、政局が推移する過程を描き、占領下における戦後政治の展開を記していきます。

この観点を強めると政権党の考察になります。北岡伸一は、『自民党』（一九九五年）で、自民党が結党した一九五五年から、政権を離れる九三年までの三八年間を扱いますが、一つの政党による戦後史であり、政権党を描く政治史ともなっています。新たな戦後史のリアリティの追究が、政治史のなかで行われています。

英語圏での分析——『敗北を抱きしめて』

第三に、英語圏の読者を念頭に置いた考察によって、新たな戦後史の構想と解釈が提示されました。ジョン・ダワー『敗北を抱きしめて』上下（二〇〇一年。原著 ***Embracing Defeat*, 1999**）やアンドルー・ゴードン編『歴史としての戦後日本』上下（〇一年。原著 ***Postwar Japan as History*, 1993**）などです。このことは、誰が、誰に向かって、何のために戦後史を書くのかという問題を投げかけています。アメリカの研究者だけではありません。孫歌、テッサ・スズキといった東アジアやオーストラリアの知識人たちも登場します。

ダワーの占領期への注目は、二つの問題意識に基づいています。一つは占領期が「めったにない」「重みのある歴史の瞬間」であったという認識。もう一つは単純な日本像を排し、矛盾を抱えた多様な日本像を描き、日本像の転回を図ることでした。ダワーは占領者と被占領者との関係性に着目し、日本占領において、勝者の一方的な主導権を設定しないこと——勝者に対し敗者がどのような影響を与えたかについても注目することを視点としました。「上からの革命」と「天皇制民主主義」との融合として日本国憲法を把握する点などはこうした一例です。双方の結節として事態を把握し、一方向からではない歴史像を提出します。

占領のための天皇の利用と、「アメリカ人を日本化」する試み——ダワーは、日米双方の支配者の思惑のなかで天皇が免責され、「日米抱擁」による占領の政治学がかたちづくられる過程と構造を描きました。

勝者／敗者の軸にとどまらず、ダワーは、何ごとも複数形で描き、出来事に両義的な意味を見出そうとします。『敗北を抱きしめて』の目次には、「さまざまな」と複数形の形容詞を付して、第三部「革命」、第四部「民主主義」、第五部「罪」、第六部「再建」が掲げられます。「さまざまな」出来事と「さまざまな」主体の経験を戦後の歴史像として描くという手法です。

こうした『敗北を抱きしめて』でダワーが指摘するのは、敗戦直後にあった人間的エネルギーが、日本とアメリカの合作によって徐々に後退していくことです。占領軍と日本政府による冠つきの民主主義のもとで「国民」が再編成されます。しばしば日本国民の特殊性と考えられている合意形成の仕方や談合の形式、天皇（制）の特殊性などは、すべて占領期にできあがるとするのですが、そのことは敗戦と引き換えに手にしたさまざまな可能性が収縮し変形させられていったという認識でした。

こうしたダワーの歴史像にとって、要はembrace（抱擁）という概念です。日本とアメリカ、勝者と敗者、天皇とマッカーサーをはじめ、さまざまなレベルの抱擁が次々に繰り出されます。抱擁することによって自己と他者を確認し合い、自己／他者の混交が行われたことが、豊富な事例で描き出されました。ダワーがとくに注目するのは、セクシュアリティに関わる事柄です。考えてみれば、抱擁という語自体が性的な意味合いを持っています。占領／被占領など、非対象的な関係がセクシュアリティの領域に強く現れるとともに、その関係が性的なたとえによって表現されることでもありました。

東アジアのなかのアメリカの存在

しかし果たして「抱擁」の占領だけであったのだろうか――。この観点から第四の研究が開始されます。アメリカによる東アジア占領という視角を打ち出しながら、新たなアジアとの関係のなかで戦後日本を考察する試みです。

たとえば朝鮮半島では、一九四八年にアメリカ軍政下にあった三八度線以南での単独選挙を強行しようとしたことに反対し、済州島で武装蜂起が起こります。この事態に対し、アメリカ軍が介入し、朝鮮国防警備隊や警察が鎮圧します。さらに、住民を含む多数の人びとが虐殺されました（四・三事件）。「抱擁」ではない占領像の提出であり、国民国家の領域に切り分けられた東アジアの各国史を横断する試みでもあります。さらにつけ加えれば、長い間封印され、また封印していた記憶の解除という局面も有しています。

中華人民共和国成立と朝鮮戦争を関連づけて考察する試みがなされる一方、一九四七年に台湾で台湾出身の本省人と中国大陸出身の外省人が衝突した二・二八事件にも関心が寄せられます。沖縄—韓国—台湾の関係を視野に入れる認識も現れます。アメリカの東アジア占領のもとでの出来事に着目し、それらを個別ではなく相互に関連させて一つの歴史像として把握する営みです。言い換えれば、戦後の東アジアを占領したアメリカを論ずる試みで、戦後史を東アジア史として描こうとしています。

また、沖縄の戦後史にも関心が寄せられました。中野好夫と新崎盛暉《あらさきもりてる》は二人で、沖縄の戦後史の画期ごとにその歴史を綴ります（『沖縄問題二十年』一九六五年、『沖縄・70年前後』七〇年、『沖縄戦後史』七六年）。中野の没後は新崎が一人で引き継ぎ、『沖縄現代史』（九六年）を記し、この著作はさらに新版（二〇〇五年）も出されました。同時代史であるがゆえ、節目ごとに書き替えられ増補されていくのですが、『沖縄現代史』は「一九九五年秋、沖縄では、戦後史上三番目の大きな民衆運動のうねりが、爆発的に盛りあがった」という印象的な書き出しとなっています。一九五六年からの島ぐるみ闘争、七二年前後の沖縄闘争に次ぐ「沖縄戦後史における民衆運動の第三の波」が背後にあります。

また、鹿野政直『戦後沖縄の思想像』（一九八七年）は、アメリカ占領の論理を、米国民政府が発行した宣伝誌である『今日の琉球』に探りました。あわせて、それに対抗する動きを琉球大学学生の同人誌『琉大文学』に見出し、「否《ノン》の文学」としてその論理を抽出します。さらに、沖縄の戦後の軌跡を作家・大城立裕を軸に考察し、「異化・同化・自立」のアイデンティティの抗争を描き出しました。

こうして占領期は、「中心」では統合のための抱擁がなされるのですが、「周縁」では分断と対立の構造がつくり上げられていたことが、さまざまに論じられていきます。論者たちが見すえているのは、背後に戦後＝冷戦体制の秩序があり、東アジア地域が民族＝国民によって分断され、そこにアメリカが大きく存在していることでした。

冷戦体制崩壊後、とくに一九九五年以降には、アジアの人びとが戦後補償の訴訟を行うこともあって、東アジアの占領—戦後が、日本の戦後社会の検討と重ね合わされ問題化されていきました。内海愛子『戦後補償から考える日本とアジア』（二〇〇二年）は、そうしたなかでの一冊です。また、荒井信一は、アジアのなかでの日本の戦争責任を問いかけ『戦争責任論』（一九九五年）で論点の整理をしています。

一九五〇年代前半の〝発掘〟

第五は、一九五〇年代、とくに前半期への着目です。これまでこの時期は、占領以後／安保以前、あるいは朝鮮戦争による特需景気と高度成長によって語られ、独自の歴史的な位置づけが行われてきませんでした。しかし、戦後の一つの画期である一九五五年前後に着目し、五五年体制がつくり出したものと隠したものを検証することによって戦後史を構想し直し、再構成する試みが登場してきました。

このことは、一九四五年八月を始点とする戦後認識の見直しということができます。戦後論は、しばしば一九四五年八月を原点とし、四五年と〈いま〉を直結させてきました。戦後史も同様に、一九四五年を参照しつつ、占領から高度成長の流れを描いてきましたが、それに対する批判的検討の試みでした。

そして、あらためて一九五〇年代前半に、人びとの変革へのエネルギーが充満していたことに目を向けます。とくに職場や学校、地域でつくられたサークルという小集団の活動の可能性を論じます。サークル運動の史料は見出しにくいのですが、雑誌『現代思想』(一二月臨時増刊号、二〇〇七年)は特集「戦後民衆精神史」を組み、厖大なサークル誌を発掘し、一九五〇年代の東京南部(大田区、品川区)の労働者のサークル運動の活動を明らかにしました。「人民」への注目からはじまった戦後史研究が、「民衆」を経て、再び「労働者」に関心が寄せられたと言えます。この特集では、地域の社会運動の活動家である労働者・井之川巨、江島寛らの詩作と運動に焦点が当てられました。

一九五〇年代前半への着目は、ナショナリズム――戦後民主主義とナショナリズムの関係をあらためて問う動きともなっています。労働者たちのサークル運動では「祖国」や「民族」の立場からの社会変革が主張されました。政治体制を批判し、民主主義を唱える革新の側がナショナリズムを根拠としていました。その後、次第に革新勢力はナショナリズムを前面から斥けていきますが、小熊英二『民主と愛国』(二〇〇二年)は、このことを転倒させた著作です。いったん当事者たちによって封印されていた戦後民主主義とナショナリズムの結合を、小熊は新たな発見のように描きました。

これまでの戦後史認識で一九五〇年代が欠落していた背景には、冷戦体制が影を落としています。一九五〇年代前半の出来事は、戦後の日本共産党とコミンフォルムとの関係、日本共産党内部の所感派と国際派の対立とその後の動きなど、込み入った事柄が集中していたのです。歴史学の領域でも、国民的歴史学運動が提唱され、歴史家たちが直接に歴史の主体となることを試み、直接に労働者や農民に働きかけたことがありました。ここではその指摘にとどめておきますが、前衛党をめぐる一連の事態の結果、論じられなくなっていた時期にメスが入れられはじめたということでもあります。

歴史学自体の検討

こうした新たな戦後史像が提示する論点は、単に出来事の見解の見直しではなく、戦後における歴史学の営みそのものの検討です。

戦後の歴史のなかで、歴史学はどのような問題意識により、何を対象として、どのような叙述を行ってきたかをあらためて考察する営みです。その都度の歴史学の位相を測りながら、歴史学の営みと見解を検証する試みということになるでしょう。

フランスの歴史家ピエール・ノラは、〈いま〉を「史学史の時代」と言います。「史学史の時代」には、戦後の歴史化と戦後の歴史学の歴史化を合わせて行い、そのことを踏まえたうえで、歴史像を新たに描き出す作業が求められます。しかし、それは実に困難な作業です。

歴史学の自己点検として著わされた鹿野政直『「鳥島」は入っているか』(一九八八年)や、社会科学を対象とした石田雄『社会科学再考』(九五年)は、こうした試みへの道程として読むことができます。また、そのことをより理論的に考察しようとした著作には、キャロル・グラック『歴史で考える』(二〇〇七年)があります。ささやかながら本書も、そうした流れのなかの一冊であることを心がけながら綴ってきたつもりです。

戦後史像の見直しと問いかけは、これまで戦後歴史学や民衆史研究を文脈づけていた第一期と第二期の見直しであり、本書で第三期として扱ってきた時期そのものの見直しともなります。

二〇世紀末から二一世紀初めにかけての〈いま〉の時期は、壮大な問いかけの渦中にあるといってよいでしょう。歴史も、歴史像も、そしてそこに接近する方法と認識とのすべてが問われています。このことは、旧来の歴史学にとっては危機でしょうが、歴史学の新たな可能性を切り拓き、歴史学が転成していくためのチャンスでもあるのです。

参考文献　各章登場順

序章

『日本の歴史』全二六巻＋別巻五、中央公論社、一九六五〜六七年
井上清『日本の歴史』上中下、岩波新書、一九六三〜六六年
遠山茂樹・今井清一・藤原彰『昭和史』岩波新書、一九五五年、新版五九年
鹿野政直『「鳥島」は入っているか』岩波書店、一九八八年
原秀三郎他編『大系　日本国家史』全五巻、東京大学出版会、一九七五〜七六年
『日本民衆の歴史』全一一巻、三省堂、一九七四〜七六年
『日本の歴史』全三二巻、小学館、一九七三〜七六年
金原左門『「日本近代化」論の歴史像』一九六八年、中央大学出版部、増補第二版一九七四年
『思想』一九九四年一一月号
ベネディクト・アンダーソン『想像の共同体』白石隆、白石さや訳、リブロポート、一九八七年。増補版、NTT出版、一九九七年。定本版、書籍工房早山、二〇〇七年。原著は一九八三年
エドワード・W・サイード『オリエンタリズム』今沢紀子訳、平凡社、一九八六年。原著は一九七八年
『日本の歴史』全二六巻、講談社、二〇〇〇〜〇三年
『全集　日本の歴史』全一六巻＋別巻、小学館、二〇〇七〜〇九年
『日本の近代』全一六巻、中央公論新社、一九九八〜二〇〇一年
『シリーズ日本近現代史』全一〇巻、岩波新書、二〇〇六〜一〇年

第1章

歴史学研究会編『明治維新史研究講座』全六巻、一九五八年〜五九年
『詳説日本史』山川出版社、二〇〇六年
家永三郎『検定不合格　日本史』三一書房、一九七四年
遠山茂樹『明治維新』岩波書店、一九五一年、改訂版七二年
遠山茂樹「時代区分論」『岩波講座　日本歴史』別巻、岩波書店、一九六三年
羽仁五郎「東洋における資本主義の形成」『明治維新史研究』岩波書店、一九五六年
芝原拓自「明治維新の世界史的位置」『歴史学研究』別冊、一九六一年
芝原拓自『世界史のなかの明治維新』岩波書店、一九七七年
遠山茂樹他編『歴史像再構成の課題』御茶の水書房、一九六六年
井上清『日本現代史Ⅰ』東京大学出版会、一九五一年
井上清「幕末における半植民地化の危機との闘争」『歴史評論』三一、三二号、一九五一年
荒野泰典『近世日本と東アジア』東京大学出版会、一九八八年
荒野泰典『「鎖国」を見直す』かわさき市民アカデミー出版部、

二〇〇三年
加藤祐三『黒船前後の世界』岩波書店、一九八五年
加藤祐三『黒船異変』岩波書店、一九八八年
ロナルド・トビ『近世日本の国家形成と外交』速水融他訳、創文社、一九九〇年
『日本の歴史と文化　国立歴史民俗博物館展示案内』国立歴史民俗博物館振興会、一九八五年、第二版　九三年
茂木敏夫『変容する近代東アジアの国際秩序』山川出版社、一九九七年
齋藤希史『漢文脈と近代日本』NHKブックス、二〇〇七年
井上勝生『幕末・維新』岩波新書、二〇〇六年
平川新『開国への道』小学館、二〇〇八年
倉地克直『漂流記録と漂流体験』思文閣出版、二〇〇五年

第2章

『日本資本主義発達史講座』全七巻、岩波書店、一九三二〜三三年
堀江英一『明治維新の社会構造』有斐閣、一九五四年
奈良本辰也『近世封建社会史論』高桐書院、一九四八年
井上清「幕末における半植民地化の危機との闘争」『歴史評論』一九五一年九月号
井上清『日本現代史I』東京大学出版会、一九五一年
藤谷俊雄『「おかげまいり」と「ええじゃないか」』岩波新書、一九六八年
田村貞雄『ええじゃないか始まる』青木書店、一九八七年
毛利敏彦『明治維新政治史研究序説』未來社、一九六七年
佐々木克『幕末政治と薩摩藩』吉川弘文館、二〇〇四年
田中彰『明治維新政治史研究』青木書店、一九六三年
田中彰『高杉晋作と奇兵隊』岩波新書、一九八五年
高木俊輔『維新史の再発掘』NHKブックス、一九七〇年
原口清『戊辰戦争』塙書房、一九六三年
石井孝『維新の内乱』至誠堂、一九六八年
佐藤誠朗『幕末維新の民衆世界』岩波新書、一九九四年
南和男『維新前夜の江戸庶民』教育社、一九八〇年
深谷克己『八右衛門・兵助・伴助』朝日新聞社、一九七八年
深谷克己『南部百姓命助の生涯』朝日新聞社、一九八三年
林基『百姓一揆の伝統』新評論社、一九五五年
佐々木潤之介『幕末社会論』塙書房、一九六九年
佐々木潤之介『世直し』岩波新書、一九七九年
高橋敏『国定忠治の時代』平凡社選書、一九九一年
高橋敏『国定忠治』岩波新書、二〇〇〇年
アン・ウォルソール『たをやめと明治維新』ぺりかん社、二〇〇五年

第3章

石井孝『学説批判　明治維新論』吉川弘文館、一九六一年
井上清『日本現代史I』東京大学出版会、一九五一年
堀江英一『明治維新の社会構造』有斐閣、一九五四年
遠山茂樹『明治維新』岩波書店、一九五一年、改訂版七二年
金城正篤「「琉球処分」と民族統一の問題」『史林』一九六七年一月号
田中彰『近代天皇制への道程』吉川弘文館、一九七九年
原口清『日本近代国家の形成』岩波書店、一九六八年
毛利敏彦『明治六年政変』中公新書、一九八〇年

田中彰『岩倉使節団』講談社現代新書、一九七七年
ひろたまさき『福沢諭吉研究』東京大学出版会、一九七六年
ひろたまさき『文明開化と民衆意識』青木書店、一九八〇年
ひろたまさき『差別の諸相』岩波書店、一九九〇年
豊見山和行編『琉球・沖縄史の世界』吉川弘文館、二〇〇三年
菊池勇夫編『蝦夷島と北方世界』吉川弘文館、二〇〇三年
井上清、旗手勲「沖縄と北海道」『岩波講座　日本歴史』第一六巻、一九六二年
金城正篤『琉球処分論』タイムス選書、一九七八年
安良城盛昭『新・沖縄史論』吉川弘文館、一九八〇年
我部政男『明治国家と沖縄』三一書房、一九七九年
小木新造『東京時代』NHKブックス、一九八〇年
松尾正人『廃藩置県』中公新書、一九八六年
勝田政治『廃藩置県』講談社選書メチエ、二〇〇〇年
佐々木克『志士と官僚』ミネルヴァ書房、一九八四年
落合弘樹『明治国家と士族』吉川弘文館、二〇〇一年
遠山茂樹『明治維新と現代』岩波新書、一九六九年
田中彰『明治維新観の研究』北海道大学図書刊行会、一九八七年
宮澤誠一『明治維新の再創造』青木書店、二〇〇五年
上杉聰『明治維新と賤民廃止令』解放出版社、一九九〇年
牧原憲夫『文明国をめざして』小学館、二〇〇八年
西川長夫『国境の越え方』筑摩書房、一九九二年
『思想』一九九四年一一月号
『岩波講座　近代日本の文化史』全一〇巻＋別巻、岩波書店、二〇〇二～〇三年

『歴史公論』雄山閣、一九七六年一月号
下山三郎「民権運動について」『日本歴史講座』第五巻、東京大学出版会、一九五六年
江村栄一『自由民権革命の研究』法政大学出版局、一九八四年
服部之総『明治の革命』日本評論社、一九五〇年
明治史料研究連絡会編『明治史研究叢書』全一〇巻、御茶の水書房、一九五四～六〇年
堀江英一・遠山茂樹編『自由民権期の研究』有斐閣、一九五九年
下山三郎「明治十七年における自由党の動向と農民騒擾の景況」『自由民権期の研究』第三巻、有斐閣、一九五九年
歴史学研究会編『歴史と民衆』岩波書店、一九五五年
永井秀夫『自由民権』小学館、一九七六年
内藤正中『自由民権運動の研究』青木書店、一九六四年
大石嘉一郎『日本地方財行政史序説』御茶の水書房、一九六一年
後藤靖『自由民権』中公新書、一九七二年
色川大吉『明治精神史』黄河書房、一九六四年
色川大吉「困民党と自由党」『歴史学研究』第二四七号、一九六〇年一一月号
色川大吉『新編　明治精神史』中央公論社、一九七三年
井上幸治『秩父事件』中公新書、一九六八年
長谷川昇『博徒と自由民権』中公新書、一九七七年
森山軍治郎『民衆蜂起と祭り』筑摩書房、一九八一年
大阪事件研究会編『大阪事件の研究』柏書房、一九八二年
山田昭次「征韓論、自由民権論、文明開化論」『朝鮮史研究会論文集』第七号、一九七〇年
比屋根照夫『自由民権思想と沖縄』研文出版、一九八二年
比屋根照夫『近代沖縄の精神史』社会評論社、一九九六年

『中江兆民全集』全一七巻＋別巻、岩波書店、一九八三～八六年
『植木枝盛全集』全一〇巻、岩波書店、一九九〇～九一年
家永三郎『植木枝盛研究』岩波書店、一九六〇年
松永昌三『中江兆民の思想』青木書店、一九七〇年
萩原延壽『馬場辰猪』中央公論社、一九六七年
大里康永『沖縄の自由民権運動』太平出版社、一九六九年
新川明『異族と天皇の国家』二月社、一九七三年
伊佐真一編『謝花昇集』みすず書房、一九九八年
大木基子『自由民権運動と女性』ドメス出版、二〇〇三年
安在邦夫『立憲改進党の活動と思想』校倉書房、一九九二年
大日方純夫『自由民権運動と立憲改進党』早稲田大学出版部、一九九一年
自由民権百年全国集会実行委員会編『自由民権運動研究文献目録』三省堂、一九八四年
小池喜孝『鎖塚』現代史出版会、一九七三年
小池喜孝『伝蔵と森蔵』現代史出版会、一九七六年
上條宏之『地域民衆史ノート』銀河書房、一九七七年
井出孫六『秩父困民党群像』新人物往来社、一九七三年
戸井昌造『秩父事件を歩く』新人物往来社、一九七八年
新井勝紘編『自由民権と近代社会』吉川弘文館、二〇〇四年
稲田雅洋「困民党の論理と行動」新井勝紘編『自由民権と近代社会』吉川弘文館、二〇〇四年
稲田雅洋『日本近代社会成立期の民衆運動』筑摩書房、一九九〇年
稲田雅洋『自由民権の文化史』筑摩書房、二〇〇〇年
牧原憲夫「民権運動と「民衆」」『自由民権』第八号、一九九五年
牧原憲夫『客分と国民のあいだ』吉川弘文館、一九九八年
安丸良夫『文明化の経験』岩波書店、二〇〇七年
渡辺尚志「近世・近代移行期村落社会研究の現状と課題」『自由民権』第一〇号、一九九七年
藪田貫「民衆運動史の「現在」」『自由民権』第八号、一九九五年

第5章

稲田正次『明治憲法成立史』上下、有斐閣、一九六〇～六二年
『講座 日本近代法発達史』全一一冊、勁草書房、一九五八～六七年
丸山眞男『日本の思想』岩波新書、一九六一年
藤田省三『天皇制国家の支配原理』未來社、一九六六年
石田雄『明治政治思想史研究』未來社、一九五四年
石田雄『近代日本政治構造の研究』未來社、一九五六年
神島二郎・久野収編『「天皇制」論集』全二巻、三一書房、一九七四年
藤原彰『軍事史』東洋経済新報社、一九六一年
家永三郎『日本近代憲法思想史研究』岩波書店、一九六七年
家永三郎『歴史のなかの憲法』上下、東京大学出版会、一九七七年
家永三郎、松永昌三、江村栄一編『明治前期の憲法構想』福村出版、一九六九年、増訂版八五年
色川大吉、江井秀雄、新井勝紘『民衆憲法の創造』評論社、一九七〇年
坂野潤治『明治憲法体制の確立』東京大学出版会、一九七一年
永井秀夫「明治憲法の制定」一九六二年『明治国家形成期の外政と内政』所収、北海道大学図書刊行会、一九九〇年
有泉貞夫『星亨』朝日新聞社、一九八三年

原秀三郎他編『大系　日本国家史』全五巻、東京大学出版会、一九七五～七六年
安良城盛昭『天皇制と地主制』上下、塙書房、一九九〇年
中村政則『近代日本地主制史研究』東京大学出版会、一九七九年
大島美津子『明治の村』教育社、一九七七年
大島美津子『明治国家と地域社会』岩波書店、一九九四年
山本信良、今野敏彦『近代教育の天皇制イデオロギー』新泉社、一九七三年
山本信良、今野敏彦『大正・昭和教育の天皇制イデオロギー』I II、同、一九七六、七七年
海後宗臣『教育勅語成立史の研究』厚徳社、一九六五年
山住正己『教育勅語』朝日新聞社、一九八〇年
副田義也『教育勅語の社会史』有信堂高文社、一九九七年
E・キンモンス『立身出世の社会史』広田照幸他訳、玉川大学出版部、一九九五年。原著 *The Self-Made Man in Meiji Japanese Thought*, 1981
村上重良『国家神道』岩波新書、一九七〇年
村上重良『国家神道と民衆宗教』吉川弘文館、一九八二年
大濱徹也『天皇の軍隊』教育社、一九七八年
深谷昌志『良妻賢母主義の教育』黎明書房、一九六六年
村上信彦『明治女性史』三巻四冊、理論社、一九六九～七二年
村上信彦「女性史研究の課題と展望」『思想』岩波書店、一九七〇年三月
ベネディクト・アンダーソン『想像の共同体』白石隆、白石さや訳、リブロポート、一九八七年。増補版、NTT出版、一九九七年。定本版、書籍工房早山、二〇〇七年。原著は一九八三年
エドワード・W・サイード『オリエンタリズム』今沢紀子訳、平凡社、一九八六年。原著は一九七八年
イ・ヨンスク『「国語」という思想』岩波書店、一九九六年
子安宣邦『近代知のアルケオロジー』岩波書店、一九九六年
長志珠絵『近代日本と国語ナショナリズム』吉川弘文館、一九九八年
安保則夫『ミナト神戸　コレラ・ペスト・スラム』学芸出版社、一九八九年
小山静子『良妻賢母という規範』勁草書房、一九九一年
上野千鶴子『家父長制と資本制』岩波書店、一九九〇年
上野千鶴子『近代家族の成立と終焉』岩波書店、一九九四年
河西英通『東北』中公新書、二〇〇一年
河西英通『続・東北』中公新書、二〇〇七年
「ニューヒストリー近代日本」全二〇巻予定、吉川弘文館、一九九八年～
飛鳥井雅道『明治大帝』ちくまライブラリー、一九八九年
多木浩二『天皇の肖像』岩波新書、一九八八年
T・フジタニ『天皇のページェント』米山リサ訳、NHKブックス、一九九四年
原武史『大正天皇』朝日選書、二〇〇〇年
原武史『可視化された帝国』みすず書房、二〇〇一年
ハーバート・ビックス『昭和天皇』上下、吉田裕他訳、講談社、二〇〇二年。原著 *Hirohito and the Making of Modern Japan*, 2000
安田浩『天皇の政治史』青木書店、一九九八年
若桑みどり『皇后の肖像』筑摩書房、二〇〇一年
片野真佐子『皇后の近代』講談社選書メチエ、二〇〇三年
古川隆久『昭和天皇』中公新書、二〇一一年

加藤陽子『昭和天皇と戦争の世紀』講談社、二〇一一年
伊藤之雄『昭和天皇伝』文藝春秋、二〇一一年
高橋紘『人間 昭和天皇』上下、講談社、二〇一一年
安丸良夫『近代天皇像の形成』岩波書店、一九九二年
成沢光『現代日本の社会秩序』岩波書店、一九九七年

第6章

遠山茂樹「東アジアの歴史像の検討」『歴史学研究』一九六三年一〇月号
中塚明『日清戦争の研究』青木書店、一九六八年
井上清『日本の軍国主義 Ⅰ』東京大学出版会、一九五三年
井上清『日本帝国主義の形成』岩波書店、一九六八年
信夫清三郎他編『日露戦争史の研究』河出書房新社、一九五九年
高橋秀直『日清戦争への道』東京創元社、一九九五年
井口和起『日露戦争の時代』吉川弘文館、一九九八年
江口朴郎『帝国主義と民族』東京大学出版会、一九五四年
隅谷三喜男『日本賃労働史論』東京大学出版会、一九五五年
大河内一男『黎明期の日本労働運動』岩波新書、一九五二年
鈴木良・佐々木隆爾「日本帝国主義の成立と構造」『日本史研究』一九六三年三月号
佐々木隆爾「日本軍国主義の社会的基盤」『日本史研究』一九六四年三月号
宮地正人『日露戦後政治史の研究』東京大学出版会、一九七三年
中村政則「日本資本主義確立期の国家権力」『歴史学研究』大会特集号、一九七〇年
糸屋寿雄『幸徳秋水研究』青木書店、一九六七年
山泉進『平民社の時代』論創社、二〇〇三年
飛鳥井雅道『近代文化と社会主義』晶文社、一九七〇年
松沢弘陽『日本社会主義の思想』筑摩書房、一九七三年
東海林吉郎『共同体原理と国家構想』太平出版社、一九七七年
林竹二『田中正造の生涯』講談社、一九七六年
小松裕『田中正造の近代』現代企画室、二〇〇一年
渡良瀬川研究会『田中正造と足尾鉱毒事件研究』一九七八年～
山辺健太郎『日韓併合小史』岩波新書、一九六六年
山辺健太郎『日本統治下の朝鮮』岩波新書、一九七一年
中塚明『近代日本と朝鮮』三省堂、一九六九年
朴宗根『日清戦争と朝鮮』青木書店、一九八二年
大江志乃夫『世界史としての日露戦争』立風書房、二〇〇一年
海野福寿『韓国併合』岩波新書、一九九五年
我部政男『明治国家と沖縄』三一書房、一九七九年
比屋根照夫『近代日本と伊波普猷』三一書房、一九八一年
鹿野政直『沖縄の淵』岩波書店、一九九三年
山崎朋子『愛と鮮血』三省堂新書、一九七〇年
古屋哲夫『日露戦争』中公新書、一九六六年
藤村道生『日清戦争』岩波新書、一九七三年
大濱徹也『明治の墓標』秀英出版、一九七〇年
大江志乃夫『兵士たちの日露戦争』朝日選書、一九八八年
司馬遼太郎『坂の上の雲』全六巻、文藝春秋、一九六九～七二年
成田龍一『司馬遼太郎の幕末・明治』朝日選書、二〇〇三年
檜山幸夫『日清戦争』講談社、一九九七年
大谷正・原田敬一編『日清戦争の社会史』フォーラム・A、一九九四年
大谷正『兵士と軍夫の日清戦争』有志舎、二〇〇六年
中塚明『歴史の偽造をただす』高文研、一九九七年

原田敬一『日清・日露戦争』岩波新書、二〇〇七年
趙景達『異端の民衆反乱』岩波書店、一九九八年
『岩波講座　近代日本と植民地』全八巻、岩波書店、一九九二～九三年
岡本隆司『世界のなかの日清韓関係史』講談社選書メチエ、二〇〇八年
駒込武『植民地帝国日本の文化統合』岩波書店、一九九六年
松本武祝『朝鮮農村の〈植民地近代〉経験』社会評論社、二〇〇五年
国立歴史民俗博物館編『「韓国併合」100年を問う』岩波書店、二〇一一年

第7章

『シンポジウム日本歴史二〇　大正デモクラシー』学生社、一九六九年
信夫清三郎『大正政治史』全四巻、河出書房、一九五一～五二年
信夫清三郎『大正デモクラシー史』全三巻、日本評論新社、一九五四～五九年
宮本又久「帝国主義としての民本主義」『日本史研究』一九六七年五月号
藤田省三『維新の精神』みすず書房、一九六七年
松尾尊兊『大正デモクラシー』岩波書店、一九七四年
井上清、渡部徹編『大正期の急進的自由主義』東洋経済新報社、一九七二年
中村政則・江村栄一・宮地正人「日本帝国主義と人民」『歴史学研究』一九六七年八月号
井上清・渡部徹編『米騒動の研究』全五巻、有斐閣、一九五九～六二年
江口圭一『都市小ブルジョア運動史の研究』未來社、一九七六年
鶴見俊輔『柳宗悦』平凡社選書、一九七六年
中野光『大正自由教育の研究』黎明書房、一九六八年
自由大学研究会編『自由大学運動と現代』信州白樺、一九八三年
松尾尊兊『大正デモクラシーの研究』青木書店、一九六六年
金原左門『大正デモクラシーの社会的形成』青木書店、一九六七年
ヘンリー・スミス『新人会の研究』松尾尊兊・森史子訳、東京大学出版会、一九七八年。原著 *Japan's First Student Radicals,* 1972
馬原鉄男『水平運動の歴史』部落問題研究所、一九七八年
堀場清子『青鞜の時代』岩波新書、一九八八年
朴慶植『朝鮮三・一独立運動』平凡社、一九七六年
『近代部落史資料集成』全一〇巻、三一書房、一九八四～八七年
渡部徹、秋定嘉和共編『部落問題・水平運動資料集成』全三巻＋補巻二、三一書房、一九七三～七四年、七八年
『日本婦人問題資料集成』全一〇巻、ドメス出版、一九七七～八一年
朴慶植編『朝鮮問題資料叢書』全一五巻＋補巻、アジア問題研究所、一九八二～九一年
井上清・北原泰作『部落の歴史』理論社、一九五六年
井上清『日本女性史』三一書房、一九四九年
三谷太一郎『日本政党政治の形成』東京大学出版会、一九六七年
三谷太一郎『大正デモクラシー論』中央公論社、一九七四年
升味準之輔『日本政党史論』全七巻、東京大学出版会、一九六五～八〇年

松尾尊兊『普通選挙制度成立史の研究』岩波書店、一九八九年
鹿野政直『大正デモクラシーの底流』NHKブックス、一九七三年
渡辺治「日本帝国主義の支配構造」『歴史学研究』別冊特集、一九八二年一一月
金原左門『大正期の政党と国民』塙書房、一九七三年
岡田洋司『大正デモクラシー下の"地域振興"』不二出版、一九九九年
大門正克『近代日本と農村社会』日本経済評論社、一九九四年
小路田泰直『日本近代都市史研究序説』柏書房、一九九一年
原田敬一『日本近代都市史研究』思文閣出版、一九九七年
芝村篤樹『近代都市の成立』松籟社、一九九八年
成田龍一『近代都市空間の文化経験』岩波書店、二〇〇三年
南博編『大正文化』勁草書房、一九六五年
松田利彦『戦前期の在日朝鮮人と参政権』明石書店、一九九五年
朝治武『水平社の原像』解放出版社、二〇〇一年
黒川みどり『異化と同化の間』青木書店、一九九九年
藤目ゆき『性の歴史学』不二出版、一九九七年
有馬学「「大正デモクラシー」論の現在」『日本歴史』二〇〇六年九月号
ハリー・ハルトゥーニアン『近代による超克』上下、梅森直之訳、岩波書店、二〇〇七年。原著 *Overcome by Modernity*, 2000
山之内靖他編『総力戦と現代化』柏書房、一九九五年
坂野潤治他編『シリーズ 日本近現代史 構造と変動』第三巻、第四巻、岩波書店、一九九三、四年
森武麿『戦間期の日本農村社会』日本経済評論社、二〇〇五年
源川真希『近現代日本の地域政治構造』日本経済評論社、二〇〇一年

第8章

鶴見俊輔「知識人の戦争責任」『中央公論』一九五六年一月号
鶴見俊輔『戦時期日本の精神史』岩波書店、一九八二年
木坂順一郎「アジア・太平洋戦争の呼称と性格」『龍谷法学』第二五巻第四号、一九九三年
竹内好「近代の超克」『近代日本思想史講座』第七巻、筑摩書房、一九五九年
日本外交学会編『太平洋戦争原因論』新聞月鑑社、一九五三年
歴史学研究会編『太平洋戦争史』全五巻、東洋経済新報社、一九五三〜五四年
日本国際政治学会編『太平洋戦争への道』全七巻+別巻、朝日新聞社、一九六三年
橋川文三『日本浪曼派批判序説』未來社、一九六〇年
児島襄『太平洋戦争』上下、中公新書、一九六五〜六六年
木坂順一郎「日本ファシズムと人民支配の特質」『歴史学研究』別冊特集 一九七〇年一〇月
森武麿「日本ファシズムの形成と農村経済更生運動」『歴史学研究』別冊特集 一九七〇年一〇月
伊藤隆「昭和政治史研究への一視角」『思想』一九七六年六月号
洞富雄『南京大虐殺「まぼろし」化工作批判』現代史出版会、一九七五年
笠原十九司『南京事件論争史』平凡社新書、二〇〇七年
家永三郎『太平洋戦争』岩波書店、一九六八年、第二版一九八六年
江口圭一『十五年戦争小史』青木書店、一九八六年、新版九一年

石島紀之『中国抗日戦争史』青木書店、一九八四年
『昭和の歴史』全一〇巻+別巻、小学館、一九八二〜八三年
臼井勝美『日中戦争』中公新書、一九六七年、新版二〇〇〇年
家永三郎『戦争責任』岩波書店、一九八五年
井上清『天皇の戦争責任』現代評論社、一九七五年
山中恒『ボクラ少国民』全五巻+補巻、辺境社、一九七四〜八一年
鈴木裕子『フェミニズムと戦争』マルジュ社、一九八六年
上野千鶴子『ナショナリズムとジェンダー』青土社、一九九八年
吉見義明『草の根のファシズム』東京大学出版会、一九八七年
藤井忠俊『国防婦人会』岩波新書、一九八五年
女たちの現在を問う会『銃後史ノート』発売JCA出版、一九七七年
加納実紀代『女たちの〈銃後〉』筑摩書房、一九八七年
同志社大学人文科学研究所編『戦時下抵抗の研究』全二冊、みすず書房、一九六八〜六九年
松本健一『若き北一輝』現代評論社、一九七一年
松本健一『北一輝論』現代評論社、一九七二年
『現代史資料』全四五巻+別巻、みすず書房、一九六二〜八〇年
『続・現代史資料』全一二巻、みすず書房、一九八四〜八六年
本多勝一『中国の旅』朝日新聞社、一九七二年
森村誠一『悪魔の飽食』光文社、一九八一年、角川書店、八三年
小山仁示『大阪大空襲』東方出版、一九八五年、改訂版八九年
今井清一『大空襲5月29日』有隣堂、一九八一年、新版九五年、二〇〇二年
朴慶植『朝鮮人強制連行の記録』未來社、一九六五年
宮田節子『朝鮮民衆と「皇民化」政策』未來社、一九八五年
原田勝正『満鉄』岩波新書、一九八一年
岡部牧夫『満州国』三省堂、一九七八年
小林英夫『「大東亜共栄圏」の形成と崩壊』御茶の水書房、一九七五年
矢野暢『「南進」の系譜』中公新書、一九七五年
吉沢南『戦争拡大の構図』青木書店、一九八六年
吉沢南『私たちの中のアジアの戦争』朝日選書、一九八六年、有志舎、二〇一〇年
吉見義明『従軍慰安婦』岩波新書、一九九五年
『岩波講座　アジア・太平洋戦争』全八巻、岩波書店、二〇〇五〜〇六年
倉沢愛子『「大東亜」戦争を知ってますか』講談社現代新書、二〇〇二年
後藤乾一『近代日本と東南アジア』岩波書店、一九九五年
大城将保『沖縄戦』高文研、一九八五年、改訂版八八年
屋嘉比収『沖縄戦、米軍占領史を学びなおす』世織書房、二〇〇九年
杉原達『中国人強制連行』岩波新書、二〇〇二年
西成田豊『在日朝鮮人の「世界」と「帝国」国家』東京大学出版会、一九九七年
加藤聖文『「大日本帝国」崩壊』中公新書、二〇〇九年
内海愛子『朝鮮人BC級戦犯の記録』勁草書房、一九八二年
内海愛子『キムは、なぜ裁かれたのか』朝日選書、二〇〇八年
姜徳相『朝鮮人学徒出陣』岩波書店、一九九七年
寺崎英成、マリコ・テラサキ・ミラー編『昭和天皇独白録』文藝春秋、一九九一年
吉田裕『昭和天皇の終戦史』岩波新書、一九九二年

雨宮昭一『戦時戦後体制論』岩波書店、一九九七年
遠山茂樹、今井清一、藤原彰『昭和史』岩波新書、一九五五年
藤原彰『餓死した英霊たち』青木書店、二〇〇一年
荒川章二『軍隊と地域』青木書店、二〇〇一年
一ノ瀬俊也『戦場に舞ったビラ』講談社選書メチエ、二〇〇七年
ピーター・B・ハーイ『帝国の銀幕』名古屋大学出版会、一九九五年
若桑みどり『戦争がつくる女性像』筑摩書房、一九九五年
福間良明『「反戦」のメディア史』世界思想社、二〇〇六年
福間良明『殉国と反逆』青弓社、二〇〇七年
吉田裕『日本人の戦争観』岩波書店、一九九五年
ジョン・W・ダワー『人種偏見』斎藤元一訳、TBSブリタニカ、一九八七年。タイトルを変更し『容赦なき戦争』平凡社ライブラリー、二〇〇一年。原著 *War without Mercy*, 1986
レオ・チン『「日本人になる」植民地台湾とアイデンティティ形成の政治』(*Becoming "Japanese"*, 2001, University of California Press)

第9章

遠山茂樹、今井清一、藤原彰『昭和史』岩波新書、一九五五年
遠山茂樹、今井清一、藤原彰『新版 昭和史』岩波新書、一九五九年
歴史学研究会・日本史研究会編『日本歴史講座』全八巻、東京大学出版会、一九五六~五七年
松本清張『日本の黒い霧』全三巻、文藝春秋新社、一九六〇~六一年
歴史学研究会編『戦後日本史』全五巻、青木書店、一九六一年
久野収・鶴見俊輔・藤田省三『戦後日本の思想』中央公論社、一九五九年
『資料戦後二十年史』全六巻、日本評論社、一九六六~六七年
『戦後日本思想大系』全一六巻、筑摩書房、一九六八~七四年
中野好夫編『戦後資料 沖縄』日本評論社、一九六九年
袖井林二郎『マッカーサーの二千日』中央公論社、一九七四年
竹前栄治『占領戦後史』双柿社、一九八〇年
竹前栄治『GHQ』岩波新書、一九八三年
五百旗頭真『日米戦争と戦後日本』大阪書籍、一九八九年
ジョン・ダワー『吉田茂とその時代』上下、大窪愿二訳、TBSブリタニカ、一九八一年。原著 *Empire and Aftermath*, 1979
大江志乃夫『戦後変革』小学館、一九七六年
東京大学社会科学研究所編『戦後改革』全八巻、東京大学出版会、一九七五~七六年
大内力「農地改革後の農業の発展」『戦後改革』第六巻所収、東京大学出版会、一九七五年
細谷千博、安藤仁介、大沼保昭編『国際シンポジウム 東京裁判を問う』講談社、一九八四年
粟屋憲太郎『東京裁判論』大月書店、一九八九年
粟屋憲太郎『東京裁判への道』上下、講談社選書メチエ、二〇〇六年
林博史『BC級戦犯裁判』岩波新書、二〇〇五年
尹健次『異質との共存』岩波書店、一九八七年
尹健次『孤絶の歴史意識』岩波書店、一九九〇年
尹健次『民族幻想の蹉跌』岩波書店、一九九四年
佐和隆光『高度成長』日本放送出版協会、一九八四年
高度成長期を考える会編『高度成長と日本人』全五冊、日本エデ

ィタースクール出版部、一九八五～八六年
宮本憲一『経済大国』小学館、一九八三年
日高六郎『戦後思想を考える』岩波新書、一九八〇年
桜井哲夫『思想としての六〇年代』講談社、一九八八年
大門正克他編『高度成長の時代』全三巻、大月書店、二〇一〇～一一年
袖井林二郎『世界史のなかの日本占領』日本評論社、一九八五年
豊下楢彦『日本占領管理体制の成立』岩波書店、一九九二年
荒敬『日本占領史研究序説』柏書房、一九九四年
『戦後史大事典』三省堂、一九九一年
歴史学研究会編『日本同時代史』全五巻、青木書店、一九九〇～九一年
中村政則他編『戦後日本』全六巻、岩波書店、一九九五年
正村公宏『戦後史』上下、筑摩書房、一九八五年
中村隆英『昭和史』ⅠⅡ、東洋経済新報社、一九九三年
中村政則『戦後史』岩波新書、二〇〇五年
見田宗介『現代日本の感覚と思想』講談社、一九九五年
キャロル・グラック「近代としての二〇世紀」『世界』一九九七年一一月号
山之内靖、ヴィクター・コシュマン、成田龍一編『総力戦と現代化』柏書房、一九九五年
佐藤卓己『八月十五日の神話』ちくま新書、二〇〇五年
古関彰一『新憲法の誕生』中央公論社、一九八九年。改訂、タイトルを変更し『日本国憲法の誕生』岩波現代文庫、二〇〇九年
渡辺治『日本国憲法「改正」史』日本評論社、一九八七年
五百旗頭真『戦争・占領・講和』中央公論新社、二〇〇一年
北岡伸一『自民党』読売新聞社、一九九五年
ジョン・ダワー『敗北を抱きしめて』上下、三浦陽一、高杉忠明訳、岩波書店、二〇〇一年。原著 *Embracing Defeat*, 1999
アンドルー・ゴードン編『歴史としての戦後日本』上下、中村政則監訳、みすず書房、二〇〇一年。原著 *Postwar Japan as History*, 1993
中野好夫、新崎盛暉『沖縄問題二十年』岩波新書、一九六五年
中野好夫、新崎盛暉『沖縄・70年前後』岩波新書、一九七〇年
新崎盛暉『沖縄戦後史』岩波新書、一九七六年
新崎盛暉『沖縄現代史』岩波新書、一九九六年。新版二〇〇五年
鹿野政直『戦後沖縄の思想像』朝日新聞社、一九八七年
内海愛子『戦後補償から考える日本とアジア』山川出版社、二〇〇二年
荒井信一『戦争責任論』岩波書店、一九九五年
「戦後民衆精神史」『現代思想』一二月臨時増刊号、二〇〇七年
小熊英二『民主と愛国』新曜社、二〇〇二年
鹿野政直『「鳥島」は入っているか』岩波書店、一九八八年
石田雄『社会科学再考』東京大学出版会、一九九五年
キャロル・グラック『歴史で考える』梅崎透訳、岩波書店、二〇〇七年

あとがき

福田紀一『おやじの国史とむすこの日本史』中公新書、一九七七年
E・H・カー『歴史とは何か』清水幾太郎訳、岩波新書、一九六二年。原著 *What is History?* 1961

あとがき

中公新書に福田紀一『おやじの国史とむすこの日本史』（一九七七年）という本がありました。ここでは、（「昭和一桁生まれ」を中核とする）父親の世代は、歴史を「国史」として習ったが、その息子の世代は「日本史」として学んでいることを指摘しています。

たしかに、一九四五年八月の敗戦を契機に、歴史教育は国史の枠組み（パラダイム）から、日本史へと大きく転換しました。しかし、戦後の時間のなかでも、やはり転換がみられるのではないかという思いが、本書の執筆動機の一つとなっています。敗戦という決定的な契機が存在しないので自覚しにくく、判別しにくいのですが、近現代日本の歴史像は戦後においても推移と転換をみせているという認識です。

本書で、戦後直後からの歴史学を第一期、続く一九六〇年代からの高度成長期の歴史学を第二期、そしてその後、現在にいたるまでの歴史学を第三期として、それぞれの時期の歴史学の特徴と、それが提出する歴史像とを紹介してきました。

多くの人びとは、高校で日本史の授業を終えた後は、なかなか歴史――日本史教育に接する機会が少なくなります。このとき大学では、教科書に書かれた歴史像とは異なった内容が講義されています。また、歴史学の専門雑誌では、さらに異なった歴史像が探求されています。教科書と、大学での専門の講義、そして歴史家たちの研究は、それぞれに差異を見せています。

言い換えれば、本書で言う第一期、第二期、第三期の歴史学は、それぞれ、教科書―講義―研究に対応しているということです。歴史学自体が推移し、そのことによって提出される歴史像も変わってくること。そしてその変化は、時間の幅でみてとることができますが、空間的にも異なって存在していると言えます。

ここで注意を払っておきたいのは、第一期から第三期までの三者の違いが、順を追ってだんだんと細密・詳細になるような違いではないということです。ちょうど、「国史」と「日本史」のように、枠組みに関わるような大きな違いが、この三者のなかにみられると、私は思っています。したがって、同じように「明治維新」と言っても、三者の間には開きが出てきています。「大正デモクラシー」や「アジア・太平洋戦争」の歴史像でも同様に、同じ時期の出来事を扱っても、取り上げる事項とその説明の仕方、事項と事項のつながりのつけ方――すなわち歴史像が異なっています。

このことは、歴史は書き替えられる、ということと重なった事柄です。二〇世紀における最大の歴史家の一人であるE・H・カーは、『歴史とは何か』(一九六二年。原著 ***What is***

History? London 1961）で次のように述べています。

歴史とは歴史家と事実との間の相互作用の不断の過程であり、現在と過去との間の尽きることを知らぬ対話なのであります。

（清水幾太郎訳）

よく知られた文章ですが、歴史が「現在と過去との間の尽きることを知らぬ対話」とするとき、「現在」が推移し変容すれば、「過去」の叙述―歴史叙述も変わることになります。第一期から第三期の推移は、このことに対応しています。

このとき、いま一つ、歴史とは、解釈に基づく営みであることが前提とされています。「過去」はあらかじめ固定された不動のものではなく、「現在」との間の「対話」により、その姿を現すのです。そのことを、カーは「歴史とは解釈のことです」と説明しています。

＊

本書では、たくさんの歴史家とその著作を紹介しました。大方の人にとっては、歴史家には興味がなく、歴史そのものにこそ関心があるでしょう。私も同様に、歴史そのものに関心があります。しかし、そのゆえにこそ、あえて本書では、歴史家の仕事をたどる作業をしました。多くの人びとにとっては、歴史家の著作を介して歴史に接近することになるからです。しかも、その著作には、歴史家の解釈がすでに入り込んでいるということになるからです。

カーは、先の文章のなかで、歴史を、歴史家と事実との「相互作用の不断の過程」と述べ、歴史家の役割を重視していました。さらに、カーは次のように述べます。

事実というのは、歴史家が事実に呼びかけた時にだけ語るものなのです。いかなる事実に、また、いかなる順序、いかなる文脈で発言を許すかを決めるのは歴史家なのです。

ここには、歴史家の知識はその「個人的所有物」ではなく、「多くの世代に亙《わ》たる人々が、多くの国々に跨《また》がる人々がその蓄積に参加して来ている」という認識――歴史家自身が歴史の一部であり、社会的な存在であることが前提になっています。

先に記したように、カーは、歴史は解釈であるとしますが、それゆえに歴史を体現する歴史家によって、歴史叙述がなされるというのがその主張することでした。歴史家が、歴史と社会の一部であるということは、その時々の状況に応じて変化をみせるということです。このことは、歴史家が状況と切り結べば結ぶほどに、時代の刻印を強く持つということでもあります。

本書は、こうしたカーのことばを導きの糸として、歴史家の叙述をたどることにより、近現代日本像の推移を探ることを試みました。歴史家が史料と取り組み、解釈した事実を基に紡ぎあげた歴史像、その歴史像によって私たちは近現代日本の歴史を学んでいるのです。

歴史を学ぶというとき、実際には、歴史家が解釈し叙述した作品を読むことが、その大きな部分を占めているように思います。このことは、一方で歴史家に対する厳しい戒《いまし》めになるとともに、歴史家の営みを俎上《そじょう》にあげ、検討することが必要であるように、私には思われました。本書は、そうした関心から生み出された一冊です。

＊

私は、一九七〇年に大学の史学科に入学し、初めて歴史学に接しました。「戦後歴史学」が健在であり、「民衆史研究」が魅力を持っていた時期です。第一期の研究文献を読むように言われ、合わせて「民衆史研究」の考察に接していきました。理論─史料─研究史を学べ、というのがこのときの歴史教育でもありました。

喫茶店を使用して、マルクスの『資本論』をはじめとする、理論書（と、指定された文献）の読書会を行いました。また、学内のサークルで、先輩たちに導かれて、第一期の研究著作を学びました。大学の授業は、まだ学生運動の余燼《よじん》があり、休講も多かったのですが、史料を読む場が与えられました。これらは、第一期の歴史学のスタイルであり、それらを学ぶことが歴史学の学習とされており、そうしたなかで訓練を受けていきました。決して模範生ではなく、ましてや優等生ではなかったのですが、一九七〇年代に歴史学を学んだ人びとは、多かれ少なかれ、こうした環境にあったように思います。そして、そこに踵《きびす》を接するようにして、第二期の歴史学が存在していました。

その後、私は幸運なことに、歴史学に関わる職を得ましたが、最初の職場であった東京外国語大学は、第三期の歴史学としての「社会史研究」を発信する拠点の一つでした。フランスをフィールドとし、社会史を講じる二宮宏之さんの颯爽とした姿は、いまでも鮮やかに思い出すことができます。しかし、ここはこれまで私が学んできた歴史学のスタイルの再検討が迫られる場所でもありました。第一期はむろんのこと、第二期の歴史学の総ざらいをすることが、さまざまに必要となったのです。

民衆史研究の観点から、第一期の社会主義研究を見直そうとして、日清戦争後の初期社会主義者であった人物のその後の活動を考察した著作（『加藤時次郎』一九八三年）と、そこでの問題意識を、あらためて考え直す日々でした。歴史に分け入る認識をはじめ、対象も叙述もすべてが問われていました。本文中に触れた『思想』「近代の文法」の編集に携わったのは、それから一〇年が経とうという時期でした。ここを経て、ようやく『「故郷」という物語』（一九九八年）を著し、『〈歴史〉はいかに語られるか』（二〇〇一年、増補版一〇年）へといたりました。

＊

本書の原型は、歴史の教員を目指す学生たちへの講義にあります。歴史の教員となったときに、史学史を踏まえた歴史教育を行ってほしいという思いからの講義でした。

そのため本書で扱ったのは、もっぱら歴史教育という観点からの近現代日本史像です。研究という観点から見たときに重要であっても、歴史教育から遠い作品には言及していません。また、専門雑誌に掲載された論文は極力避け、著作―それも入手しやすいものを主に取り上げました。

いま一つ、本書では「日本近現代史」ではなく、「近現代日本史」としています。タイトルもそのようにしています。それは、日本と限定することなく、広い視野から歴史をみようと思ったからです。「近現代」という時期に「日本」がどのように推移したかを考えようとの意図を込めています。

手本とし参考になるような、先行の著作や研究がないため、本書の執筆は難渋をきわめました。書きながら、この作業が果たして意味を持つのだろうかという煩悶の繰り返しでした。当初、考えていた以上に、はるかに時間がかかる苦しい作業となってしまいました。

しかし、なんとかこのようなかたちでまとめあげることができたのは、ひとえに編集部の白戸直人さんの叱咤激励によっています。白戸さんの巧みな催促と、実に的確な指摘、そして励ましがなければ、本書はとっくに放棄されていたでしょう。白戸さんに厚くお礼を申し上げるとともに、このように多くの時間がかかってしまったことを、深くお詫びいたします。

二〇一二年冬

成田 龍一

成田龍一（なりた・りゅういち）

1951（昭和26）年大阪市生まれ．83年早稲田大学大学院文学研究科日本史専攻博士課程修了．文学博士（史学）．86年東京外国語大学外国語学部助教授．90年日本女子大学助教授．96年より日本女子大学人間社会学部現代社会学科教授．2020年より日本女子大学名誉教授．（専攻・歴史学，近現代日本史）

著書『加藤時次郎』（不二出版，1983年）
『「故郷」という物語』（吉川弘文館，1998年）
『〈歴史〉はいかに語られるか』（NHK ブックス，2001年，増補版　ちくま学芸文庫，2010年）
『戦後思想家としての司馬遼太郎』（筑摩書房，2009年）
『増補版「戦争経験」の戦後史』（岩波文庫，2015年）
『戦後史入門』（河出文庫，2015年）
『歴史論集』（全３冊，岩波現代文庫，2021年）
『シリーズ歴史総合を学ぶ２　歴史像を伝える』（岩波新書，2022年）
他多数

近現代日本史《きんげんだいにほんし》と歴史学《れきしがく》
中公新書 *2150*

2012年２月25日初版
2023年11月25日６版

著　者　成田龍一
発行者　安部順一

本文印刷　三晃印刷
カバー印刷　大熊整美堂
製　本　小泉製本

発行所　中央公論新社
〒100-8152
東京都千代田区大手町 1-7-1
電話　販売 03-5299-1730
　　　編集 03-5299-1830
URL https://www.chuko.co.jp/

Published by CHUOKORON-SHINSHA, INC.
Printed in Japan　ISBN978-4-12-102150-2 C1221

中公新書刊行のことば

いまからちょうど五世紀まえ、グーテンベルクが近代印刷術を発明したとき、書物の大量生産は潜在的可能性を獲得し、いまからちょうど一世紀まえ、世界のおもな文明国で義務教育制度が採用されたとき、書物の大量需要の潜在性が形成された。この二つの潜在性がはげしく現実化したのが現代である。

いまや、書物によって視野を拡大し、変りゆく世界に豊かに対応しようとする強い要求を私たちは抑えることができない。この要求にこたえる義務を、今日の書物は背負っている。だが、その義務は、たんに専門的知識の通俗化をはかることによって果たされるものでもなく、通俗的好奇心にうったえて、いたずらに発行部数の巨大さを誇ることによって果たされるものでもない。現代を真摯に生きようとする読者に、真に知るに価いする知識だけを選びだして提供すること、これが中公新書の最大の目標である。

私たちは、知識として錯覚しているものによってしばしば動かされ、裏切られる。私たちは、作為によってあたえられた知識のうえに生きることがあまりに多く、ゆるぎない事実を通して思索することがあまりにすくない。中公新書が、その一貫した特色として自らに課すものは、この事実のみの持つ無条件の説得力を発揮させることである。現代にあらたな意味を投げかけるべく待機している過去の歴史的事実もまた、中公新書によって数多く発掘されるであろう。

中公新書は、現代を自らの眼で見つめようとする、逞しい知的な読者の活力となることを欲している。

一九六二年一一月

中公新書 1886

日本史

d2

2127 河内源氏 元木泰雄
2573 公家源氏—王権を支えた名族 倉本一宏
2705 平氏—公家の盛衰、武家の興亡 倉本一宏
2655 刀伊の入寇 関幸彦
1622 奥州藤原氏 高橋崇
1867 院政（増補版） 美川圭
608 613 中世の風景（上下） 阿部謹也・網野善彦・石井進・樺山紘一
1503 古文書返却の旅 網野善彦
1392 中世都市鎌倉を歩く 松尾剛次
2336 源頼政と木曽義仲 永井晋
2526 源頼朝 元木泰雄
2678 北条義時 岩田慎平
2517 承久の乱 坂井孝一
2761 御成敗式目 佐藤雄基
2461 蒙古襲来と神風 服部英雄

2653 中先代の乱 鈴木由美
2601 北朝の天皇 石原比伊呂
2463 兼好法師 小川剛生
2443 観応《かんのう》の擾乱《じょうらん》 亀田俊和
2179 足利義満 小川剛生
978 室町の王権 今谷明
2401 応仁の乱 呉座勇一
2767 足利将軍たちの戦国乱世 山田康弘
2058 日本神判史 清水克行
2139 贈与の歴史学 桜井英治
2481 戦国日本と大航海時代 平川新
2688 戦国日本の軍事革命 藤田達生
2343 戦国武将の実力 小和田哲男
2084 戦国武将の手紙を読む 小和田哲男
2593 戦国武将の叡智 小和田哲男
1213 流浪の戦国貴族 近衛前久 谷口研語
2665 三好一族—戦国最初の「天下人」 天野忠幸

1625 織田信長合戦全録 谷口克広
1782 信長軍の司令官 谷口克広
1907 信長と消えた家臣たち 谷口克広
1453 信長の親衛隊 谷口克広
2421 織田信長の家臣団—派閥と人間関係 和田裕弘
2503 信長公記《しんちょうこうき》—戦国覇者の一級史料 和田裕弘
2555 織田信忠—天下人の嫡男 和田裕弘
2645 天正伊賀の乱 和田裕弘
2758 柴田勝家 和田裕弘
2622 明智光秀 福島克彦
784 豊臣秀吉 小和田哲男
2265 天下統一 藤田達生
2357 古田織部 諏訪勝則
2779 日蓮 松尾剛次

中公新書

日本史

d3

2675 江戸―平安時代から家康の建設へ　齋藤慎一
476 江戸時代　大石慎三郎
2552 藩とは何か　藤田達生
2565 大御所　徳川家康　三鬼清一郎
2723 徳川家康の決断　本多隆成
1227 保科正之《ほしなまさゆき》　中村彰彦
740 元禄御畳奉行の日記　神坂次郎
853 遊女の文化史　佐伯順子
2376 江戸の災害史　倉地克直
2730 大塩平八郎の乱　藪田貫
2584 椿井文書―日本最大級の偽文書　馬部隆弘
2380 ペリー来航　西川武臣
2047 オランダ風説書　松方冬子
1958 幕末維新と佐賀藩　毛利敏彦
2497 公家たちの幕末維新　刑部芳則

1754 幕末歴史散歩　東京篇　一坂太郎
2617 暗殺の幕末維新史　一坂太郎
1773 新選組　大石学
2739 天誅組の変　舟久保藍
2750 幕府海軍　金澤裕之
2040 鳥羽伏見の戦い　野口武彦
455 戊辰戦争　佐々木克
1728 会津落城　星亮一
2498 斗南藩《となみはん》―「朝敵」会津藩士たちの苦難と再起　星亮一

中公新書

世界史

世界史

中公新書

現代史